江苏省教育厅高校哲学社会科学研究指导项目
"基于提高市场潜力视角的旅游目的地定位战略开发模式研究
——以南京为例"（2012SJD630064）
东南大学基本科研业务费人文社科基础扶持基金（创新基金）项目
"旅游目的地定位战略开发模式研究：提高市场潜力的视角"（SKCX 20120019）
国家自然科学基金面上项目"民国时期旅游管理思想研究（1912-1949）"（71371047）
国家"985"三期"哲学社会科学创新基地"研究成果

旅游目的地
"非功用性"定位研究

曲颖 著

中国社会科学出版社

图书在版编目(CIP)数据

旅游目的地"非功用性"定位研究／曲颖著．—北京：中国社会科学出版社，
2013.12

ISBN 978 – 7 – 5161 – 3737 – 6

Ⅰ.①旅…　Ⅱ.①曲…　Ⅲ.①旅游市场—研究—中国　Ⅳ.①F592

中国版本图书馆 CIP 数据核字(2013)第 294026 号

出 版 人	赵剑英
选题策划	冯　斌
责任编辑	冯　斌
特约编辑	丁玉灵
责任校对	周　昊
责任印制	戴　宽

出　　版	中国社会科学出版社
社　　址	北京鼓楼西大街甲 158 号（邮编 100720)
网　　址	http://www.csspw.cn
	中文域名:中国社科网　　010 – 64070619
发 行 部	010 – 84083685
门 市 部	010 – 84029450
经　　销	新华书店及其他书店

印刷装订	环球印刷(北京)有限公司
版　　次	2013 年 12 月第 1 版
印　　次	2013 年 12 月第 1 次印刷

开　　本	710×1000　1/16
印　　张	18.25
插　　页	2
字　　数	309 千字
定　　价	56.00 元

凡购买中国社会科学出版社图书，如有质量问题请与本社联系调换
电话：010 – 64009791

总　序

东南大学的伦理学科起步于20世纪80年代前期，由著名哲学家、伦理学家萧昆焘教授、王育殊教授创立，90年代初开始组建一支由青年博士构成的年轻的学科梯队，至90年代中期，这个团队基本实现了博士化。在学界前辈和各界朋友的关爱与支持下，东南大学的伦理学科得到了较大的发展。自20世纪末以来，我本人和我们团队的同仁一直在思考和探索一个问题：我们这个团队应当和可能为中国伦理学事业的发展作出怎样的贡献？换言之，东南大学的伦理学科应当形成和建立什么样的特色？我们很明白，没有特色的学术，其贡献总是有限的。2005年，我们的伦理学科被批准为"985工程"国家哲学社会科学创新基地，这个历史性的跃进推动了我们对这个问题的思考。经过认真讨论并向学界前辈和同仁求教，我们将自己的学科特色和学术贡献点定位于三个方面：道德哲学；科技伦理；重大应用。

以道德哲学为第一建设方向的定位基于这样的认识：伦理学在一级学科上属于哲学，其研究及其成果必须具有充分的哲学基础和足够的哲学含量；当今中国伦理学和道德哲学的诸多理论和现实课题必须在道德哲学的层面探讨和解决。道德哲学研究立志并致力于道德哲学的一些重大乃至尖端性的理论课题的探讨。在这个被称为"后哲学"的时代，伦理学研究中这种对哲学的执著、眷念和回归，着实是一种"明知不可为而为之"之举，但我们坚信，它是我们这个时代稀缺的学术资源和学术努力。科技伦理的定位是依据我们这个团队的历史传统、东南大学的学科生态，以及对伦理道德发展的新前沿而作出的判断和谋划。东南大学最早的研究生培养方向就是"科学伦理学"，当年我本人就在这个方向下学习和研究；而东南大学以科学技术为主体、文管艺医综合发展的学科生态，也使我们这些90年代初成长起来的"新生代"再次认识到，选择科技伦理为学科生长点是明智之举。如果说道德哲学与科技伦理的定位与我们的学科传统有关，那么，重大应用的定位就是基于对伦理学的现实本性以及为中国伦理道德建设作出贡献的愿望和抱负而作出的选择。定位"重大应用"而不是一般的"应用伦理学"，昭明我们在这方面有所为也有所不为，只是试图在伦理学应用的某些重大方面和重大领域进行我们的努力。

基于以上定位，在"985工程"建设中，我们决定进行系列研究并在长期积累的基础上严肃而审慎地推出以"东大伦理"为标识的学术成果。"东大伦理"取名于两种考虑：这些系列成果的作者主要是东南大学伦理学团队的成员，有的系列也包括东南大学培养的伦理学博士生的优秀博士论文；更深刻的原因是，我们希望并努力使这些成果具有某种特色，以为中国伦理学事业的发展作出自己的贡献。"东大伦理"由五个系列构成：道德哲学研究系列；科技伦理研究系列；重大应用研究系列；与以上三个结构相关的译著系列；还有以丛刊形式出现并在20世纪90年代已经创刊的《伦理研究》专辑系列，该丛刊同样围绕三大定位组稿和出版。

"道德哲学系列"的基本结构是"两史一论"。即道德哲学基本理论；中国道德哲学；西方道德哲学。道德哲学理论的研究基础，不仅在概念上将"伦理"与"道德"相区分，而且从一定意义上将伦理学、道德哲学、道德形而上学相区分。这些区分某种意义上回归到德国古典哲学的传统，但它更深刻地与中国道德哲学传统相契合。在这个被宣布"哲学终结"的时代，深入而细致、精致而宏大的哲学研究反倒是必须而稀缺的，虽然那个"致广大、尽精微、综罗百代"的"朱熹气象"在中国几乎已经一去不返，但这并不代表我们今天的学术已经不再需要深刻、精致和宏大气魄。中国道德哲学史、西方道德哲学史研究的理念基础，是将道德哲学史当作"哲学的历史"，而不只是道德哲学"原始的历史"、"反省的历史"，它致力探索和发现中西方道德哲学传统中那些具有"永远的现实性"的精神内涵，并在哲学的层面进行中西方道德传统的对话与互释。专门史与通史，将是道德哲学史研究的两个基本纬度，马克思主义的历史辩证法是其灵魂与方法。

"科技伦理系列"的学术风格与"道德哲学系列"相接并一致，它同样包括两个研究结构。第一个研究结构是科技道德哲学研究，它不是一般的科技伦理学，而是从哲学的层面、用哲学的方法进行科技伦理的理论建构和学术研究，故名之"科技道德哲学"而不是"科技伦理学"；第二个研究结构是当代科技前沿的伦理问题研究，如基因伦理研究、网络伦理研究、生命伦理研究等等。第一个结构的学术任务是理论建构，第二个结构的学术任务是问题探讨，由此形成理论研究与现实研究之间的互补与互动。

"重大应用系列"以目前我作为首席专家的国家哲学社会科学重大招标课题和江苏省哲学社会科学重大委托课题为起步，以调查研究和对策研究为重点。目前我们正组织四个方面的大调查，即当今中国社会的伦理关系大调查；道德生活大调查；伦理—道德素质大调查；伦理—道德发展状况及其趋向大调查。我们的目标和任务，是努力了解和把握当今中国伦理道德的真实状况，在此基础上进行理论推进和理论创新，为中国伦理道德建设提出具有战略意义和创新意义的对策思路。这就是我们对"重大应用"的诠释和理解，今后我们将沿着这个方向走下去，并贡献出团队和个人的研究成果。

"译著系列"、《伦理研究》丛刊，将围绕以上三个结构展开。我们试图进行的努力是：这两个系列将以学术交流，包括团队成员对国外著名大学、著名学术机构、著名学者的访问，以及高层次的国际国内学术会议为基础，以"我们正在做的事情"为主题和主线，由此凝聚自己的资源和努力。

马克思曾经说过，历史只能提出自己能够完成的任务，因为任务的提出表明完成任务的条件已经具备或正在具备。也许，我们提出的是一个自己难以完成或不能完成的任务，因为我们完成任务的条件尤其是我本人和我们这支团队的学术资质方面的条件还远没有具备。我们期图通过漫漫求索乃至几代人的努力，建立起以道德哲学、科技伦理、重大应用为三元色的"东大伦理"的学术标识。这个计划所展示的，与其说是某些学术成果，不如说是我们这个团队的成员为中国伦理学事业贡献自己努力的抱负和愿望。我们无法预测结果，因为哲人罗素早就告诫，没有发生的事情是无法预料的，我们甚至没有足够的信心展望未来，我们唯一可以昭告和承诺的是：

我们正在努力！

我们将永远努力！

樊 浩

谨识于东南大学"舌在谷"

2007 年 2 月 11 日

目　录

表目录

图目录

第一章　绪论

随着旅游业的持续健康发展和经济全球化进程的加快，旅游目的地之间呈现出前所未有的激烈竞争状态，在消费者心目中创立和维持独特的差异化地位已成为目的地营销组织面临的最为至关重要的任务。另一方面，随着步入体验经济时代，旅游者需求趋势和其目的地选择行为发生了较大变化，产品"功能属性（functional attributes）"对消费选择的影响力日渐下降，满足旅游者更高层次的"非功用性消费需求（non-utilitarian consumption needs）"成为塑造旅游偏好和选择的新要求，关于"目的地品牌化"、"关系营销"、"情感营销"等新型目的地营销理念的理论研究和实践活动都应运而生。然而，作为任何目的地营销实践活动基础的定位工作目前在旅游学术研究中得到的关注还相对不足（Pike & Ryan，2004），其成果更没有与最新旅游市场需求动态形成有效接轨，难以适应旅游实践竞争发展的要求。基于这一现实与理论背景，作者将"旅游目的地的非功用性定位"确立为本研究的主题。

本章作为论文的开篇章节，主要介绍论文的选题背景、研究目的与研究意义、研究思路与研究内容、研究方法与创新点。

第一节　选题背景、研究目的和研究意义

一　选题背景

（一）旅游目的地之间竞争日趋激烈，目的地定位重要性变得格外突出。

从 20 世纪 60 年代大众旅游兴起至今，世界范围内的旅游业得到了迅猛发展。根据世界旅游组织的统计，国际旅游者人数从 1950 年的 2500 万

人次增长到 2008 年的 9. 24 亿人次, 预计 2020 年这一数字将达到 16 亿人次。① 自 20 世纪 90 年代中期以来, 全世界共有 120 多个国家和地区将旅游业列为 21 世纪的支柱产业, 不断加大对旅游业的重视程度 (高静, 2008)。旅游业的蓬勃发展导致了旅游竞争的激烈, 这首先表现在旅游目的地对到访客源的争夺上。尤其是随着经济全球化趋势的不断演进, 旅游目的地产品的同质化现象突出, 目的地之间的可替代性增强, 直接加剧了目的地之间竞争。但与此同时, 很多国家、地区的目的地营销策略和技术并未得到有效改进, 相似宣传资料膨胀, 更加深了目的地在潜在旅游者之间的混淆。如摩尔根 (Morgan) 等 (2002) 所指出的, "今天你仍然可以看到多少国家的旅游广告在描绘着蓝色的大海、晴空万里和无边的金色沙滩, 附带一句根本无法给人留下印象的口号语"②。这种不断扩大的竞争局势不仅使新兴目的地在市场上占据一席之地面临更严峻的挑战, 甚至一些老牌的、久负盛名的目的地也在 "为生存而苦斗" (李天元, 2007)。正如在当今世界上享有 "目的地博士" 之雅号的著名学者和旅游咨询专家斯坦利·帕洛格所言: "在当今竞争激烈的营销环境中, 几乎没有哪些旅游目的地能够躺在自己的桂冠上, 指望游客自己送上门来。"③

　　旅游业发展迅猛、旅游目的地之间竞争日趋激烈的局面在我国国内旅游市场上同样表现得十分突出。表 1—1 为 1990—2009 年 20 年间国内旅游人数总量、年增长率和国内旅游收入总量、年增长率的统计数据。图 1—1 为相应的 20 年间两个统计指标的增长趋势折线图。从中可以看出, 我国国内旅游人数总量从 1990 年的 2. 80 亿人次增长到 2009 年的 19. 0 亿人次, 增长了近 6 倍; 国内旅游收入总量从 1990 年的 170 亿元增长到 2009 年的 10184 亿元, 增长了近 60 倍。除了 2003 年因 "非典" 疫情导致出现下降之外, 这 20 年内我国国内旅游在出游人数和旅游收入方面都保持了持续增长的发展态势, 反映出自 1989 年之后我国国内旅游的健康发展和取得的卓越成就。

---

① 世界旅游组织官方网站 [2010 - 05 - 10], http://media. unwto. org/en/press-release.

② Morgan N., Pritchard A., Piggott R., New Zealand, 100% pure. The creation of a powerful niche destination brand. Journal of Brand Management, 2002, 9 (4/5): pp. 335—354.

③ [美国] 斯坦利·帕洛格:《旅游市场营销实论》, 李天元、李曼译, 南开大学出版社 2007 年版, 第 71—136 页。

表1—1　　　　　　　1990—2009年中国国内旅游发展和增长概况

年份	国内旅游人数（亿人次）	增长率	国内旅游收入（亿元）	增长率
1990	2.80	16.7%	170	13.3%
1991	3.00	7.1%	200	17.6%
1992	3.30	10%	250	25%
1993	4.10	24.2%	864	245.6%
1994	5.24	27.8%	1024	18.5%
1995	6.29	20%	1376	34.4%
1996	6.39	1.6%	1638	19.1%
1997	6.44	0.8%	2113	29%
1998	6.94	7.8%	2391	13.2%
1999	7.19	3.6%	2832	18.4%
2000	7.44	3.5%	3176	12.1%
2001	7.84	5.3%	3522	10.9%
2002	8.78	12%	3878	10.1%
2003	8.70	−0.9%	3442	−11.1%
2004	11.02	26.6%	4711	36.9%
2005	12.12	12.2%	5286	12.4%
2006	13.94	15%	6230	17.9%
2007	16.1	15.5%	7770	24.7%
2008	17.1	6.3%	8749	12.6%
2009	19.0	11.1%	10184	16.4%

资料来源：本研究根据《中国旅游统计年鉴》、《中华人民共和国国民经济和社会发展统计公报》和中国旅游网（http：//www.cnta.com）相关数据整理。

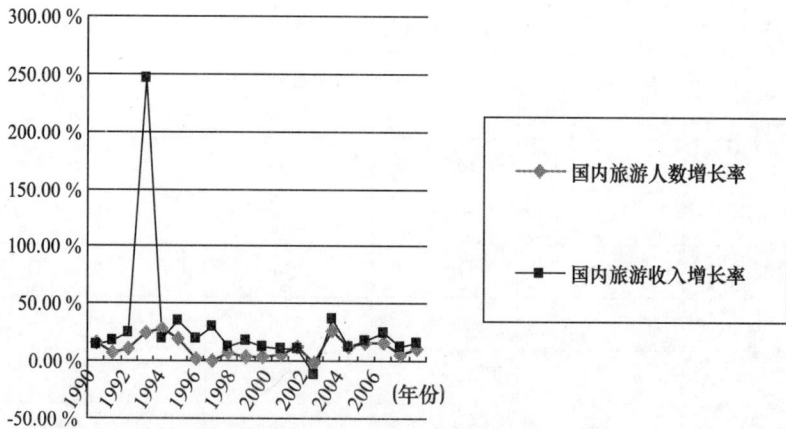

图1—1 近20年我国国内旅游总人数和总收入的增长趋势图

资料来源：本研究根据《中国旅游统计年鉴》、《中华人民共和国国民经济和社会发展统计公报》和中国旅游网（http://www.cnta.com）相关数据整理。

具体考察一下我国国内旅游人数和国内旅游收入在20年内增长速度的变化趋势。国内旅游人数方面，1993年至1995年经历了以年平均增长率为24%的猛劲增长；之后1996年增长率迅速下降到1.6%，一直到2001年保持一个年平均增长率仅为3.77%较低水平的相对平缓甚至略微下滑的增长态势；2005年自"非典"恢复后增长率回升到12.2%，一直到2009年基本上维持在百分之十几的年平均增长率。国内旅游收入方面，1990年至1995年基本上为增长率持续攀升的阶段（从13.3%增长到34.4%）；从1996年起至2002年则主要表现为增长率缓慢下滑阶段，年平均增长率为16.1%；自2005年至2009年年平均增长率略微提高到16.8%，但除了2007年24.7%的较高增长率之外，其他年份增长率较前一阶段并无显著提高，甚至个别年份还有所下降。

将政治、经济、重大事件等因素的综合影响考虑在内，基本上可以判断我国国内旅游市场在旅游人数和旅游收入上都已过了迅速激增的发展阶段，不可能再以每年百分之二十几的高速度持续增长。另外，尽管总体上看国内旅游收入增长率的变化区间相对较小（排除考虑1993年、2003年和2004年3年的数据），增长趋势较旅游人数平稳一些，但是将1996—2001年和2005—2009年两个阶段指标的增长情况进行对比便可发现：在2005—2009年国内旅游人数较1996—2001年平均增长率有较大提升时，旅游收入的平均增长率却没有得到类似的显著提升。这些现象说明我国国内旅游市场正在逐步走向成熟和饱和，旅游业利润增长的空间日趋缩小，因此作为旅游竞争主要参与主体的旅游目的地将面临非常严峻的竞争环境。

在当前如此激烈的竞争环境中，目的地营销者所面临的关键挑战就是如何冲破竞争和替代性产品的"杂音"来吸引旅游消费者的注意力，进而影响其选择（Pike & Ryan，2004）。因此，"定位"作为一种能以比竞争对手更好的方式差异化地满足消费者需求的战略营销工具，其重要性对目的地来说比以往任何时候都更加突出。波特（Porter）（1980）指出："在任何一个产品替代程度很高的产业中，定位工作的有效开展都可成为……竞争优势的一种来源。"① 事实上，随着全球化趋势下目的地产品的趋同，自 20 世纪 90 年代起"目的地定位"在国际旅游研究中的关注度开始得到提升，其间国际知名旅游学术期刊和会议上出现了许多关于"目的地定位"的研究文献。国内目的地定位研究于 20 世纪 90 年代末也随即出现，其中尤以对某具体旅游地定位案例进行分析的文献居多，说明已有相当数量的目的地将如何实际应用定位的问题纳入了其营销关注议程之中。总之，随着竞争趋势的日益演进，如何正确地理解和执行目的地定位的核心任务，如何真正灵活、高效地将"定位"应用，已成为目的地树立积极差异的一把营销制胜的利器，是摆在目的地营销学者和实践工作者面前的当头要务。

（二）旅游市场需求趋势和旅游者目的地选择行为表现出新的特点

随着科学技术和信息产业的快速发展，满足人们需求手段的日益丰富，以及社会文化、意识和价值观念领域出现的变化，"体验经济"时代已经来临。"体验经济是继产品经济和服务经济之后的一种新的经济形态，是一种以商品为道具，以服务为舞台，以体验作为主要经济价值提供品的经济形态。"② 在这种经济形态下，人们的生活理念和消费习惯逐渐由"物质实用型"转变为"精神享受和自我发展型"，其消费知识和经验也更为丰富，消费行为变得更加精明、挑剔和复杂化。相应地，旅游市场

---

① Porter M. E. , Competitive strategy. New York：Free Press, 1980.

② ［美国］B. 约瑟夫·派恩、詹姆斯·H. 吉尔摩：《体验经济》，夏业良等译，机械工业出版社 2002 年版。

在需求领域和更为具体的旅游者目的地选择行为上表现出以下一些重要的新特点和变化。

在整体旅游需求趋势上:第一,旅游需求向多元化和高层次发展。根据马斯洛的需求层次理论,人类一般的需求规律为:当低层次的需求(生理需求、安全需求)得以满足后,高层次需求(社交、尊重和自我实现需求)将逐步显现并成为主导性需求(Maslow,1970)。随着人们生活方式和消费范畴的延展,如今的旅游者在满足其行、游、住、食、购、娱六项基本旅游需要之外,在旅游消费中追求、关注的方面增多,还要求对一些更高层次心理需求的满足,如体验、享乐、审美、学习、社交、尊重等。第二,旅游需求向情感化方向过渡。作为心理需求层次提高的自然结果,情感报酬和精神享受在旅游消费中的重要性日益凸显,"功能消费(functional consumption)"的势头削弱。"旅行越来越与体验、满足和恢复活力相关,而不是与地点和活动相关。"① 另一方面,随着旅游供给水平的普遍提高,功能属性的表现也不再是旅游者制定选择决策的关键标准,维系与旅游者之间的情感纽带被认为是竞争制胜的新法宝。第三,旅游需求向个性化和差异化方向发展。展现个性、发展自我成为当前重要的旅游消费观念,人们在旅游中日益追求那些与"自我概念(self-concept)"相吻合、能够凸显自身与众不同之处的产品。"旅游被看作是一种自我表现的手段,是生活方式和地位的指标。"② 相应地,标准的、大众化旅游产品日渐失势,旅游市场细分向纵深发展。

在更为具体的目的地选择行为上:第一,旅游者对于目的地具有更强的选择性。伴随旅游需求的多元化和高层次发展趋势,目的地作为对所有旅游需要、功能加以集中实现的场所,被旅游者赋予了更高的期望和更深的情感,相应也树立了更高的挑选标准。同时,现代旅游者中精通旅游知识、旅行经验丰富者已占相当比例,他们具备从多种信息媒介获取更多、更细的旅行信息,为自己量身定做、安排合适出游行程的能力。这一因素也强化了旅游者对目的地的现实选择过程。第二,旅游目的地选择的非完全"功用取向(utilitarian-orientation)"。鉴于供、需两方面因素的变化,

① King L. , Destination marketing organizations—connecting the experience rather than promoting the place. Journal of Vacation Marketing, 2002, 8(2): pp. 105—108.

② Clarke J. , Tourism brands: an exploratory study of the brand box model. Journal of Vacation Marketing, 2000, 6(4): pp. 329—345.

当今的旅游消费者已不再是"效用最大化"原则的执行者。在目的地选择上，他们不再通过对各种目的地属性和价格信息的详细对比来制定出一个理性决策，习惯、冲动、惰性、符号等非理性因素都可能是促使其消费行为产生的直接原因（李南鸿、俞钰凡，2005）。换言之，情感机制很大程度上决定了其选择。第三，旅游目的地选择表现出一定的稳定性特征。尽管消遣旅游目的地选择总体上具有很大的机动和灵活性（高静，2008），但随着旅游需求在方向和层次上的转变，旅游者因内在情感和精神体验而形成的目的地偏好具有较强的深刻性和持久性，品牌转换的成本非常大，目的地品牌忠诚现象出现的几率较以往要高很多。这种选择稳定的现象又因世界范围内人口结构的老龄化趋势得到了进一步推动，因为老年旅游者具有明显的喜欢故地重游的偏好（Plog，2007）。

（三）国内外旅游目的地定位研究尚存在很多不完善之处，难以适应实践领域的迫切需要

国外旅游目的地定位研究兴起于20世纪70年代末，20世纪90年代以后逐渐形成研究高潮。其研究的核心内容是通过定位调研分析来为目的地确立核心定位理念、开发定位战略这样一个整体定位工作范畴中最为基础和重要的环节。基本研究范式为：通过将感知主体（旅游消费者）对感知客体（旅游目的地）在选择出的定位指标上评分的测量结果进行比较分析来审视各竞争目的地的相对定位。此外，围绕这一研究主线，感知主体的异质性、多元定位指导模型、创新定位技术方法、定位变化追踪等问题也得到了探讨。国内目的地定位研究的兴起与国外有20年的时间间隔，它是作为更广泛的目的地形象策划研究系统中一个基础性研究分支而逐渐发展起来的。研究内容上主要围绕着对目的地定位考虑要素、定位指导原则和定位策略（方法）的系统论述和应用来开展。目的地形象品牌、形象口号、定位实施和形象塑造等，作为定位的相关背景知识或形象策划系统中其他后续环节，在国内目的地定位文献中也都有所涉及。

尽管国内外目的地定位研究从兴起至今都取得了长足进展，各自都已形成一定数量的文献积累，但仍然存在一些明显的不足和缺陷，难以有效适应当前目的地营销实践发展的需要。目的地定位研究的基础理念为：通过"定位"来提升旅游消费者对目的地的态度偏好，从而达到有效影响其选择的终极目标。然而，在旅游竞争性质和需求趋势发生变化的新背景下，用以影响旅游者目的地选择行为的新的适应性营销理念/举措不断涌

现，现有目的地定位研究在与这些目的地营销前沿动向进行接轨、以最大化发挥定位功效的尝试上，却偏于滞后。一个集中的体现就是现有目的地定位文献中对旅游者"非功用性消费需求（non-utilitarian consumption needs）"的忽视。自 20 世纪 90 年代末以来，随着全球化趋势下旅游目的地产品间的同质化，"功能属性"对旅游者出游选择的影响力越来越小，"品牌化"、"关系营销"、"情感营销"等新型营销方式日益得到目的地管理者的重视和运用，相应的旅游学术研究前沿领域也已形成并不断发展。但是，以塑造旅游者选择倾向为核心宗旨的目的地定位研究及其应用在很大程度上却没有反映这些新的变化。

国际上的目的地定位研究文献部分地借鉴结合了"目的地品牌化"、"目的地竞争力"等新兴研究领域的成果，但是这种与前沿动态的接轨主要表现为理论层面的呼吁，真正体现深层次结合的实证性研究尝试还非常有限。如只有个别文献将"目的地品牌个性（destination brand personality）"和"目的地品牌资产（destination brand equity）"概念尝试应用于反映竞争目的地之间差异化定位的新指标，可见国外目的地定位研究对这些营销领域的新变化还尚未从理论兴起背景和研究内在逻辑的角度加以深入理解和应用，换言之对日益凸显的旅游消费者"非功用性需求"的问题重视不足。绝大多数文献进行定位分析的指标仍然局限于"目的地形象"，尤其是其认知形象成分。尽管文献在概念层面上反复强调"目的地情感形象成分（destination affective image components）"对旅游者出游决策所发挥的重要影响，亦有为数较少的先行研究在目的地情境下证实了"情感形象"用于产品定位的有效性，但在此领域的后续有益探索却没有跟进。同时，如前所述，"目的地品牌个性"等为迎合变化的消费者需求而出现的新兴概念在"目的地定位"中也并未得到有效重视和广泛应用。由此可以推断，对国外研究部分在很大程度上还是遵循传统的营销思路，将其建立在一个关于旅游者目的地决策制定模式的片面假设之上——假设旅游者的目的地决策制定过程是一个以广泛信息搜寻和评估为特征的"高度介入（highly-involved）"过程。这些国外目的地定位研究现状与日益被奉行的"赢得消费者心与情感"的新时代竞争规律之间表现出反差和滞后。

国内目的地定位研究则主要是为目的地形象策划的研究和应用服务的，因此更为直接地表现出"在目的地形象研究范畴内来开展"这一特点。与此同时，国内关于目的地情感形象成分的实证测量研究目前还很少涉及；目的地品牌化研究也主要处于概念性引入阶段，发展都远不及国外相关研究成熟；其他从国内本土化研究中自行发展起来的、迎合旅游消费者"非功用性需求"的相对成熟的研究分支也并未建立。相应地，国内目的地定位研究在与目的地营销前沿研究领域接轨、反映新的营销实践要求上表现得较国外情况实际上更薄弱一些。除了未能及时反映前沿变化这一国内外研究的共同缺陷之外，国内目的地定位研究文献还具有：（1）研究的个案性、分散性较强；（2）多重指导框架并存，主流思想模糊；（3）研究涉及范畴较广，研究过于笼统，不够深化、细化；（4）定位战略开发过程中的供给/资源主导观、对消费者需求关注不足等固有的研究局限。所有这些都有待国内学者在有效借鉴国外先进相关研究成果的基础上，针对当前国内旅游目的地定位实践的现实需要和研究固有不足，在研究思路和研究方法上作创新性的尝试和推进。

二 研究目的

在了解国内外旅游目的地定位研究及其实践现状、关注旅游市场竞争和旅游消费者需求发展新态势的基础上，为应对当前国内外目的地定位研究中对旅游者"非功用性消费需求"重视不足的突出问题以及国内研究传统上在如何开发目的地定位战略这一核心问题上研究思路和方法的局限，本研究将总体研究目的设定为：构建一个通过满足旅游者"非功用性消费需求"来更有效影响其目的地态度偏好和选择行为的目的地非功用性定位概念性指导模型，并通过将其应用于大连，作为一个旅游目的地海滨城市在国内消遣旅游市场上相对于其他4个北方竞争对手的定位分析案例，来阐述和证实该模型的实际有效性。

"旅游目的地情感形象"和"旅游目的地品牌个性"是该模型中用以反映旅游者"非功用性消费需求"（具体而言，分别为"体验性消费需求"和"象征性消费需求"）、比较旅游者对竞争目的地之间感知差异性的两个关键定位指标构念。相应地，在实证阐释该定位理论模型有效性的调研开展和数据统计分析部分，指导研究开展所针对的4个具体分化出来的"研究问题"被界定为：

研究问题1：国内消遣旅游者对一个海滨城市旅游目的地情感形象的感知包括哪些潜在的维度？

研究问题2：国内消遣旅游者对一个海滨城市旅游目的地品牌个性的感知包括哪些潜在的维度？

研究问题3：在海滨城市旅游目的地情感形象感知包含的这些潜在维度和其具体属性中，应选取哪一维度下的哪一具体属性作为大连"非功用性"定位战略开发的关键情感形象属性？

研究问题4：在海滨城市旅游目的地品牌个性感知包含的这些潜在维度和其具体特质中，应选取哪一维度下的哪一具体品牌个性特质作为大连"非功用性"定位战略开发的关键品牌个性特质？

三　研究意义

（一）理论意义

国际旅游研究中，旅游目的地定位研究从20世纪70年代末兴起至今形成了一个围绕目的地定位战略开发这一核心问题展开探讨的相对独立的研究分支，但从总体上看关于目的地定位问题的研究在旅游营销研究中还不是一个非常显著、成果丰硕的研究课题。尽管"定位"概念在文献中被反复强调为树立差异化和竞争优势的关键，但绝大多数旅游营销学者还是将注意力放在旅游者对单一目的地的态度感知研究（尤其是目的地形象研究）之上，极少开展将若干个竞争目的地的情况加以比较分析的定位研究。国内目的地定位研究则由于其形成和发展的固有逻辑，涉猎研究范畴非常广泛，与目的地形象策划系统中的形象展示、形象传播等环节的研究多有交叉、重叠。因此尽管也经历了10年的发展时间，在很大程度上并未形成一个拥有相对成熟、统一研究范式和研究方法的、实际意义上的独立研究分支。其研究内容多为围绕定位考虑要素、执行原则、策略方法等所做的定性探讨和总结，对究竟如何才能为一个旅游目的地有效开发定位理念这一关键问题的认识比较模糊，其探讨视角也表现出一定的"供给/资源主导观"，对消费者需求关注不足。

随着旅游市场竞争的日益激烈和旅游者需求趋势的变动，目的地营销研究和实践领域中为迎合新的竞争要求所做的努力和尝试方兴未艾。但是，国内外目的地定位研究的视角基本上还是固着在根据目的地产品的"功能属性"上来进行定位，很少在其研究中做出一些适应性的更改和调整。这造成了目的地定位研究与旅游营销前沿探讨之间的滞后、脱节，如果不引起特别重视，将会影响目的地定位研究领域未来的发展、创新和其研究水平的有效提升。

本研究将"旅游目的地定位"确立为选题来源，恰恰是针对"定位"概念重要性和国内外旅游营销领域对目的地定位问题关注相对不足这一研究差距，特别是针对国内该领域研究在目的地定位战略开发这一定位工作核心环节分析上的不足和偏差。将研究焦点放在目的地的"非功用性"定位上，以研究出现比较晚近和成果有限的"目的地情感形象"、"目的地品牌个性"两个构念作为定位指标，旨在重点反映在消费者目的地选择决策中日益发挥主导作用的"非功用性需求"，应对当前目的地定位研究没能及时跟进旅游营销研究前沿动态发展这一突出的局限问题。

基于里斯和特劳特（Ries & Trout）（1981）"定位理论"，借鉴国外目的地定位研究领域的主流研究视角和研究范式，突出关注定位战略开发工作环节，本研究深入阐释了定位、非功用性消费需求满足、消费决策机制和旅游者目的地选择之间的内在关联作用机理，据此构建了以"目的地情感形象"和"目的地品牌个性"为定位指标的目的地非功用性、定位概念性指导模型。该模型从基础驱动需求、消费决策机制、定位指标到实际营销沟通内容，都贯穿、体现了对非功用性要素的考虑，与当前目的地定位研究中所暗含的理论指导框架形成明显差异。因而，通过考察一个意义鲜明但被普遍忽视的研究点，该模型以更切合现实营销环境和从更高立意点出发的方式极大地推进和补充了当前研究成果。在证实该模型有效性的实证阐释阶段，作者对如何通过定位调研开展和数据统计分析来得出大连市恰当定位依据过程的详尽描述，相对于传统上国内该领域研究偏于定性归纳的研究局限，具有一定的示范性和借鉴意义。因此，从理论建立和理论验证的双重角度，本研究对于国内目的地定位领域的研究现状，都在一定程度上填补了其研究空缺。

（二）实践意义

第一，随着旅游目的地之间竞争的日趋激烈，"定位"工作引起了各级层面目的地管理者的高度重视。然而，对于究竟如何才能开发出一个有效的目的地定位战略，或者如何运用"定位理论"来创造自身目的地的客源增长和营销业绩，在国内旅游营销领域恰当的知识指导和成功定位案例还所见不多。本研究就是基于目的地营销实践的迫切需要，才选择了"定位"这样一个实践性极强的研究领域。同时，"定位"是一切营销活动成功开展的根基，任何具有优秀创意的"品牌化"或"形象打造"活动都有赖于一个科学、准确的定位战略的选择。当前在目的地营销探讨中关于通过满足旅游者"体验性需求"和"象征性需求"来维系与其之间情感纽带、构筑品牌忠诚的呼声越来越高，被视为新时代竞争制胜的营销武器。但是，在当前国内目的地营销环境中，这些新的营销理念主要还停留在表面的口号阶段，真正得以践行的很少。尤其是在目的地定位这个基础的实践领域，如果不能得到切实地贯彻、结合，将影响到整个目的地营销系统的运作方向和最终成效。鉴于此，本研究以旅游目的地的"非功用性"定位为探讨焦点，既是迎合新的需求形势和竞争规律，也是从营销实践现实要求的角度对传统目的地定位模式所做的推进和创新，其研究成果更有利于高效、务实的目的地定位战略的产生。

第二，研究实证阐释部分所得出的结论确定了对大连作为一个海滨城市旅游目的地面向国内消遣旅游市场在北方区域内进行非功用性定位最有用的目的地情感形象维度/具体属性和目的地品牌个性维度/具体特质，提出了对大连进行非功用性定位的战略建议和其操作性主题口号。尽管这些相关管理建议目前还属于纯粹的学术探讨，有待于加强与大连现实品牌化决策框架的联系来发挥其实际价值，但这些结论识别了大连当前营销主题与其游客感知之间的不符，为大连旅游官方和营销机构了解自身在满足旅游者"非功用性需求"上相对于竞争对手的独特差异化优势方面提供了清晰、丰富的图景，可启发它们重新思考、确定自身定位和营销传播的着眼点。由于非功用性定位指标的选取，应用本研究结论对大连目的地打造"品牌忠诚"、发展"关系营销"、开发情感市场细分策略等一系列旨在增进其品牌与消费者联系的营销活动的开展都具有方向指南作用。此外，详尽的定位分析过程，使得本研究对大连4个竞争目的地各自的优劣势对比情况和其非功用性营销主题的确立，同样具有重要的信息参考价值。最终，其他与本次研究涉及目的地拥有类似资源和市场性质的海滨城市目的地亦可将本研究结论作为其营销和管理决策开发的参照基础。

第三，本研究在开发适用于海滨城市旅游目的地情境的"目的地情感形象"和"目的地品牌个性"测量量表过程中进行了大量的文献检索和实际调查工作。文献回顾的范围十分宽泛，涉及国内外在目的地形象（尤其是情感形象）、目的地品牌化（尤其是品牌个性）、海滨目的地/海滨城市目的地、大连海滨城市旅游发展等诸多领域的研究成果。"经验调查法"的实施对象囊括了先前旅游者、旅游营销专家和大连市主要旅游行业代表三个重要群体。这一比较严谨、扎实的基于探索性设计的量表开发过程使作者了解、掌握了关于海滨城市旅游目的地非功用性品质的丰富信息，反映在量表开发的分析过程和修订结果中。因此，这些相关信息为任何后续的涉及以"目的地情感形象"和"目的地品牌个性"为实证测量对象的研究项目，或旨在对识别海滨城市目的地非功用性品质（尤其是我国北方海滨城市目的地）的实际工作，都提供了适当的、较高质量的参考信息来源。

第二节　研究思路与研究内容

一　研究思路

在当今旅游市场竞争愈演愈烈和旅游需求趋势剧变的背景下，"定位"概念的突出重要性在旅游目的地营销实践领域得到了显现，本书故此选择了这样一个实践上迫切需要了解和推进的研究命题。对于任何一个业已存在的研究领域，后来研究者都旨在寻找一个理论根基和实践需要的最佳结合点来确立自身的研究目的和方向。这导向作者对国内外旅游目的地定位现有研究文献的系统回顾和梳理，以了解其基本研究脉络、固有研究局限和在满足实践发展要求上的不足之处，相应的界定本研究的研究范畴和具体研究目的。鉴于国内目的地定位研究一个突出局限就是对定位战略开发这一整体定位工作范畴中核心环节的重视不足、相对成熟研究成果较少，作者将本研究的重点针对范畴设定为主要围绕如何为一个目的地开发定位战略这样一个核心环节来探讨"定位"的关键和实质内容。鉴于满足旅游者"非功用性消费需求"在当今旅游营销中的重要意义，作者将本研究的焦点设定为目的地非功用性定位。因为任何一个相对成熟、完善的学位论文都应该包含理论建立和理论验证两个部分，结合对以上两方面关键界定的思考，作者将本研究的主要目的确定为两个：（1）构建旅游目的地"非功用性"定位的概念性指导模型；（2）以大连作为一个海滨城市旅游目的地在国内消遣旅游市场上相对于其他4个北方竞争目的地的定位案例来证实该模型的有效性。

目的地非功用性定位指导模型的构建首先需对"定位理论"及其在目的地研究情境下应用的基本概念和重要原理进行明确界定、阐释，以为研究的后续开展奠定理论和概念基础，使得研究下一步骤中定位模型构建的过程、方式及所涉及要素关系的内在逻辑都能够被清晰、容易地理解。

在完成本研究核心理论建构（即目的地"非功用性"定位概念性指导模型的创立）过程中，关键的两个方面是理论模型的作用逻辑和构成要素。其中，作用逻辑是模型的内核，是本研究旨在推出、应用的目的地非功用性定位模式得以成立的理论根基。这要求深入挖掘满足"非功用性消费需求"如何能够驱动旅游者目的地选择行为的消费者决策机制。具体而言，就是要从营销学关于"非功用性消费需求"的研究脉络中探寻切实符合本研究思维逻辑、在旅游研究中有一定相关理论构建和实证研究基础的一般消费者决策模式/机制。可整合从其不同研究脉络（分支）中发掘的倾向于满足不同具体非功用性需求类别的决策机制。构成要素是模型作用逻辑发挥的必要成分和实际表征符号，通过考察这些要素之间的关系，模型的作用逻辑应可以得到实际演示。定位指标是其中的核心构成要素，需能将基础驱动需求、消费决策机制与目的地定位研究的任务连接在一起，因此其识别过程应遵循从目的地营销现有研究基础上挖掘与本研究理论依据密切关联的重要"构念"这一途径。

当将理论模型付诸实证检验时，需要首先根据形成的具体研究问题来确定涉及的研究设计类型和对"构念"测量工具、样本等具体调研要素加以设计。考虑到旅游者"非功用性"需求机制在海滨城市旅游目的地情境下的突出适用性，作者将对本研究的实证阐释情境设定为海滨城市目的地。相应地，根据模型关键"构念"在这一情境下的现实研究情况，一个较为严谨的基于探索性研究设计的针对当前情境的"构念"测量量表开发过程被采用。在调研实施和对数据进行统计分析、阐释之后，理论模型的验证工作得以完成，作者据此提出对大连作为一个海滨城市目的地进行非功用性定位的战略建议。最终，作者对本研究所获得的主要结论、研究局限和未来研究建议等做出总结和探讨。

二 研究内容

本研究的主要内容分为七章，分别是：

第一章绪论。作为本研究的开篇，绪论部分主要介绍选题背景和选题意义；阐明研究目的；概括阐述研究思路和研究内容、所采用的研究方法及主要创新点。

第二章国内外旅游目的地定位研究文献回顾和评述。对国内外与旅游目的地定位研究直接相关的文献进行系统回顾、梳理，了解其研究范畴、基本研究范式和研究发展脉络，评述其已取得的研究成果和表现出的突出研究局限。

第三章旅游目的地定位理论和基本概念界定。这一章为论文的核心章节作理论和概念铺垫，使得研究提出的理论模型是构筑在扎实的理论基础和严谨的概念界定之上。主要介绍定位理论缘起、基本思想主张、发展形成过程、定位概念的内涵范畴等相关要点，并将这些理论要点在旅游目的地情境下进行诠释。诠释涉及旅游目的地定位概念内涵、特殊挑战、操作原则以及相关的概念辨析，这一过程突出针对本研究的重点涉及范畴——目的地定位战略开发环节。

第四章旅游目的地"非功用性"定位概念指导模型构建。这一章是本研究的核心理论建构章节。从挖掘、展示模型构建的理论依据入手，首先对"非功用性消费需求"的概念内涵和分类进行介绍，继而回溯到对营销研究重点探讨这一需求类型的两大研究脉络（基于"体验性视角"和"价值表征性视角"的研究脉络）及其显著研究分支（"享乐性消费"和"自我概念"）基本思想的阐释，提取出其影响、孕育而成的两种重要非功用性消费决策机制："以情感为基础的决策模式"和"自我一致决策机制"。接下来，对模型核心构成要素——"目的地情感形象"和"目的地品牌个性"这两个定位指标的确定就主要是从"构念"概念内涵和相关理论认识出发将其与两种非功用性消费决策机制中的消费行为核心驱动要素紧密联结在了一起。实证支持这两个定位指标"构念"对旅游者目的地选择行为积极影响的文献成果也被回顾来进一步强化二者作为定位指标的切合性。最终，一个从基础到结果都明显差异于当前目的地定位研究所暗含理论框架的目的地非功用性定位模型被建立和评价。

第五章实证研究的研究设计和调研实施。确定对本研究创建的理论模型有效性加以检验的实证研究部分所涉及的研究设计类型；介绍对各研究要素的基本设计情况，其中重点描述问卷设计和测量量表的开发过程；介绍调研地、样本、问卷发放和回收情况等调研实施相关内容。

第六章实证研究的数据统计分析和研究发现。介绍主要应用的统计分析方法：因子分析（Factor Analysis）和独立样本 t 检验（Independent Sample T-test）；阐述如何根据数据统计分析的结果来逐一回答指导实证研究开展的四个具体研究问题；提出大连作为一个海滨城市目的地面向国内消遣旅游市场的非功用性定位战略建议。

　　第七章研究结论和探讨。归纳本研究理论建立和理论检验两部分的基本结论；指出研究局限和未来在进一步完善、应用或拓展本研究成果方面的基本建议。

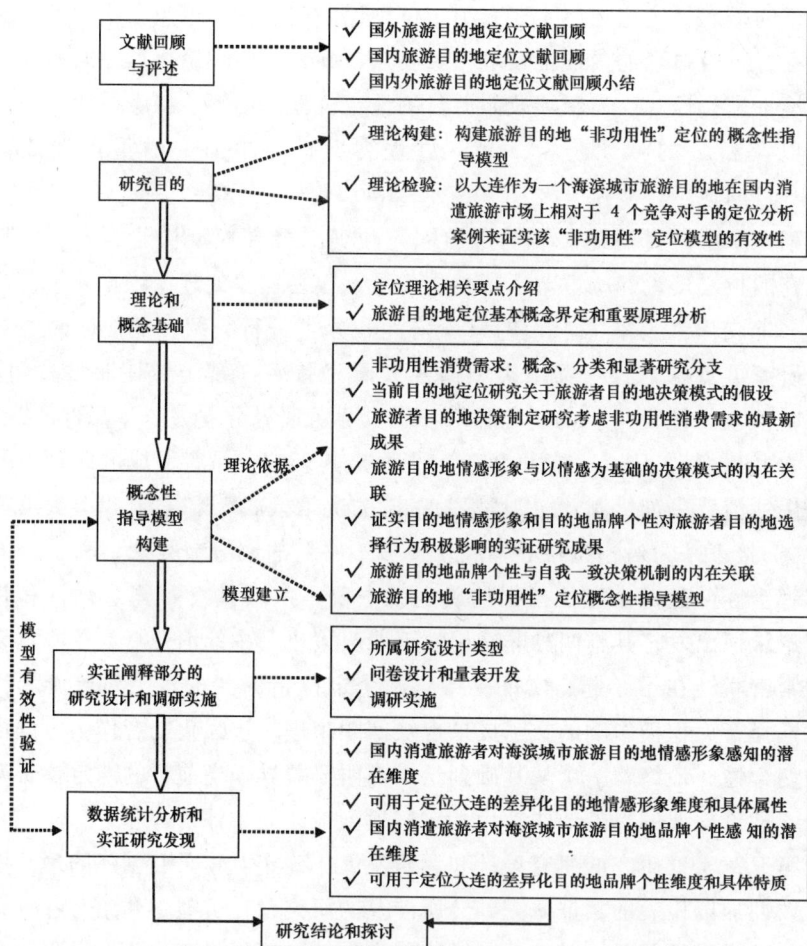

图1—2　本研究逻辑思路图

资料来源：作者整理。

第三节 研究方法与创新点

一 本研究所采用的研究方法

（一）方法论

所谓"方法论"涉及的是科学研究过程的逻辑和哲学基础，它主要从哲学角度探讨指导社会研究的原则、逻辑基础以及学科的研究程序和研究方法等问题。社会科学研究中存在两种基本的、同时相互对立的"方法论"倾向："实证主义方法论"和"人文主义方法论"。前者的基本观点为：社会科学研究应该向自然科学研究看齐，应该对社会现象及其相互关系进行类似于自然科学的探讨；要通过非常具体而客观的观察，即通过经验概括得出结论；同时，这种研究过程应该是可以得到重复验证的。在研究方式上，定量研究是其最典型的特征。后者则认为：在研究社会现象和人的社会行为时，应强调社会现象与自然客观之间的差异，反对把自然科学方法绝对化；主张突出人的主体性、意识性和创造性，反对把人物化。在研究方式上，定性研究是其最典型的特征。

本研究的开展综合遵循了两种方法论的指导。作者在对国内外旅游目的地定位研究文献的回顾与评述，定位理论和旅游目的地定位基本概念、原理介绍，以及目的地"非功用性"定位概念性指导模型构建的章节写作上主要遵循"人文主义方法论"的指导；而在对实证阐释部分（即通过以大连作为一个海滨城市旅游目的地在面向国内消遣旅游市场上相对于其北方4个竞争对手的定位分析案例来验证所提出的理论模型）的写作上主要遵循"实证主义方法论"的指导。

（二）研究方法

"研究方法"是指贯穿研究全过程的程序与操作方式。本研究所采用的"研究方法"主要包括：

1. 文献研究法

主要是通过对国内外旅游目的地定位的研究文献进行回顾和总结，了解其基本研究范畴、研究方向和研究范式，分析其已取得的研究成果和突出需要关注的研究局限，寻找该领域实践发展需要与当前理论研究基础相对接的最佳选题着眼点，以进一步思索和确立研究目的。

2. 问卷调查法

问卷调查法是常用的"调查研究方法（survey research methods）"之一，指调查者运用统一设计的、标准化的问卷向被选取的调查对象了解情况或征询意见的方法。本研究采用全部由"封闭式"格式问题构成的问卷来测量游客对 5 个海滨城市旅游目的地中每一个所持有的情感形象和品牌个性感知。

3. 案例研究法

以大连市作为一个海滨城市旅游目的地面向国内消遣旅游市场相对于其北方区域内 4 个竞争对手的"非功用化"定位案例来阐释和验证本研究所构建的理论模型有效性和实际可操作性。

4. 数理统计与分析方法

主要采用 SPSS16.0 统计软件来对所回收的调查问卷数据进行相关数理统计和分析。

二　本研究的创新点

（一）文献梳理和概念辨析方面

1. 首次对国内外现有旅游目的地定位文献的研究逻辑和研究特点进行了系统、深入的挖掘和阐释

根据作者所掌握的知识基础，目前还没有任何对现有国内外旅游目的地定位文献做非常全面、系统的回顾和评析的研究成果问世。本研究基于对国内外该领域分别自 20 世纪 70 年代末和 90 年代末兴起以来大量文献成果的详细研析，明确了各自研究涉及的主要内容范畴；总结了反映其各自研究缘起、发展轨迹和所包含若干研究问题之间关联性的研究逻辑；挖掘各自具有的基本研究特点；清晰地展示了各自研究所取得的成果和尚待解决或推进的不足之处。最终，这些文献梳理工作的成效集中表现为作者所归纳、提炼出的国内外目的地定位研究之间的 4 个差异点和对当前研究亟待改进的突出局限的认识。4 个差异点为：（1）"单一"的理论基础和"多重"的指导框架；（2）"集中"的研究焦点和"分散"的研究范畴；（3）"系统、整合的"定位分析方法和"顺次、独立的"定位分析流程；（4）用"形象"做定位和给"形象"做定位。针对国内该领域研究现状，研究内容笼统纷杂、研究范式缺乏、研究视野框定应该是其今后研究工作所重点针对解决的弊端。本研究因此在透彻揭示国内外该领域研究逻辑、研究特点和研究推进方向方面做出了一定的首创性贡献，为后续对该

研究领域予以关注和投入的学者奠定了良好的知识基础，提供了一幅清晰且深刻的研究图景。

2. 首创性地对"旅游目的地定位"概念的内涵范畴及其与相关重要概念之间关系进行了清晰、严谨的界定和厘析

在营销学术领域中，"定位"成为在实际研究和运用上相对松散、自由的一个概念。相应地，旅游学者们对"旅游目的地定位"的研究和探讨也表现出一定的分化和复杂特征。尽管国外研究中绝大多数文献的研究实指以及其反映出来的研究主线都是针对如何为一个目的地开发定位战略这样一个基础调研环节，但是其在对"目的地定位"的概念界定上主要直接转引洛夫洛克（Lovelock）（1991）定义，并未指明自身涉及的实际研究范畴。国内研究中则是多重理论指导框架和概念界定方式并存，诸多被笼统冠以"目的地定位"之题的文献在实际探讨的内容范畴上却是不一致的。然而，学者们也没有对自身研究范畴和研究问题做出更严谨界定的尝试，致使研究成果重复、混淆的现象产生，彼此之间很大程度上失去了共同交流、探讨的平台。

本研究从概念界定的根基角度探寻国内外现有旅游目的地定位研究文献（尤其是国内部分）分化、复杂性的症结所在。作者明确指出理论上广泛接受和认可的"定位"内涵（即Lovelock1991年提出的"定位"定义）是一个基于战略视角的宽泛界定，其概念内涵范畴实际上囊括了开发定位战略、物化展示定位战略、向目标市场沟通定位战略、落实定位战略所做的承诺和监控定位战略实施有效性的多方面连续营销实践活动；这些活动密切关联、环环相扣地最终指向一个企业或其产品建立（维持）独特的市场地位，其中定位战略开发环节对后续所有工作环节具有关键的方向确立作用，是传统上称"定位"为"一切营销活动立足点"的含义实指所在。基于这种对"定位"概念的理解和界定方式，作者为当前旅游目的地定位领域研究分化、复杂的状况提供了一种有效的梳理和解构途径，有利于对研究整体框架和内在关系的把握；突出应将目的地定位研究的重心放在定位战略开发环节上的重要意义，据此设定本研究重点涉及的定位内涵范畴（即本研究所构建的目的地非功用性定位概念性指导模型，主要旨在针对性地解决定位战略开发问题）。

同时，鉴于国内外目的地营销研究在目的地定位相关概念的理解和关

系建构工作上基础比较薄弱，还存在相当程度的模糊和混淆认识，作者对
"目的地定位"及经常与其并提的两个概念——"目的地形象"和"目的
地品牌化"进行了透彻的概念辨析和关系厘清。基于将"目的地定位"
和"目的地品牌化"看做分别由五个在内容和功能上相似、对应的工作
环节构成，而"目的地形象"是二者影响终端消费者的一个直接的重要
工具这一认识前提，三者之间的相互联系和区别在一个动态视角的整体营
销过程中被加以阐释。作者指出各自概念的核心实质和理论倾向点，为目
的地营销领域的后续相关研究建立了很好的概念基础和理论支撑。

（二）旅游目的地定位的基础理论建构方面

国外目的地定位研究的文献成果表现出非常强的实证性，只有为数极
少的文献在目的地定位的基础指导模型方面进行了有益探索；而国内研究
部分更是明显表现出对这一环节研究的缺失，这说明当前目的地定位研究
领域有待进行更为扎实、完善的理论建构工作。而在当前有限的理论建构
成果中，学者们也都没有明显表现出对"非功用性消费需求"的考虑思
路。鉴于此，作者恰恰是基于推进目的地定位研究理论建构发展这一根本
目标，选择了一个理论上意义显明、当前研究却在很大程度上还未涉猎的
新领域和方向来开展自身研究。作者根据当前目的地定位研究特点对其在
旅游者目的地决策制定方面的假设进行了推断，认识到其普遍依循的
"选择域建模"范式已经滞后于旅游者目的地决策制定的一般研究进程。
因此作者借鉴关于旅游者目的地决策制定研究的最新成果，将目的地定位
研究的思路和焦点与更全面、完善的目的地决策制定假设结合起来，构建
了一个反映非功用性消费需求，满足对旅游者目的地选择行为为驱动力的
非功用性定位指导模型。

该模型所有构成要素都体现了对非功用性的考虑，因而与现有目的地
定位研究所暗含的理路指导框架之间形成了显著的差异和创新："非功用
性消费需求"对应于"功用性消费需求"；"以情感为基础的决策模式"
和"自我一致决策机制"对应于"有限理性/效用最大化决策机制"；寻
求享乐反应和满足自我一致类型动机的消费任务界定对应于解决消费相关
问题的消费任务界定；"目的地情感形象"和"目的地品牌个性"的定位
指标对应于"目的地功能属性"的定位指标；"独特体验性卖点（UESPs）"
和"独特象征性卖点（USSPs）"对应于"独特效用卖点（UUSPs）"。

（三）旅游目的地定位的分析指标方面

以往国内外绝大多数的旅游目的地定位研究文献都是以"目的地形象"作为其反映目的地之间差异的定位分析指标，特别是固着在单一的认知形象成分之上。这些研究成果有效揭示了竞争目的地之间在满足旅游者"功用性需求"上的能力和相对市场位置，但却无法提供关于目的地在迎合、满足旅游者"非功用性需求"上表现情况的重要信息。在当今旅游市场竞争中，"功能属性"对塑造旅游者目的地偏好和选择的影响力下降，而能够满足较高层次需求（如"体验性需求"、"象征性需求"）的非功用性要素的作用日益凸显。鉴于这种变化了的需求形势和竞争焦点，本研究改变传统上以认知形象成分为主导性指标的定位分析模式，首次在国内目的地定位研究领域中建立并实际阐释了一种如何应用非功用性要素来进行定位分析的模式，积极探索了"目的地情感形象"和"目的地品牌个性"这两个"构念"在目的地定位研究体系中可发挥的重要价值。

由于当前国际旅游研究中也只有少量文献独立使用过"目的地情感形象"或"目的地品牌个性"作为定位分析指标，因此相对于国外成果本研究亦首创性地在"非功用性消费需求"的总体思路下实现了联合应用两个"构念"作为定位指标。一方面这使本研究具备了以下两点在定位分析结果方面的直接优势：（1）便于更全面展示竞争目的地之间在满足旅游者"非功用性消费需求"上的相对定位；（2）可对分别运用两个指标的分析结果做比较来帮助检验、确立基于此模型开发定位战略的有效性和稳定性。另一方面，更为重要和具有理论创新意义的是应用这一方法的过程使得以往在很大程度上独立开展的"非功用性消费需求"两大研究脉络之间的关系得到阐释，并以一种独特的方式在"目的地形象"和"目的地品牌化"这两个研究体系的整合研究上搭建了桥梁。

（四）旅游目的地定位分析的方法和视角方面

本研究揭示了国内旅游目的地定位研究在对定位考虑要素进行分析时很大程度上遵循的是一种"顺次、独立的"定位分析方法。其中目的地优势资源始终被放置在分析的首位，对其他要素的考虑要基于这一资源分析的结果。因此，这种定位方法对消费者需求和偏好的关注不足，反映出明显的供给/资源导向观。鉴于国内研究中尚未形成关于究竟应如何为一个目的地开发定位战略的清晰认识，本研究借鉴国外该领域的先进研究范式和分析方法，明确提出"目的地定位"应遵循"从调查消费者的现实感知出发"和"基于目的地差异化的决定性品质"这两条关键操作原则；并通过以大连为焦点城市的定位案例来阐释如何对消费者需求、目的地品质和竞争对手三方面加以系统、整合分析以开发出目的地定位战略的过程。由于这种定位分析范式在其应用中始终都贯彻了"感知本位"的原则，强调市场效果而非供给方的主观意愿，使得本研究对旨在开发具有市场竞争力的目的地定位战略及其他管理决策的后续国内相关研究具有很强的借鉴性和示范意义。

第二章 国内外旅游目的地定位
研究文献回顾和评述

对该领域现有研究文献的全面了解是开始任何一项新研究的必备基础。本章的写作任务就是要对国内外现有的旅游目的地定位研究文献进行系统的回顾和评述，阐述其各自的基本研究内容、研究逻辑、研究方法，以了解、总结其研究进展和突出局限之处。本章在篇章结构上共分三节。第一节集中针对国外旅游目的地定位研究文献的情况进行介绍。第二节则回顾国内该领域的研究现状。这两节中文献回顾的范围设定为国内外与"目的地定位"直接相关（以文题、关键词或摘要中突出显示这一概念为准）的研究文献。第三节基于前两节所做工作对国内外目的地定位研究的回顾结果进行评述，在国内外该领域的研究特点之间进行对比分析。作者经整合、研析文献所形成的对该领域研究情况认识和本研究行文思路、改进创新之处等若干思考贯穿在对文献的介绍和评述之中。而最后第三节集中指出的是当前国内外研究的突出局限，为从下一章起进入对与本研究所需理论基础内容的阐释直接埋下了伏笔。

第一节 国外旅游目的地定位文献回顾

国际上的旅游目的地定位研究兴起于 20 世纪 70 年代末，最初的研究出发点主要是同时对多个旅游目的地的形象进行测量、比较，从而为目的地营销提供更有实际价值的信息。20 世纪 90 年代以后，随着全球化趋势不断演进，旅游目的地之间的同质化程度加剧，旅游市场竞争日趋激烈。定位的重要性因此受到了旅游目的地营销实践者和学术界的格外关注，其间关于目的地定位的研究文献大量涌现出来。这些文献的研究视角不断宽泛，从最初的局限在目的地形象研究范畴之内发展为与"目的地品牌

化"、"目的地竞争力" 等其他目的地营销研究领域形成交叉；研究内容
得到拓展，从主要考察目的地之间定位感知比较的结果到对目的地定位工
作整体流程中的其他环节也展开详细探讨；研究日益深化、细化，对定位
感知的市场异质性、目的地定位新技术方法的引入等细节问题给予了特别
关注。

一　文献检索情况

　　作者对外文文献的搜集和整理主要是于 2009 年 10 月至 2010 年 4 月
间完成。通过作者对这些文献进行认真梳理、分析，发现国外旅游目的地
定位文献在内容上主要是围绕八个方面来展开的。其中绝大多数文献都是
将游客对几个具体竞争目的地之间的感知定位进行比较的调研性文章。这
是定位工作内涵中主要强调的关键内容，也自然成为了学术研究的主体。
其他涉及的七个方面的研究内容分别为：（1）人口统计特点和旅游行为
特点对目的地定位感知的影响；（2）目的地选择标准的重要性；（3）监
测目的地定位的变化；（4）目的地定位模型；（5）目的地定位技术方法；
（6）与目的地定位相关的 "市场细分" 和 "目标市场选择" 问题；（7）
以单一目的地为例的定位及形象促销策略开发。所检索到的文献在八类研
究关注点上的分布情况如表 2—1 所示。

表 2—1　　　　　　　国外旅游目的地定位文献研究关注点分类

研究内容	文献
多个目的地之间的相对定位比较	Goodrich（1977，1978）；Haahti（1986）；Calantone et al.（1989）；Gartner（1989）；Crompton, Fakeye & Lue（1992）；Javalgi, Thomas & Rao（1992）；Oppermann（1996）；Baloglu & Brinberg（1997）；Kim（1998）；Baloglu & McCleary（1999）；Botha, Crompton & Kim（1999）；Go & Govers（1999）；Usyal, Chen & Williams（2000）；Qu, Li & Chu（2000）；Chen（2001）；Kasim & Dzakiria（2001）；Baloglu & Mangaloglu（2001）；Chen & Usyal（2002）；Pike & Ryan（2004）；Dolnicar & Grabler（2004）；Kim & Agrusa（2005）；Kim, Guo & Agrusa（2005）；Kim, Chun & Petrick（2005）；Kang, Suh & Jo（2005）；Prayag（2007）；Murphy, Moscardo & Benckendorff（2007）；Faullant, Matzler & Fuller（2008）；Kim, Sun & Ap（2008）；Pike（2009）

续表

研究内容	文献
人口统计特点和旅游行为特点对目的地定位感知的影响	Calantone et al.（1989）；Baloglu & McCleary（1999）；Prayag（2007）；Faullant, Matzler & Fuller（2008）
目的地选择标准的重要性	Kim（1998）；Go & Govers（1999）；Qu, Li & Chu（2000）；Usyal, Chen & Williams（2000）；Pike & Ryan（2004）；Kim, Guo & Agrusa（2005）；Kim & Agrusa（2005）；Kang Suh & Jo（2005）；Pike（2009）
监测目的地定位的变化	Oppermann（1996）；Pike（2009）
目的地定位模型	Woodside（1982）；Haahti（1986）；Botha, Crompton & Kim（1999）；Plog（1974, 2001, 2002, 2004）
目的地定位技术方法	Goodrich（1977, 1978）；Chen & Usyal（2002）；Pike & Ryan（2004）；Dolnicar & Grabler（2004）
与目的地定位相关的市场细分和目标市场选择问题	Haahti（1986）；Nickerson & Moisey（1999）；Mykletun, Crotts & Mykletun（2001）；Orth & Tureckova（2001）；Kasim & Dzakiria（2001）；Dolnicar & Grabler（2004）；Lin & Huang（2009）
以单一目的地为例的定位及形象促销策略开发	Ahmed（1991）；Day, Skidmore & Koller（2002）；Ibrahim & Gill（2005）；Liu, Siguaw & Enz（2008）

资料来源：作者整理。

二　文献内容回顾

（一）多个目的地之间的相对定位比较

在检索到的文献中，除了10篇文献（关注点为定位工作的其他环节或仅以自身目的地为例来说明某一定位模型、方法的应用）之外，其余文献反映的都是比较多个竞争目的地之间相对感知定位这样一个定位工作的核心过程。其研究的基本范式为：将调研主体对面向其出游背景的几个竞争目的地在选择出的定位指标上的感知情况进行比较，从而确定所关注的目的地相对于其他竞争目的地在定位指标上的差异化优势，为其定位战略开发和形象促销策略提供建议；或者在无特定关注的目的地的情况下，识别每个目的地在定位指标上的相对优势和劣势，为每个目的地的定位和形象促销策略都提供相应的管理启示。因此，这一研究范式下主要有四个方面的核心要素：（1）出游背景；（2）竞争目的地；（3）调研主体；（4）定位指标。在表2—2中，作者对此类文献的四个核心要素的情况进行了详细列示。

表2—2　　　　多个目的地之间的相对定位比较文献详细情况列表

作者 （年份）	出游背景 （travelcontext）	竞争目的地			样本 性质	定位指标 （position indicator）
		数目 （篇）	层面	识别方法		
Goodrich (1977)	国际消遣 旅游	9	州/国家 /度假地	作者指定	潜在游客	总体形象 认知形象成分
Goodrich (1978)	国际消遣 旅游	9	州/国家/ 度假地	作者指定	潜在游客	目的地形象 （认知成分）
Haahti (1986)	国际夏季 消遣旅游	12	国家	作者指定	现实游客	目的地形象 （认知成分）
Calantone et al. (1989)	国际消遣 旅游	8	国家	作者指定	现实游客	目的地形象 （认知成分）
Gartner (1989)	消遣旅游	4	州	作者指定	潜在游客	目的地形象 （认知成分）
Crompton, Fakeye & Lue (1992)	冬季 阳光度假	5	州/峡谷	开放式问题 （访问过的目 的地＋理想目 的地）	潜在游客 初次游客 重游客	旅游动机（推力 因素、拉力因 素）题项
Javalgi, Thomas & Rao (1992)	国际消遣 旅游	4	区域	作者指定	游客数据库	目的地形象 （认知成分）
Baloglu & Brinberg (1997)	国际消遣 旅游	11	国家	作者指定	大学生	目的地形象 （情感成分）
Kim (1998)	消遣旅游	5	国家公园	作者指定	现实游客	目的地形象 （认知成分）
Baloglu & McCleary (1999)	国际消遣 旅游	4	国家	作者指定	潜在游客	目的地形象（认 知、情感和总体 形象）

续表

作者 （年份）	出游背景 （travelcontext）	竞争目的地			样本 性质	定位指标 （position indicator）
		数目 （篇）	层面	识别方法		
Botha, Crompton & Kim（1999）	消遣旅游	2/3	不确定	开放式问题（理想目的地＋消费者晚期考虑域中的前两个目的地）	现实游客	推力因素题项、拉力因素题项、情境阻碍因素题项
Usyal, Chen & Williams（2000）	消遣旅游	10	州	作者指定	潜在游客	目的地形象 （认知成分）
Chen（2001）	国际消遣 旅游	3	大洲	作者指定	潜在游客	目的地形象 （认知成分）
Kasim & Dzakiria（2001）	国际消遣 旅游	3	城市/度假地	二手数据＋ 业界专家 意见	现实游客	目的地形象 （认知成分）
Baloglu & Mangaloglu （2001）	国际消遣 旅游	4	国家	作者指定	旅游经营商 和代理商	目的地形象（认知 成分，情感成分）
Chen & Usyal （2002）	消遣旅游	10	州	作者指定	潜在游客	目的地形象 （认知成分）
Pike & Ryan（2004）	国内短途 度假	5	区域	作者指定	潜在游客	目的地形象（认知、 情感和意动成分）
Dolnicar & Grabler （2004）	国际消遣 旅游	6	城市	目的地竞争 态势分析结果	现实游客	目的地形象 （认知成分）
Kim & Agrusa （2005）	海外蜜月 旅游	7	国家/度假地	二手数据＋ 旅行社员 工访谈	潜在游客	总体形象 认知形象 感知偏好水平 游客社会人口统 计特点和旅游相关 变量特点
Kim, Guo & Agrusa （2005）	国际消遣 旅游	7	国家	二手数据＋旅行 社员工访谈＋ 开放式问题	潜在游客	目的地形象 （认知成分）
Kim, Chun & Petrick （2005）	海外高尔夫旅游	7	国家/度假地	二手数据＋ 旅行社员工 访谈	潜在游客	总体形象 认知形象 感知偏好水平 游客社会人口统 计特点和旅游相关 变量特点
Prayag （2007）	国际消遣 旅游	4	城市	作者指定	现实游客	目的地形象 （认知成分）

续表

作者 （年份）	出游背景 （travelcontext）	竞争目的地			样本 性质	定位指标 （position indicator）
		数目 （篇）	层面	识别方法		
Murphy， Moscardo & Benckendorff （2007）	消遣旅游	2	区域	作者指定	现实游客	目的地个性
Faullant，Matzler & Fuller（2008）	冬季滑雪 度假	6	度假地	参加2004—2005 "TQC"研究的阿 尔卑斯山脉滑雪 度假地	游客数据库	游客满意度 （目的地属性表现）
Pike （2009）	自驾车短 途度假	5	区域	开放式问题（无 帮助目的地识别）	潜在游客	基于顾客的目 的地品牌资产（品牌 显著性、品牌联想、 品牌忠诚）
Oppermann （1996）	会议旅游	30	城市	作者指定	职业会议管理 协会（PCMA） 成员	市场份额 目的地总体形象
Go & Govers（1999）	会议旅游	11	城市	作者指定	会议规划者	目的地属性表现、 总体表现、平均属 性得分排序、平均 属性得分、加权属 性得分、推荐频率， 市场份额
Qu，Li & Chu（2000）	会议旅游	2	城市	作者指定	会议终端使用 者、组织者和 销售总监	满意度水平 （属性和总体）
Kang，Suh & Jo（2005）	会议旅游	5	城市	作者指定	会议规划者、 公司购买中心 成员	目的地态度、目 的地属性表现、总体 表现、平均属性 得分、推荐频率， 市场份额
Kim，Sun & Ap （2008）	展览	6	城市	作者指定	展览 参加者	目的地形象 （认知成分）

资料来源：作者整理。

　　出游背景是一个十分重要但在旅游文献中经常被忽视的概念（Pike &
Ryan，2004）。其在目的地定位文献中的作用应格外予以重视，因为出游背
景的不同决定了目的地所面向的游客需求和竞争对手的不同。如表2—2中
所示，在检索到的此类文献中，绝大多数研究所涉及的出游背景都为消遣
旅游，另有4篇文献涉及的是会议旅游目的地的定位，1篇是展览举办地的
定位。在以消遣旅游为出游背景的文献中，除7篇文献对其背景进行了特

定限定之外，其他文献都只是提及消遣旅游或国际消遣旅游。在这7篇文献中，有2篇的研究背景为国内短途度假，其余5篇分别为国际夏季消遣旅游、冬季阳光度假、海外蜜月旅游、海外高尔夫旅游和冬季滑雪度假。

第二个核心要素：参与比较的竞争目的地。首先，不同文献在涉及的竞争目的地的数目上差异很大，最少的只涉及对2个目的地进行比较，最多达30个目的地，但竞争目的地的平均数目为6—7个。其次，在参与比较的竞争目的地层面上，有6篇文献是对国家目的地进行比较，7篇城市目的地，4篇区域目的地，3篇州目的地，1篇国家公园，1篇度假地，1篇大洲目的地。还有6篇文献所涉及的竞争目的地从行政区划的角度来看不是属于一个层面的，但从消费者感知的角度来看它们彼此之间可以成为相互替代的目的地选项。如古德瑞驰（Goodrich）（1977，1978）进行定位分析的9个竞争目的地中包括了国家、州和度假地三个层面；克朗姆顿（Crompton）等（1992）将格兰德下游（Lower Grande）峡谷与美国其他4个竞争冬季度假游客的州之间进行比较；克姆和阿古瑟（Kim & Agrusa）（2005）、Kim（2005）等的研究中涉及国家和度假地两个层面的目的地。此外，因博特纳（Botha）等（1999）涉及的竞争目的地的名称未在文章中明确提及，故在表中的竞争目的地层面一栏标注为不确定。在对这些参与比较的竞争目的地的识别方法上，绝大多数文献都是由研究者根据调研目的、目的地资源状况和市场报告等二手数据来自行指定的，共21篇。此外，有4篇文献采用了将二手数据和业界专家或代表访谈相结合的方法来识别竞争目的地；4篇文献通过使用"开放式问题（open-ended questions）"调查游客态度的方法确定竞争目的地。"开放式问题"涉及的内容主要为消费者访问过的其他类似目的地、理想目的地、消费者决策域（decision set）中的目的地以及消费者对目的地的"无帮助识别"。另佛兰特（Faullant）等（2008）直接以参加2004—2005"TQC（tourism quality check）"研究的阿尔卑斯山脉滑雪度假地作为定位分析比较的竞争目的地。道尼卡和格瑞伯勒（Dolnicar & Grabler）（2004）将CPA（City Perception Analysis）技术应用于目的地定位分析，其对目的地之间竞争程度的判别是通过审视各目的地在通过该技术首先得出的若干一般城市感知模式上的分布比例来实现的。在其具体的应用阐释中，在主要分布的几个一般城市感知模式上同样占有重要比例的欧洲城市维也纳即为其主要竞争目的地。

第三个核心要素：调研主体。在以消遣旅游为研究背景的文献中，除了 Javalgi 等（1992）使用的是二手游客数据库信息，拜勒格鲁和柏闰伯格（Baloglu & Brinberg）（1997）、拜勒格鲁和曼格勒格鲁 Baloglu & Mangaloglu（2001）的研究样本分别为大学生和旅游经营商、代理商之外，其余文献的调研主体均为进行定位分析的目的地的潜在或现实游客。在旅游目的地形象研究中，诸多文献都曾通过将游客和非游客群体所持有的"目的地形象"进行对比，发现了二者之间的重大差异。一般而言，游客群体对目的地所持有的感知与非游客群体相比要更加现实、复杂和差异化。因此，根据潜在游客和到访目的地的现实游客这两个不同样本群体感知调查的结果进行目的地定位分析所得到的结果也是有差异的。两种方法各有长处，反映的是不同的问题。克朗姆顿（Crompton）等的研究样本中同时包括了潜在游客和现实游客这两类群体，并且又将现实游客群体细分为初次游客和重游客两类。其对格兰德下游（Lower Grande）峡谷定位差异化优势的识别是通过对以下三种方案的综合分析来实现的：（1）将包括潜在游客和现实游客在内的全部样本群体对峡谷与美国四个州在实现游客动机上的感知情况进行对比；（2）在潜在游客中有意向访问峡谷和无意向访问峡谷的两类不同群体间对五个目的地在实现游客动机上的感知情况进行对比；（3）在初次游客和重游客中有意向返回峡谷旅游和无意向返回的各自两类群体间对五个目的地在实现游客动机上的感知情况进行对比。在以会议旅游为研究背景的文献中，奥普曼（Oppermann）（1996）的调研主体为职业会议管理协会（PCMA）成员；格和格沃斯（Go & Govers）（1999）为会议规划者；屈海林（Qu）等（2000）为会议终端使用者、组织者和销售/营销总监三类不同的群体，康舒（Kang）等为会议规划者和公司的购买中心成员两类群体。克姆（Kim）等（2008）以展览举办地定位为关注点的调研主体为展览参加者。

第四个核心要素：定位指标。定位指标的含义是指研究者用来反映竞争目的地之间相对市场定位的指标，竞争目的地之间的差异将通过它来体现。"旅游文献中的定位研究最初是由形象研究驱动的，大多数定位研究都以形象作为理解人们对一个地方感知的起点。"[1] 至今目的地定位研究也主要是在目的地形象研究的范畴内来开展的。从表 2—2 中可以看到，绝大多

---

① Prayag G., Positioning the city product as an international tourist destination：Evidence from South Africa. Tourism, 2007, 55（2）：pp. 139—155.

数文献所采用的定位指标都是"目的地形象"或构成目的地形象的各种成分，只有 6 篇文献采用的是"目的地形象"之外的其他定位指标，3 篇文献是在"目的地形象"的基础上添加了其他能够反映或影响目的地在市场上的竞争力的指标。在仅以"目的地形象"为定位指标的 21 篇文献中：14 篇文献考察的基本上都是目的地形象的认知成分（cognitive components），只有 1 篇文献将特定关注点放在目的地形象的情感成分（affective components）上。此外，拜勒格鲁和曼格勒格鲁（Baloglu & Mangaloglu）（2001）同时采用了目的地"认知形象"和"情感形象"这两种成分作为定位指标；古德瑞驰（Goodrich）（1977）以认知形象成分和总体形象为定位指标；拜勒格鲁和麦克利瑞（Baloglu & McCleary）（1999）以认知形象成分、情感形象成分和总体形象为定位指标；派克和瑞恩（Pike & Ryan）（2004）根据加特纳（Gartner）（1993）对"目的地形象"的界定方法，综合使用认知形象成分、情感形象成分和意动形象成分作为定位指标。学者们对其他定位指标的采用主要旨在拓展传统定位研究的视野和方法，以更全面、准确地反映消费者对旅游目的地所持有的态度。克朗姆顿（Crompton）等（1992）以目的地在实现游客的推力和拉力动机上的表现情况作为定位指标；博纳特（Botha）等（1999）在其构建的目的地定位模型中又将目的地在超越情境限制因素上的能力也作为一个定位参考的指标纳入其中，对仅考察目的地在满足游客动机上的能力的方法形成补充。克姆和阿古瑟（Kim & Agrusa）（2005）、克姆（Kim）等（2005）在使用形象定位指标之外，还通过各竞争目的地在游客心目中的偏好水平、在游客人口统计特点和旅游相关变量特点上的分布情况来揭示目的地之间的相对市场定位。奥普曼（Oppermann）（1996）加入了市场份额这一终极指标来反映目的地的竞争性定位。佛兰特（Faullant）等（2008）和屈海林（Qu）等（2000）以游客满意度作为定位指标，前者通过目的地属性表现情况来考察游客满意度，后者则分别测量了游客对目的地的属性满意度和总体满意度。格和格沃斯（Go & Govers）（1999）除了以游客满意度为指标（目的地属性表现、总体表现）之外，还从目的地属性平均得分、加权得分、平均目的地属性得分排序、推荐频率、市场份额多个角度来分析各目的地的竞争地位。类似地，Kang 等（2005）也综合采用游客满意度、目的地属性平均得分、被调查者对目的地的态度、推荐频率和市场份额作为定位指标。麦克利瑞（Murphy）等（2007）和派克（Pike）（2009）是在"目的地品牌化"的视野下从品牌定位的角度来审视各目的地的竞争情况。前者以"目的地品牌个性"（从品牌个性发展而来的一个新概念）作为反映目的地之间差异的定位指标；后者应用"基于顾客的品牌资产（customer-based brand equity）"概念，以由"目的地品牌显著性"、"目的地品牌联想"和"目的地品牌忠诚"三个维度组成的"目的地品牌资产"作为综合衡量竞争目的地品牌定位的指标。

（二）人口统计特点和旅游行为特点对目的地定位感知的影响

这一研究关注点的产生主要是源于旅游消费者群体的异质性，研究假设在人口统计特点和旅游行为特点上异质的游客群体持有的目的地感知也是有差异的，因而需要不同的营销对待。克兰特恩（Calantone）等（1989）考察了来自不同客源国的游客对新加坡和其他 7 个太平洋边缘国家感知定位的相似点和差异点，结果发现澳大利亚、新西兰、英国和欧洲游客的感知都与美国游客非常形似，可以划为一类；但日本游客的感知与他们差异很大，独自成为一类。鉴于先前访问经历对目的地形象的更改作用，拜勒格鲁和麦克利瑞（Baloglu & McCleary）（1999）分别在游客和非游客两个群体内部对美国国际消遣旅游者所持有的 4 个地中海目的地的形象进行了比较。结果显示：在认知形象成分的适当的住宿条件这一题项上，非游客群体感知目的地之间存在显著差异，但在游客群体内并无此发现；而在情感形象成分和总体形象上，尽管非游客群体对土耳其、希腊和意大利三国的打分并无显著性差异，但游客群体对希腊的评价却显著低于其他两国。普瑞亚格（Prayag）（2007）分别考察了年龄、性别、收入、来源国、停留时间和旅行安排变量对游客在将约翰内斯堡、德班、比勒陀利亚三个南非城市与开普敦相比较的感知形象差异的影响。结果显示：除了年龄对 3 个城市与开普敦相比较的感知形象差异均有显著影响外，性别、收入、来源国、停留时间和旅行安排变量都只显著影响了其中一个城市与开普敦的感知形象差异。佛兰特（Faullant）等（2008）分别在 25 岁以下和 50 岁以上两个不同年龄群体内对 6 个阿尔卑斯山脉的滑雪度假地的感知定位进行了分析。度假地之间的感知相似性在 50 岁以上的游客群体内更加明显。在两个不同年龄群体内，度假地的不同感知优势、劣势被识别出来。比如，年轻游客对圣莫里兹（St. Moritz）的价格满意度较差，但年长游客却认为该度假地的价格—质量比是相当合理的。

（三）目的地选择标准的重要性

"定位"的最终目标是要促成消费者对目的地的选择，因而了解一系列目的地选择标准在影响消费者决策过程中的重要性，对于如何选择恰当的目的地属性进行定位具有启发作用。因研究内容与方法的契合，该研究关注点在应用 IPA 技术进行目的地定位分析的文献中得到了直接体现。格和格沃斯（Go & Govers）（1999）、康（Kang）等（2005）、派克和瑞恩（Pike & Ryan）（2004）和派克（Pike）（2009）分别应用 IPA 技术在会议旅游和国内短途度假的研究背景下考察了消费者对一系列目的地属性的感知重要性和各竞争目的地在其表现上的实际情况。此外，在应用其他技术的文献中，克姆和阿古瑟（Kim & Agrusa）（2005）和克姆（Kim）等（2005）分别考察了韩国旅游者对影响其海外蜜月目的地选择的各属性重要性的感知和中国大陆国际旅游者对海外目的地选择各属性重要性的感知，作为他们进行定位决策的依据。屈海林（Qu）等（2000）探讨了各会议旅游目的地属性在影响会议地点选择上的重要性，并对会议终端使用者、组织者和销售/营销总监三类不同群体的感知情况进行了对比。陈和由瑟（Chen & Usyal）（2002）的研究比较特殊，使用了"隐含重要性（implicit importance）"的评判方法来识别目的地各属性对旅游者选择决策的影响程度。其内在逻辑为：在被游客选出的最受偏好的目的地上表现最佳的目的地属性，即为对游客度假出行有真正重要影响的属性。作者指出，该方法较之前直接让游客对各属性重要性进行打分的传统方法更有效，因为它是在一个类似于真实决策的情境下进行的，且允许对较多目的地属性题项的使用。

（四）监测目的地定位的变化

监测竞争目的地之间的定位在一段时期内发生的变化是衡量目的地定位绩效、发掘营销问题的一个重要途径。奥普曼（Oppermann）（1996）考察了从 1954 年到 1993 年间国际会议举办地在世界区域、国家、国际城市和美国国内城市四个层面上分布情况所发生的变化。其中比较明显的竞争地位的变化如欧洲市场份额的减少和亚洲的突飞猛进增加等。派克（Pike）（2009）追踪调查了实施品牌化运动的一组近程竞争目的地在2003 年到 2007 年之间所持有的品牌定位的变化。结果发现在"目的地品牌资产"的三个维度上，这些竞争目的地的感知定位情况都无明显变化。因此，作者得出短期内目的地品牌的市场定位难以发生变化的结论。

（五）目的地定位模型

尽管与"目的地定位"相关的调研性文章数目颇丰，但旨在为目的地定位研究构建理论基础和研究参考框架的文献并不多，作者仅检索到 4 篇。

伍德赛德（Woodside）（1982）在对加拿大新斯科舍省定位分析的案例中提出了一个关于理解旅游行为和开发营销活动的战略模型——利益匹配模型，如图2—1所示。其核心思想为：市场上存在着寻求不同利益的若干个游客细分群体，一个旅游目的地通常也能提供吸引其中多个细分群体的多种利益。但是，定位和营销的关注点不应是促销不同的利益去吸引不同的细分市场，而应是提供与其中一个最重要细分市场寻求利益相匹配的独特利益，以免在正确的市场上促销错误的主题，浪费营销资源而无效果。

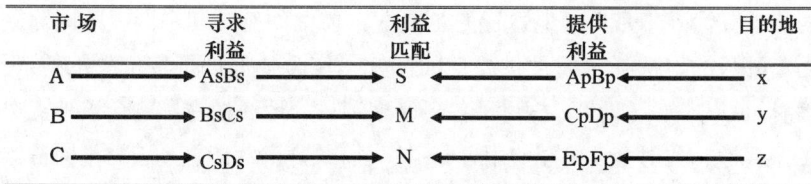

市场	寻求利益	利益匹配	提供利益	目的地
A ⟶	AsBs	⟶ S ⟵	ApBp ⟵	x
B ⟶	BsCs	⟶ M	CpDp ⟵	y
C ⟶	CsDs	⟶ N ⟵	EpFp ⟵	z

S = 超级匹配（super match）

M = 匹配（match）

N = 不匹配（mismatch）

图2—1　利益匹配模型

海阿提（Haahti）（1986）将认知结构的概念与态度结构的多维研究和定位过程相结合，提出了一个可为定位研究提供参考框架的"定位的认知结构模型（cognitive structure model of positioning）"，如图2—2所示。在该模型中，"认知结构"概念可被理解为一个由若干彼此相关的品质构成的组织体系，这些品质可通过具体研究范畴内的刺激物（指目的地）之间的复杂关系来描述。其中目的地客体的品质由复杂性（complexity，与客体相关的属性数目）和效价（valence，对客体感觉的强度和方向）来描述。通过一个感知结构的中介模型的操作分析，目的地属性的品质由评价性（evaluation，对一个属性的评价）和集中性（centrality，使用该属性来描述目的地客体的频率）来描述。最终，选择维度、评价集中性、形象比较性、竞争态势和细分市场的综合信息都可在一个联合的感知和偏好空间内展示出来。通过对这一空间结构的分析可得出一系列用于管理行动的决策规则，并与营销组合变量相连接。

　　博纳特（Botha）等（1999）基于高度参与的消遣旅游者选择决策过程

模型（即传统的"选择域模型，choice sets model"），将目的地选择决策的关键影响因素与目的地定位战略开发思想相结合，构建了一个包含个人动机、目的地属性和情境阻碍因素三大要素在内的目的地定位模型，如图2—3所示。作者指出，在从"知名域（awareness set）"、"初期考虑域（initial consideration set）"、"晚期考虑域（late consideration set）"到"最终目的地选择（final destination choice）"的这样一个漏斗过程中，消费者通过信息搜寻来了解和评价竞争目的地在这三个要素上的表现情况，据此做出哪个目的地应被排除，而哪个目的地又应被过滤到下一个选择阶段的决定。因此，这三大要素中必然包含了可用于定位目的地的关键特质，在这些相应特质上实现积极感知差异化的目的地即可提高消费者对其选择的可能性。

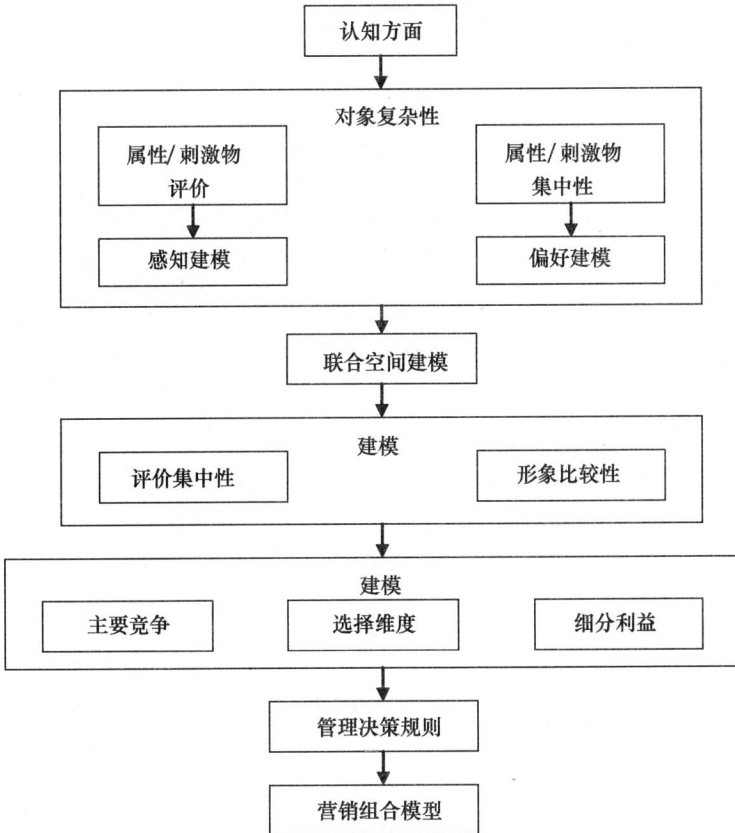

```
┌──────────────┐
│   认知方面    │
└──────┬───────┘
       ▼
┌──────────────────────────────────────────┐
│              对象复杂性                    │
│ ┌──────────────┐        ┌──────────────┐ │
│ │ 属性/刺激物   │        │ 属性/刺激物   │ │
│ │    评价       │        │    集中性     │ │
│ └──────┬───────┘        └──────┬───────┘ │
│        ▼                        ▼          │
│ ┌──────────────┐        ┌──────────────┐ │
│ │   感知建模    │        │   偏好建模    │ │
│ └──────────────┘        └──────────────┘ │
└──────────────────┬───────────────────────┘
                   ▼
          ┌──────────────┐
          │  联合空间建模  │
          └──────┬───────┘
                 ▼
┌──────────────────────────────────────────┐
│                 建模                       │
│ ┌──────────────┐        ┌──────────────┐ │
│ │  评价集中性    │        │  形象比较性    │ │
│ └──────────────┘        └──────────────┘ │
└──────────────────┬───────────────────────┘
                   ▼
┌──────────────────────────────────────────┐
│                 建模                       │
│ ┌────────┐   ┌────────┐   ┌────────┐     │
│ │主要竞争 │   │选择维度 │   │细分利益 │     │
│ └────────┘   └────────┘   └────────┘     │
└──────────────────┬───────────────────────┘
                   ▼
          ┌──────────────┐
          │  管理决策规则  │
          └──────┬───────┘
                 ▼
          ┌──────────────┐
          │  营销组合模型  │
          └──────────────┘
```

图2—2　定位的认知结构模型

资料来源：Haahti A. J. , Finlands competitive position as a destination. Annals of Tourism Research, 1986, 13（1）: pp. 11—35。

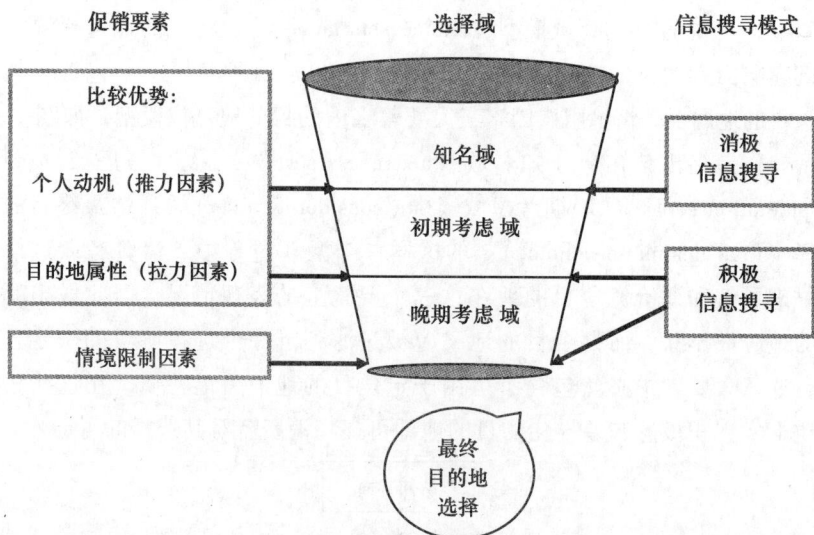

图 2—3　目的地定位模型

资料来源：Botha C.，Crompton J. L.，Kim S. S.，Developing a revised competitive position for Sun/Lost city，South Africa. Journal of Travel Research，1999，37：342。

　　普洛格（Plog）在其从 1974 年至 2004 年间关于旅游者心理人格类型研究的一系列文章、著作中，根据旅游者期望的舒适水平和其旅游偏好的冒险性，将旅游者划分为 5 种心理人格类型，并将目的地到访的主要游客心理类型的变化同目的地在其生命周期上所处的不同阶段联系在一起，为目的地战略定位的方向提供指导。旅游者的人格类型从位于连续面一端的依赖型（Dependable）通过近依赖型（Near dependable）、中间型（Midcentric）、近冒险型（Near-ventured）过渡到另一端的冒险型（Ventured），如图 2—4 所示。

　　根据普洛格（Plog）对美国消遣旅游市场的研究，依赖型旅游者的特点是：知识来源及同外界的联系都有限，思考和花费习惯保守、谨慎，偏好流行的品牌和地点，希望参与较少的活动，喜欢效仿他人的选择和行为而非自己首先做决定。如果一个目的地的到访游客中有较大比例的依赖型旅游者，说明该目的地已进入其生命周期的衰退阶段。近依赖型旅游者在态度上与依赖型旅游者相似，但是其冒险倾向要比依赖型旅游者大一些。在另一端，冒险型旅游者的特点是：外出旅行比较频繁，旅行时间较长，

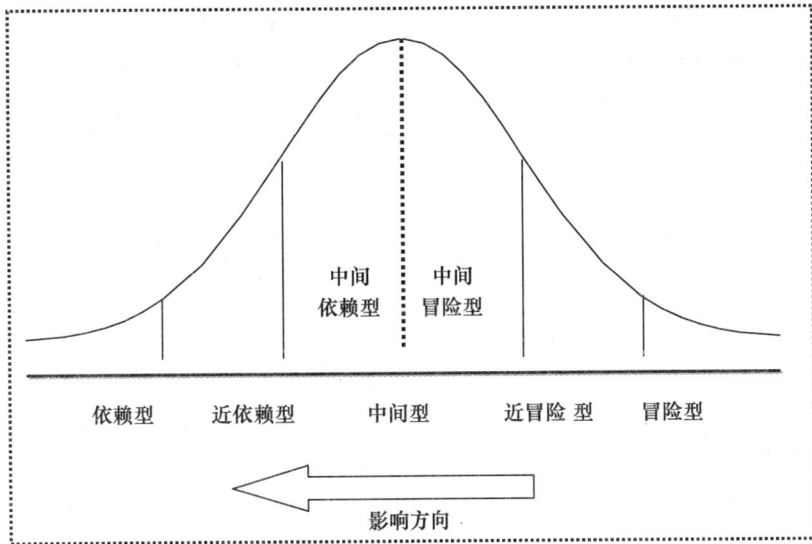

図 2—4　心理人格类型

资料来源：Plog S. C. , Why destination areas rise and fall in popularity：An update of a Cornell Quarterly classic. Cornell Hospitality Restaurant and Administrative Quarterly, 2001, 42 （3）：pp. 13—24。

旅行日花费多于一般旅游者，偏好独特的、未开发的目的地，接受非传统的住宿，喜爱参与当地的风俗习惯，偏好自由独立的旅行，旅行时希望参加较多的活动，每年寻求新的体验等。如果一个目的地中占绝对优势比例的游客为冒险型旅游者，说明该地位于其生命周期的导入阶段。近冒险型旅游者同样对新目的地感兴趣，但是旅行时要求的舒适水平较冒险型旅游者高一些。如果一个目的地的游客中近冒险型旅游者占较大比例，说明该地位于其生命周期的探索阶段。占人口比例最大的为中间型旅游者，他们也喜爱旅游和探索，但是要求的限制条件比冒险型类别的旅游者多。大量中间型旅游者的到访说明目的地已进入其生命周期的成熟阶段。当一个目的地进入成熟阶段之后，如果管理层不对当地的旅游开发和建设实施恰当的规划和控制，目的地将失去其原本的独特性和吸引力。理想的冒险型旅游者早已转向访问其他开发程度较小的目的地，近冒险型和中间型旅游者很快也将追随。由于具有 5 种心理人格类型的旅游者的影响方向不会改变，因而开始吸引近依赖型和依赖型旅游者的目的地因为其潜在客源基础的缩小（依赖型类别的游客占人群的比例很小）和游客类别的不理想（旅游次数少、停留时间短、花费少）开始走向衰落。

普洛格（Plog）指出，基于最大化增长的旅游目的地定位应旨在吸引位于近冒险型中间部分的某一核心人群，因为这样将能够吸引该曲线上规模最大的人群，具有最宽阔的定位吸引面。

（六）目的地定位技术方法

在检索到的文献中，有 5 篇是从引入更成熟、有效的技术方法的角度来推进目的地定位研究。Goodrich（1977，1978）基于传统的游客感知数据收集方法在将多个目的地形象共同研究时面临的困难和不便，率先将多维量表（Multidimensional Scaling）的技术方法引入目的地定位研究。该方法可通过简洁的空间展示图来揭示复杂的统计关系，后来为目的地定位研究所广泛应用。Chen & Usyal（2002）尝试将对应分析（Correspondence Analysis）和逻辑回归模型（Logit Modeling）相结合的混合技术应用于目的地定位分析。在其以弗吉尼亚州定位案例的应用阐释中，对应分析技术被首先使用来识别弗吉尼亚与美国其他 8 个州及华盛顿特区在消遣活动和旅游吸引物提供上的竞争态势；继而对通过该方法识别的紧密竞争者与弗吉尼亚州的形象感知数据应用逻辑回归模型来进一步识别弗吉尼亚州的差异化优势。该方法是对当前市场定位研究中广泛应用的探索性定位分析技术（如对应分析、神经网络等）的一种拓展和推进。派克和瑞恩（Pike & Ryan）（2004）运用将"认知形象"、"情感形象"和"意动形象"相比较的综合方法来进行目的地定位分析。通过 3 种形象成分来考察目的地感知定位的途径分别为：基于因子分析的 IPA 技术、情感反应方格和行为意向测量。作者指出，该定位分析方法可为面临从目的地宽泛的产品范畴中选择出一个或少数几个关键特色挑战的目的地营销者提供一种实际途径。道尼卡和格瑞伯勒（Dolnicar & Grabler）（2004）鉴于传统定位研究方法很大程度上存在的两个局限（忽略消费者感知异质性和比较对象、属性的标准化），尝试将城市感知分析（City Perception Analysis）方法应用于目的地定位决策。该方法为传统的三维形象数据分析提供了一个简单的工具，能够同时提供关于"定位"、"市场细分"、"竞争"这三个战略营销决策关键问题的综合市场结构信息，并且避免了对同质消费者感知数据进行加总的局限，对数据性质亦没有严格的假定，是对传统定位技术方法的一大突破。

（七）与目的地定位相关的市场细分和目标市场选择问题

"市场细分"、"目标市场选择"是与"定位"紧密相关的战略营销基础环节，因此有些目的地定位文献也涉及了对这两个研究关注点的探讨。海阿提（Haahti）（1986）在其对芬兰的定位分析的研究中，根据被调查者在目的地刺激物和属性感知的空间结构图中的位置，将其划分为四类寻求不同旅游动机的游客细分群体：宁静的自然和风景寻求者、容易和经济旅游者、价有所值旅游者和城市文化旅游者。尼克森和毛瑟（Nickerson & Moisey）（1999）遵循以目的地特质（属性）作为形象开发和市场定位基础的思想，以激发游客到目的地旅行的主要吸引物为市场细分变量，将到访蒙特那州的团队旅游者划分为被不同形象吸引的五个聚类群体：国家公园群体、理想的蒙特那群体、公园和户外活动群体、积极形象群体和历史群体。通过进一步分析这五个聚类群体在旅游相关变量和人口统计变量上的差异，目的地营销者可以确定针对每个群体进行定位的目的地独特形象和渠道沟通方法。麦克兰顿（Mykletun）等（2001）提供了一种为目的地识别最有价值的细分市场的方法。作者根据位于波罗的海的博恩霍尔姆岛（Bornholm）的游客数据库信息，以市场细分变量国籍、家庭收入、受教育水平、年龄、旅行团构成和旅行目的为自变量，以游客对岛屿的满意度、价有所值的评价、平均每人每日花费和重访可能性为因变量，通过一系列多元 Logistic 回归分析识别出国籍为在所有因变量上对游客群体进行区分的最显著因子。奥斯和车瑞卡沃（Orth & Tureckova）（2001）采用了一种基于市场细分的目的地定位战略开发方法。通过联合使用旅游者的动机、态度等心理变量作为后向市场细分变量，作者识别出到访捷克的南摩拉维亚游客的六类不同的度假导向风格，分别为：安全放松旅游者、挑剔的消遣旅游者、爱好自然度假者、文化交往者、无忧旅游者和个人观光旅游者。作者指出短期内目的地营销者应将其定位着眼于这六类细分市场中规模足够大和对南摩拉维亚表现出强大偏好的市场。基于对市场细分、目标市场选择和定位三者关系的认识，凯思姆和德则克瑞（Kasim & Dzakiria）（2001）在其对马来西亚吉打州的定位实践中运用利益细分法（benefit segmenting）将到访吉打的游客划分为五个寻求不同利益类型的群体：自然和娱乐寻求者、社交和舒适寻求者、认真旅游者、漠不关心的困惑旅游者和严肃的文化旅游者。根据市场规模，社交和舒适寻求者和认真旅游者为最具吸引力的两个细分市场。道尼卡和格瑞伯勒

（Dolnicar & Grabler）（2004）以维也纳作为焦点目的地与其他 5 个欧洲城市的形象定位分析案例来阐释 CPA 技术，识别出与维也纳旅游相关的三个形象原型和持有这三类形象感知的细分市场群体。这三个细分市场被命名为：维也纳极好旅游者、大众目的地维也纳旅游者和不露面的维也纳旅游者。继而基于游客偏好和态度的背景变量对三个细分市场的特点进行了比较，为维也纳针对每个细分市场的定位和沟通战略提供指导。林和黄（Lin & Huang）（2009）基于 1999—2004 年中国台湾消遣游客的数据库信息，将这些游客划分为被目的地的四类不同形象所吸引的聚类群体：鉴赏当地风俗群体、重视环境建设群体、重视娱乐要素群体和尊崇历史人文群体。作者以日月潭为例，结合具体细分市场的人口统计概况，探讨了日月潭定位应着眼的形象细分市场及相应的沟通方法。

（八）以单一目的地为例的定位及形象促销策略开发

在检索到的文献中，还有 4 篇文献的研究关注点不在前面的 7 个范畴之内，但总体上属于围绕目的地定位及形象促销策略开发进行的探讨，且其调研只涉及一个目的地，因此统一划归在此类之中。阿麦德（Ahmed）（1991）以形象调查作为实施目的地定位活动的基础，考察了游客对犹他州形象感知的不同维度以及根据游客先前访问经历和居住地变量所界定的"机制型形象（organic image）"和"诱导型形象（induced image）"。作者得出结论：犹他州定位应强调感知到的区域形象优势和机制型评分高而非诱导型评分高的形象成分。德·斯格德莫（Day，skidrmore）等（2002）对澳大利亚在美国旅游市场上形象定位应使用的恰当视觉照片进行了分析，关注点为提高营销材料在分销网络中的有效性和影响广泛的目的地利益相关者。研究通过四个焦点群体的探讨识别出代表昆士兰旅游的五类形象照片中各自对游客访问目的地最具驱动力的照片，归纳其共同特点，为用于营销昆士兰的形象材料提供指南。艾布瑞荷姆和格尔（Ibrahim & Gill）（2005）基于满意度变量在理解游客需求满足上的重要性及其与目的地形象概念的"双向"关系，将满意度与形象一起纳入对目的地定位战略开发的调研分析之中，旨在通过多种方法识别对目的地定位重要的补充属性。作者以巴巴多斯岛（Barbados）定位的实际案例进行了阐释。刘思高（Liu）等（2008）借鉴普洛格（Plog）的游客心理类型曲线，根据哥斯达黎加游客的偏好和消费模式数据来揭示该国在与其主要游客心理类型相对应的目的地生命周期发展阶段所处的定位。研究发现，哥斯达黎加所吸引的主要游客类别已经由近冒险型日益向中间型转变，因此必须对目的地未来的旅游开发建设进行恰当的规划、控制，防止进入发展的衰退期。

第二节　国内旅游目的地定位研究文献回顾

自 20 世纪 90 年代以来，目的地营销成为国内旅游研究领域一个备受关注的课题（高静、章勇刚，2009），其中尤为显著的是从 90 年代中期兴起的关于目的地形象的理论性和应用性（主要为目的地形象策划）研究热潮（苗学玲，2005）。这主要是基于以下认识："目的地形象"在决定旅游者的消费行为（尤其是目的地选择决策）上发挥关键作用，旅游市场竞争已从产品竞争时代进入了形象竞争时代。鉴于全球化大背景下目的地之间竞争日趋激烈，"定位"理论及其实操技术对目的地营销的重要性得到了强化，以及"定位"与目的地形象策划、塑造之间的紧密关系，20 世纪 90 年代末关于目的地定位的研究文献作为目的地形象研究的一个分支开始出现。[①] 通过作者对《中国期刊全文数据库（CJFD）》[②] 收录的 1979 年以来的学术期刊论文进行综合检索发现：国内与旅游目的地定位直接相关的研究成果分别分布在题目中包含以下短语的文献中："旅游（目的）地定位"、"旅游（目的）地形象定位"、"城市旅游定位"、"城市旅游形象定位"、"旅游（目的）地品牌定位"和"旅游（目的）地品牌形象定位"。其中以"旅游（目的）地形象定位"和"城市旅游形象定位"占绝大多数，其他几类文献则出现较晚，数量也有限，这对应了国内目的地定位研究起源于目的地形象研究这一现实。

一　文献类型分布

在作者检索到的 56 篇国内目的地定位研究文献中，有 15 篇是关于目

---

① 国内目的地定位研究作为其目的地形象（策划）研究的一个分支衍生和发展起来有其特定的研究和认识基础方面的背景，集中体现在对"定位"和"形象（设计）"之间关系的认识上，并且在这一问题上与国外目的地定位研究形成一个显著的差异点。关于这点的详细阐释见本章第三节。

② 《中国期刊全文数据库（CJFD）》是目前世界上最大的连续动态更新的中国期刊全文数据库，对它收录的论文进行分析，基本上可以全面地反映国内旅游目的地定位研究的现状。

的地定位知识介绍的理论探讨性文章，占总数的 26.3%；12 篇是对某具体目的地的定位过程进行阐释的案例性分析文章，占总数的 21.1%；数目最多的类型为理论探讨和定位案例分析相结合的文章，共 30 篇，占到 52.6%。换言之，国内目的地定位研究文献中绝大多数都包含了具体目的地的定位案例分析这部分内容，占到 73.7%（21.1% + 52.6%），是国内该领域研究的主要特点。关于文章类型的分布比例，可见表 2—3。

表 2—3　　　　　　　　　　国内目的地定位文献类型分布表

文献类型	数量（篇）	比例（%）	
理论探讨	15	26.3	
理论探讨 + 定位案例分析	30	52.6	73.7
定位案例分析	12	21.1	
总计	57	100	

资料来源：作者整理。

二　文献内容所涉及的理论关注点

通过对理论探讨性文章和理论探讨、定位案例分析相结合的文章进行详细研读、分析，作者将其中涉及的主要理论关注点划分为三大部分，具体包含 12 个问题。

第一部分，国内目的地定位理论研究的主体，即研究学者最多、重视程度最高的理论关注点，包括 4 个具体问题：（1）旅游目的地定位的概念内涵；（2）旅游目的地定位考虑要素；（3）旅游目的地定位策略（方法）；（4）旅游目的地定位指导原则。

第二部分，与第一部分关注点联系密切，但在研究人数和重视性上都要略低一些，研究略为分散的理论关注点，包括 5 个具体问题：（1）旅游目的地定位的作用、功能；（2）当前旅游目的地定位误区；（3）旅游目的地定位理论和研究现状；（4）旅游目的地定位的过程或执行步骤；（5）旅游目的地定位的影响和支持因素。

第三部分，部分文献有所涉及，但并非重点关注内容（多在文献背景知识中出现），研究分散性较强的理论关注点，包括 3 个具体问题：
（1）旅游目的地（品牌）形象或形象策划/设计的内涵、作用；（2）旅
游目的地品牌内涵和建立意义；（3）旅游目的地的定位实施和形象塑造、
推广。检索到文献在理论关注点上的分布情况，可见表2—4。

表2—4　　　　　　　　　文献所涉及的理论关注点分布表

文献理论关注点	作者（年份）
旅游目的地定位概念内涵	王、齐（2001）；唐（2001，2002）；刘（2002）；董（2002）；李（2003）；赵（2001，2004）；张（2006）；马（2006）；顾、李（2007）；星（2007）；彭（2007）；李（2007）；袁、唐（2007）；周、李（2008）；黄、付（2008）；高（2009）；高、章（2009）；刘（2009）
旅游目的地定位考虑要素	谷（2000）；赵（2001）；董、张、李（2001）；赵（2003）；邵（2003）；王（2004）；韦（2004）；张（2006）；金（2006）；张（2006）；马（2006）；孟（2006）；宋、喻（2006）；李（2007）；唐（2007）；顾、李（2007）；袁、唐（2007）；赵（2008）；周、李（2008）；刘、肖（2008）；高、章（2009）；焦、齐、王（2009）；刘、沈（2009）；银、李（2009）
旅游目的地定位策略（方法）	赵（2001，2003）；李（2003）；韦（2004）；王（2004）；杨（2004）；赵（2004）；金（2006）；胡（2006）；宋、喻（2006）；熊（2007）；彭（2007）；李 等（2007）；周、李（2008）；彭、邹、崔（2008）；张、简（2009）；焦、齐、王（2009）
旅游目的地定位指导原则	赵（2001）；王、齐（2001）；赵（2001，2003）；金（2003）；李（2007）；星（2007）；彭（2007）；李 等（2007）；袁、唐（2007）；刘、肖（2008）；彭、邹、崔（2008）；刘（2009）
旅游目的地定位的作用、功能	王（2004）；李（2007）；唐（2007）
当前旅游目的地定位误区	唐（2007）；周、李（2008）；高、章（2009）；焦、齐、王（2009）

续表

文献理论关注点	作者（年份）
旅游目的地定位理论和研究现状	马（2006）；赵（2008）；高、章（2009）；张、简（2009）
旅游目的地定位的过程或执行步骤	王（2004）；星（2007）；刘（2009）
旅游目的地定位的影响和支持因素	谷（2000）；赵（2004）
旅游目的地（品牌）形象或形象策划/设计的内涵、作用	徐（1999，2000）；董、张、李（2001）；唐（2001，2002）；赵（2003）；李（2003）；杨（2004）；孟（2006）；顾、李（2007）；彭（2007）；周、李（2008）；彭、周、崔（2008）
旅游目的地品牌内涵和建立意义	傅（2005）；星（2007）；柏 等（2008）
旅游目的地定位实施和形象塑造、推广	赵（2001）；王、齐（2001）；邵（2003）；韦（2004）；金（2006）；彭（2007）

资料来源：作者整理。

（一）　第一部分理论关注点

1. 旅游目的地定位概念内涵

在涉及理论探讨性内容的文献中，共有 20 篇文献对旅游目的地定位的概念进行了明确界定，其具体定义可见表 2—5。其中，绝大多数作者都是从创建目的地鲜明、积极形象的角度来阐释对"旅游目的地定位"的概念内涵，即关注点为"目的地定位"对目的地形象策划、塑造的积极作用。如唐礼智（2001，2002）、董鸿安（2002）和马晓龙（2006）还明确指出，"目的地定位"是目的地形象设计的核心和前提，为目的地形象设计和整个形象系统的构建指明了方向。少数学者，如刘晓辉（2002）、李长秋（2003）、顾韬和李胜利（2007）等，在其定义中将"目的地定位"的落脚点归为"在目标游客的心灵中占据某独特位置"，这种界定方式应该是根据经典的拉夫劳克（Lovelock，1991）定位概念在目的地背景下所做的直接转引，其含义很可能意味着以更广阔的视角来审视"定位"实质，并非将"某独特位置"限定为由"目的地形象"来表征。

在目的地定位的目标陈述上，唐礼智（2001，2002）、董鸿安（2002）、星景花（2007）和刘庆（2009）等着重指出满足消费者需求，激发旅游动机的市场目标；而马晓龙（2006）、张晓霞（2006）、袁亚忠和唐慧（2007）、黄晓宏和付丽宁（2008）等则是从城市旅游事业整体发展的角度，强调目的地定位对城市旅游长期、稳定发展的重要方向导引作用。在目的地定位概念的范畴认识上，可以看出，大多数学者的界定都将关注重心放在如何确定目的地定位思想这样一个定位工作的前期基础性范畴；但刘晓辉（2002）、赵伟兵（2001，2003）、彭聪（2007）、星景花（2007）和刘庆（2009）等的定义，则将其概念范畴延伸到确定目的地定位思想之后的定位传播、形象塑造、定位实效检验环节，旨在从整体定位工作范畴的角度来对其进行界定。

在确定定位思想的考虑要素上，部分学者的概念陈述指明要对自身资源（产品）和消费者需求进行结合分析（王国新、齐亚萍，2001；周辉、李莉，2008；刘晓辉，2002；刘庆，2009）；但部分学者的概念陈述只强调了从供给角度对自身资源（产品）、条件和环境进行分析、提炼的过程（赵伟兵，2001；彭聪，2007；袁亚忠、唐慧，2007；黄晓弘、付丽宁，2008）。在本土学者自我创建的概念定义中，刘庆（2009）对"目的地定位"的界定较为全面，体现了对整体定位工作范畴、定位终极市场导向和将市场需要与自身资源加以整合对接的定位思想确立途径等要素的综合认识。

另外，李天元（2007）、高静和章勇刚（2009）、高静（2009）在其研究中引述、分析了 Plog（2004）对"目的地定位"的界定，该定义突出了对如何确立定位思想这一定位工作核心环节的关注，与国外当前目的地定位研究的主要方向是相对应的。

表 2—5 　　　　　　　　旅游目的地定位概念内涵列表

作者（年份）	旅游目的地定位概念
王、齐（2001）；周、李（2008）	旅游地形象定位就是在综合分析内部产品要素和外部市场要素的基础上确立对自身发展有利的旅游地形象

续表

作者（年份）	旅游目的地定位概念
唐（2001，2002）；董（2002）	城市旅游的基本定位问题即城市将在游客心目中树立并传播怎样的一种形象，它到底是怎样一座旅游城市，这种形象如何称为吸引客人前来旅游的动因和源泉。它是城市旅游形象设计的核心和前提，决定着整个旅游形象系统发展的方向
刘（2002）	旅游定位是创造性的实践，立足于顾客需求，研究区域资源并把资源优势与消费者需求创造性地有机结合，确定旅游产品或服务在目标顾客心目应占据的独特位置，与其进行充分沟通，使其认同、产生共鸣并发生行动
李（2003）	旅游地对其形象进行定位，就是向旅游者推出吸引人的旅游卖点，要使旅游地深入到潜在游客心中，占据心灵某处位置，使旅游地在游客心中形成生动、鲜明而强烈的感知形象
马（2006）	引吴必虎：旅游形象定位是旅游形象设计中提出明确的区域旅游形象核心理念，它为形象设计指出方向，是进行旅游目的地形象设计的前提。本质上，城市旅游形象定位就是在判识城市旅游特色的基础上，确定城市旅游发展方向和建设目标的过程
赵（2001，2004）；彭（2007）	城市旅游形象定位是将该城市旅游产品、品牌（形象）经过总结概括，提炼升华，用精辟语言向社会传播并得到社会检验认同，从而在人们心中确定的形象位置
张（2006）； 袁、唐（2007）	城市旅游形象定位，是指从形象评价的角度，在对一个城市目前现有的旅游资源、旅游环境和旅游条件分析的基础上，重点对今后发展起长期稳定根本作用的因素进行综合分析，在此基础上对城市的旅游事业进行定位

续表

作者（年份）	旅游目的地定位概念
星（2007）	旅游地品牌定位就是旅游目的地拥有者希望人们如何看待品牌，即确立一个与目标市场有关的形象的过程与结果
顾、李（2007）	定位实质就是将城市放在目标受众心目中，给它一个独一无二的位置，由此形成这个城市鲜明的品牌个性。城市旅游形象的定位正是借鉴形象定位理论，通过潜在旅游者的心中描绘，勾勒出一种富有感染力的诱导性、知觉性形象，一般称为核心理念或主题口号
黄、付（2008）	城市旅游形象定位是从形象评价的角度，在对一座城市旅游资源、旅游条件和整体旅游环境的分析基础之上，结合未来发展目标，着重于对今后发展起长期、稳定的因素进行综合分析研究，向现实和潜在的旅游者树立和传播一种良好的城市旅游印象，是旅游者心目中对旅游城市的形象感知，是一种源于现实又高于现实的综合定位
李（2007）；高、章（2009）；高（2009）	引斯坦利·帕洛格：定位就是确定某一产品或服务的重要品质，从而能够以有意义的方式向消费者展现其有别于竞争产品或服务的特色（内含利益）。简单地讲，就是对于你所提供的各种利益，你的目标市场最应牢记的是哪些品质
刘（2009）	以市场为导向、以传播为重心的突显目的地独特性和服务利益点的概念整合过程。以市场为导向，即定位对象是游客，最终目标是激发游客旅游动机，赢得市场；以传播为重心，即通过传播使整合的概念称为人们对目的地共同的良性认知，助推目的地良好形象的构建；概念整合即依照定位理论的核心思想，对目的地的优势品质与人们心中的旅游需求进行整合对接，创造出具有影响力的全新概念

资料来源：作者整理。

2. 旅游目的地定位考虑要素

这一理论关注点是指在确立目的地定位思想过程中，目的地管理者加以统筹考虑、综合分析的要素。对这点的理解至关重要，几乎所有定位研究都是围绕着对这些要素的识别、分析和在实践中具体执行来开展的，它是目的地定位研究的基础，引导定位研究和实践的开展方向。表2—6对包含这一理论关注点的文献进行了详细列示。综观国内此类研究文献，尽管学者们在具体的表述上存在差异，但被提及和分析最多的三个定位考虑要素为：目的地资源、目标市场和竞争状况。

目的地资源在几乎所有的文献中都被认为是开展定位工作的首要考虑因素，有些学者称这一分析过程为"地方性"研究、"地脉"和/或"文脉"分析、"地格"分析或优势/特色资源分析。"文脉"概念最初由陈传康和李蕾蕾（1996）提出，认为"文脉"是一种综合的地域性的自然地理基础、历史文化传统和社会心理积淀的四维时空组合（银元、李晓琴，2009）。在此基础上，郭来喜和范业正（1998）将"文脉"中的自然构成要素单独提炼出来，提出了"地脉"概念。吴必虎（2001）将"文脉"与"地脉"归并为旅游规划中的地域独特性，提出"地格"概念。总之，这一分析过程的目的旨在梳理出一个地方地脉和文脉的主线，识别当地最有特色的旅游资源，为确立旅游形象策划的主题作备选基础。目标市场因素即考虑目的地自身资源如何与旅游消费者需要结合、对接的问题。尽管绝大多数学者都将这一要素纳入了定位分析的考虑范畴，但在分析程度和关注点上略有不同：有的学者仅指明对目标客源基本信息（如来源地、类型）的识别（谷明，2000；王金玉，2004；张晓霞，2006）；部分学者强调对消费者需求倾向和偏好、选择行为的调查、把握（邵秀军，2003；宋欢，喻学才，2006；李天元，2007；唐娟，2007；周辉，李莉，2008）；部分学者关注游客对目的地主要资源的认知程度和排序水平（韦瑾，2004；马晓龙，2006；孟铁鑫，2006；张晓霞，2006；顾韬，李胜利，2007；刘雄，沈穷竹，2009）。对竞争状况要素的考虑指通过与竞争目的地之间的对比分析来确定自身目的地定位。学者们一般从空间竞争态势（孟铁鑫，2006；刘建才，肖玉军，2008；刘雄，沈穷竹，2009）、目的地之间旅游资源优势、劣势比较（宋欢，喻学才，2006；李天元，2007；唐娟，2007；高静，章勇刚，2009）和形象（宣传）相似度（赵伟兵，2001，2003；韦瑾，2004；马晓龙，2006；顾韬，李胜利，2007）的角度来进行分析。

此外，部分学者的观点显现出对"目的地定位"与城市旅游产业整体发展或更宏观意义上的城市发展之间关系的兴趣。董雪旺等（2001）、张晓霞（2006）指出在定位分析中要关注旅游业整体发展状况和目标；谷明（2000）基于 CIS（City Identity System）的理论认识，从城市旅游功能识别的角度来解析如何确立城市旅游定位的目标；赵伟兵（2001）、张晓霞（2006）和焦彦等（2009）则强调"目的地定位"必须以城市总体形象和城市长期发展的战略目标为依据，不能与之相脱离或背离。从更为细化的角度，董雪旺等（2001）、焦彦等（2009）还提出"目的地定位"应注重对城市发展时空因素的考虑，强调定位是在以历史发展状况为依据的基础上谋划未来。部分学者关注目的地形象认知规律在目的地定位中的应用。邵秀军（2003）、王金玉（2004）和赵大友（2008）阐释了目的地有形要素和无形要素在形成旅游地感知形象和在确立旅游地定位中的作用。董雪旺等（2001）则强调在目的地定位中应注重游客形象形成中的地理空间层级认知规律。部分学者根据目的地生命周期理论，指出目的地还应结合自身发展所处的生命周期阶段来做适应性的定位决策（张晓龙，2006；唐娟，2007）。最后，个别学者还提出城市文化精髓（谷明，2000）和区位条件（张晓霞，2006；刘雄，沈穷竹，2009）也应作为目的地定位分析的依据。

表 2—6　　　　　　　旅游目的地定位考虑要素列表

作者（年份）	旅游目的地定位的考虑要素
谷（2000）	CIS 系统（文化识别、功能识别、市场识别）
赵（2001）	旅游资源和旅游产品、旅游目标客源、旅游业与城市发展的关系、形象区分度
董、张、李（2001）	产业结构现状和社会发展目标、旅游地生命周期、地理空间的等级层次认知规律、特色旅游资源、历史基础

续表

作者（年份）	旅游目的地定位的考虑要素
赵（2003）	旅游资源和旅游产品、旅游目标客源、形象区分度
邵（2003）	旅游地形象的可感知要素和不可感知因素、旅游特色产品、目标市场的选择行为和需求倾向
王（2004）	市场定位、心理定位
韦（2004）、马（2006）	地方性研究、受众调查、形象替代分析
孟（2006）	资源及文脉分析、游客感知情况分析、市场竞争状况分析
张（2006）	城市形象分析、旅游资源分析、区位和市场条件分析
金（2006）	文脉分析
张（2006）	旅游业发展目标、地格分析、旅游受众调查、旅游地生命周期
宋、喻（2006）	文脉分析、竞争性分析、目标市场分析
李（2007）	目的地资源、目标市场、竞争对手
唐（2007）	目标市场的心理分类、目的地生命周期、目的地特色、竞争对手
顾、李（2007）	优势资源分析、游客感知分析、形象竞争分析
袁、唐（2007）	地脉与文脉分析
赵（2008）	游客心理感知、旅游产品属性
周、李（2008）	目的地形象、目的地特色产品、目的地市场价值

续表

作者（年份）	旅游目的地定位的考虑要素
刘、肖（2008）	资源特色分析、区域内优势分析
彭、邹、崔（2008）	地方历史文脉、竞争对手、目标市场需求、独特性
高、章（2009）	目的地资源、目标市场、竞争对手
焦、齐、王（2009）	城市发展的时空分析、消费者需求的时空分析
刘、沈（2009）	旅游地资源特色及其外观、旅游者的感知、旅游地的空间竞争、旅游地的市场定位、旅游地的区位条件
银、李（2009）	城市文脉和城市文脉现实载体

资料来源：作者整理。

3. 旅游目的地定位策略（方法）

国内文献对这一问题的研究一般而言指的是经定位分析之后，目的地在提取、确立自身定位中要加以强调的资源、品质时所采用的典型方案，但也有从其他角度所做的探讨。表2—7对包含这一理论关注点的文献进行了详细列示。

被最多学者引述和应用的定位策略（方法）是由李蕾蕾（1999）归纳提出的领先定位、比附定位、逆向定位、空隙定位和重新定位的旅游地形象定位方法。所谓领先定位（也称特色定位、"第一优势"定位法、"我是第一"定位法）指利用目的地的优势旅游资源抢先在旅游者心中留下印象，抢占形象阶梯上第一的位置。其适用情形为：目的地拥有独一无二的、有相当知名度和影响力的旅游资源，或目的地在与自身拥有类似资源的竞争者中抢先树立形象。所谓比附定位（也称跟随优势定位法、"我是第二"定位法）指目的地在树立形象时有意参照占绝对优势、知名度极高的同类产品，努力将自己与一般竞争者区分开，占据形象阶梯上第二位的方法。其实质是借助其他目的地的知名度来使自身扬名、迅速开拓市场，适用于目的地开发初期或目的地与其借以参照比附的对象之间距离较远的情形。胡渝苹（2006）特别对旅游地定位实践中采用比附定位方法进行了回顾、反思，指明若目的地不具备应用该方法定位的条件而盲目效仿,则很容易产生自身特色不突出、陷入恶性竞争和免费为比附对象做宣传的结果。所谓逆向定位(也称反差定位、"反向而行"定位法)指打破消费者一般的思维模式,强调和宣传的定位特质是与消费者心中第一习惯形象的对立面或相反面,以标新立异的方式开辟一个新的易于接受的心理形象阶梯。所谓空隙定位(也称空位补缺定位、"见缝插针"定位法)指根据自身的资源优势和旅游者心中的现有形象类别,发现和创造与众不同、从未有过的主题形象,开辟全新的形象阶梯来占据市场空隙的方法。所谓重新定位(也称"辞旧迎新"定位法)指从旅游地发展生命周期的角度来看,当老形象不再适应市场需求,难以形成吸引力的时候需要重新对目的地进行定位。因此,重新定位策略实质上并非是确立目的地定位品质的一种方案,而是对再定位需求的识别,当确定要对目的地进行重新定位之后,还要依照其他定位策略来提炼目的地定位品质。李长秋(2003)和韦瑾(2004)针对旅游地发展生命周期不同阶段的形象策略和如何对目的地开展重新定位作了详细阐述。

　　类似地,文献中提及的从其他角度来认识的目的地定位策略还有:组合定位和多头定位。前者指资源相似、地理位置临近的目的地可以区域组合的形式推出整体形象定位,再根据组合目的地间协作关系的性质对其分别进行定位,实质上是一种区域联合营销实践活动。后者指当不同市场对目的地的感知形象之间差异较大且难以进行整合时,需给予目的地多个形象定位的方法,实质上是在异质目标市场上对目的地分别定位的问题。其他被个别学者提及的与以上常见目的地定位策略并列的还有:导向定位、更新定位和名人(事)效应定位。金颖若(2002)基于"本底形象"(又称"机制型形象")对旅游者感知影响具有稳固的、先入为主的特性,提倡在目的地定位中应沿袭本底形象的一些因子,加以引导,形成新的"诱导型形象",称为"更新定位法"。作者认为,该方法具有重视与"本底形象"之间历史和逻辑联系的优点,更容易为受众所接受。熊金银(2007)提出名人(事)效用定位法,指在定位中利用名人、名事的因素使人产生联想、激发出游欲望,提高目的地形象在旅游者心目中的地位。此外,还有一些学者从不同的研究角度对目的地定位策略的类型进行了划分。王金玉(2004)将目的地定位策略划分为根据用途定位、根据旅游者或其社会地位定位和根据产品种类定位三种。赵煌庚(2004)划分为资源主导型定位、文化功能型定位、都市引力型定位、市场需求型定位和功能复合型定位五种。焦彦等（2009）提出可从提炼城市文化、创造资源引爆点和发掘城市经济支点三个角度来为城市旅游战略定位寻找依据。

表 2—7　　　　　　　　旅游目的地定位策略（方法）列表

旅游目的地定位策略（方法）	作者（年份）
领先定位 （特色定位法、"第一优势"定位法、"我是第一"定位法）	赵（2001，2003）；杨（2004）；金（2006）；宋、喻（2006）；熊（2007）；彭（2007）；李 等（2007）；周、李（2008）；彭、邹、崔（2008）；张、简（2009）
比附定位 （跟随优势定位法、"我是第二"定位法）	赵（2001，2003）；杨（2004）；金（2006）；胡（2006）；宋、喻（2006）；熊（2007）；彭（2007）；李 等（2007）；周、李（2008）；彭、邹、崔（2008）；张、简（2009）
逆向定位 （反差定位法、"反向而行"定位法）	赵（2001，2003）；杨（2004）；金（2006）；彭（2007）；李 等（2007）；周、李（2008）；彭、邹、崔（2008）；张、简（2009）
空隙定位 （空位补缺定位法、"见缝插针"定位法）	杨（2004）；金（2006）；李 等（2007）；周、李（2008）；彭、邹、崔（2008）；张、简（2009）
重新定位 （"辞旧迎新"定位法）	李（2003）；韦（2004）；金（2006）；李 等（2007）；周、李（2008）；彭、邹、崔（2008）；张、简（2009）
导向定位；组合定位	赵（2001，2003）；宋、喻（2006）
多头定位	赵（2001，2003）
名人（事）效应定位	熊（2007）
更新定位	金（2002）

旅游目的地定位策略（方法）	作者（年份）
根据用途定位、根据旅游者或其社会 定位定位、根据产品种类定位	王（2004）
资源主导型定位、文化功能型定位、 都市引力型定位、市场需求型定位、 功能复合型定位	赵（2004）
提炼城市文化、创造资源引爆点、 发掘城市经济支点	焦、齐、王（2009）

资料来源：作者整理。

4. 旅游目的地定位指导原则

这一理论关注点指的是在为旅游目的地进行定位过程中所需遵照、执行的一系列原则。由于学者们在研究这一问题时对"定位"概念范畴的理解不一，所以提出的指导原则在实际针对的问题范畴上也不尽相同。总体而言，这一理论关注点的涉猎范围较广，其内容既在很大程度上与前面分析的目的地定位考虑要素、目的地定位策略（方法）问题有所交叉，又延伸到目的地形象口号语言表达要求这一定位实施的后续环节。表2—8对包含这一理论关注点的文献进行了详细列示。因国内学者对这一问题的具体语言表达存在差异，摒除其影响，经整合归并，目的地定位中需遵守的指导原则主要有以下几个方面：（1）以资源为基础，定位必须做到有实有据，从而易于为大众所认同；（2）以市场为导向，把握和顺应目标市场的需求、偏好，确保目的地定位对目标游客具有吸引力；（3）定位应强调差异化，突出自身与其他竞争目的地相比的特色或个性；（4）注重形象定位的整合性，避免面面俱到、资源罗列；（5）形象定位应具有社会性，突出正面的、积极的因素，引导市场向健康方向发展；（6）定位的确立应结合自身目的地在更大区域范围内所属的形象层次；（7）定位要注重挖掘、体现目的地的文化精髓；（8）定位应参考城市产业发展目标和城市总体形象定位；（9）可视客源市场情况做多重形象定位；（10）既要确保定位有一定的前瞻性和稳定性，又要能随环境变化做出动态更新，具有可持续的生命力；（11）定位形象口号的语言表达要注重简练、辨识性强，顺应时代和艺术性。

表2—8　　　　　　　　　　　　旅游目的地定位指导原则列表

作者（年份）	旅游目的地定位的指导原则
赵（2001）	特色鲜明、大众认同、综合优化
王、齐（2001）	以资源为基础、以市场为导向、突出特色、可持续发展和不断完善
金（2003）	独特性、社会性、吸引性、认同性、整体性、层次性、艺术性
赵（2001，2003）；袁、唐（2007）	个性鲜明、文化先行、市场导向
李（2007）	差异化
星（2007）	坚持客观事实、有实有据；增强吸引力度、突出个性；考虑游客感受、确保认同；注重可持续发展、保持生命力
彭（2007）	内容体现地域特色、个性鲜明；大众认同；文字力求简练；形式动态更新
李 等（2007）	尊重地方历史文脉、易识别、表达顺应时代、突出个性
刘、肖（2008）	资源优势原则、区域性背景原则、整体性原则
彭、邹、崔（2008）	尊重地方历史文脉、彰显优势、顺应主流、辨识性强
刘（2009）	明确目标、结合特点、突出特色；不求最大，但求最佳、最到位；目光长远、抓大放小、富有战略性；将城市形象定位和旅游目的地形象定位相结合；整体性；国际性；主题深化；功能多样化；稳定性与动态性相结合

资料来源：作者整理。

（二）第二部分理论关注点

1. 旅游目的地定位的作用、功能

文献中学者们分别从供给、需求和供需之间连接的三个角度阐述了有效定位是如何为目的地带来竞争优势的。从供给角度看，定位是一切目的地营销活动的前提和基础（唐娟，2007），引导目的地所有旅游产品供给和营销活动之间的"协调一致"（王金玉，2004）。从需求角度看，定位能使目的地以比竞争者更好的方式满足消费者的需要，将自身与竞争对手相区分，在消费者心中占据一个独特位置（唐娟，2007；王金玉，2004）；帮助目的地进入为消费者决策所认真考虑的"入围盘（evoked set）"之中，实现品牌出众，促进消费者的选择（李天元，2007）。从供、需连接的角度看，定位的直接功能就在于成为目的地品牌本体特征到消费者心目中形象的实现中介（唐娟，2007），是解决目的地形象缺位和形象背离问题的有效途径（李天元，2007）。

2. 当前旅游目的地定位的误区

定位误区指学者们对当前我国旅游地定位研究和实践中表现出来的定位基本思想和理念上存在问题的反思。唐娟（2007）指出，定位着眼点偏差、忽视目标游客心理类型、脱离形象定位系统，是当前我国目的地定位中普遍存在的三大误区。周辉和李莉（2008）也指出定位差异性不足这一着眼点偏差的问题，同时还关注了定位差异无法构成对游客的吸引卖点、定位脱离事实、准确度不够、定位宣传实施的连贯性不足的误区。高静和章勇刚（2009）指出，当前在国内目的地定位研究和实践中基于资源特色的目的地定位模式占据主流，该模式的实质是将目的地资源视为定位的首要决定因素，很容易导致众多资源类似目的地定位雷同和忽视目标市场兴趣点的问题。焦彦等（2009）基于城市旅游定位的战略意义，以天津当前旅游定位为例（兼顾其他城市目的地），指出忽视城市旅游对城市发展的战略价值、多元化的定位方法、依赖传统资源禀赋的定位理念、局限于对历史遗留的索取和忽略对动态变化的城市旅游空间的认识，是定位的主要误区。

3. 旅游目的地定位理论和研究现状

尽管绝大多数国内目的地定位研究都是在借鉴相应理论基础上，结合定位地实际情况所做的探讨，但注重对定位所依据基础理论做深入解析和对当前该领域研究现状加以汇总的文献较少。马晓龙（2006）在其对西安旅游地形象的再定位研究中，对国内外相关研究的侧重点、主导思想、方法技术等做了简要评述。高静和章勇刚（2009）在其对国内外目的地定位研究现状的回顾中指出，国外学者主要针对某个或某些具体目的地的定位展开研究，间接提及定位考虑要素；而国内目的地定位研究相对较少，主要围绕探讨某个具体目的地定位的原则和依据，且始终将目的地资源放在定位分析要素的首位。张广宇和简王华（2009）对当前国内目的地定位研究所依据的基本理论进行了总结，四大常用定位指导理论为：里斯和特劳特（Ries & Trout）（1981）的定位理论、陈传康的旅游形象策划理论（CI）、李蕾蕾的旅游地形象系统设计模式（TDIS）和杨振之的"形象遮蔽"和"形象叠加"理论。

　　"定位理论"最初兴起于广告界，于20世纪70年代起在美国被应用于市场营销研究（李天元，2007）。其兴起的背景为：产品、信息、广告的爆炸，相似类型的产品出现和各种名牌产品被仿造，使产品之间的差异性越来越小，呈现出同质化趋势。消费者面临众多相似的产品，自然而然地采取一种"简单化"策略，在心中形成一个个简单有序的产品阶梯。其中在产品阶梯上排位越靠前、品牌形象地位越有利的产品越容易成为消费者选择的对象。核心思想是："去操纵已存在心中的东西，去重新结合已存在的联结关系"①（下一章将对本理论的内容进行详细阐析）。

　　CI（Corporate Identity）原意为企业识别系统。在CI理论中则指企业为了形成良好的形象，使企业的个性能为公众所接受和识别所采用的一种系统的塑造企业形象的方法。具体来说，CI是将企业或机构的经营理念和精神文化运用行为准则、视觉设计等整体识别系统传达给企业的公众，使其对企业产生一致的认同感和价值观。企业形象整体识别系统具有两大基本特征：一是独特的识别性，把本企业及其产品/服务同其他企业的产品/服务区分开来；二是具有整体的统一性，把企业的识别标志贯穿于产品营销和信息传播的各个方面及所有环节之中。一般认为，真正在旅游规划中将CI理论应用于旅游地形象定位和策划的始于1996年由陈传康和王新军在《旅游学刊》上发表的《神仙世界与泰山文化旅游城的形象策划（CI）》一文。作者在借鉴企业识别系统的基础上，提出"文脉"分析的

---

① 刘晓辉：《贵州旅游定位初探》，《贵州师范大学学报（社会科学版）》2002年第3期，第33—35页。

思路，确立由旅游地理念基础（MI）、活动行为（BI）、视觉形象（VI）和传播行销构成的旅游形象策划体系。文脉分析不仅遵循了前人研究中的"形象的独特性原则"，更将形象策划与旅游资源紧密结合，突出了旅游地形象研究的特色。

在《旅游地形象策划：理论与实务》一书（李蕾蕾，1999a）和随后发表的《形象传播策略》（李蕾蕾，1999b）、《人—人感知系统》（李蕾蕾，1999c）和《形象的空间认知过程与规律》（李蕾蕾，2000）等一系列研究成果中，李蕾蕾系统地回答了什么是"旅游地形象"，或者说在策划的背景下"旅游地形象"是什么的问题，为旅游地形象策划的具体操作奠定了理论基础，最终构建了旅游地形象策划模式（TDIS）（其整体框架如图2—5所示）。李基本理清了旅游地形象策划、形象定位、形象口号等相关概念之间的关系。其在形象定位的确立上强调对地方性和受众形象的调查分析，在形象塑造和传播上提出人—人感知系统、人—地感知系统和举行旅游节事活动来整合形象。"在这一理论框架之下，国内出现了大量关于具体目的地形象策划的应用性研究。"[①]

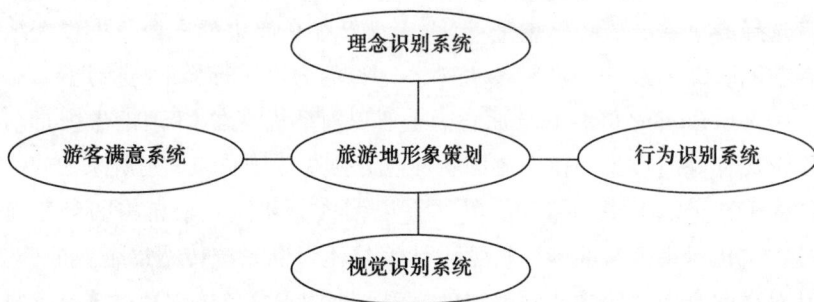

图2—5　旅游地形象策划模式（TDIS）的整体框架

资料来源：转引自黄芸玛、张现、罗正霞《基于TDIS框架的旅游地形象策划探讨》，《安徽农业科学》2009年第5期，第2100—2101页。

"形象遮蔽"和"形象叠加"是杨振之和陈谨（2003）从避免旅游地之间激烈竞争、树立差异化形象的角度提出的旅游地形象定位理论，如

---

① 苗学玲：《"旅游地形象策划"的十年》——《中国期刊全文数据库1994—2003年旅游地形象研究述评》，《旅游科学》2005年第4期，第64—70页。

图 2—6 所示。"形象遮蔽"指旅游资源级别高、特色突出或品牌效应大、市场竞争力强的旅游地的形象会更加突出，从而对区域内的其他旅游地形成遮蔽效应。其他旅游地若要摆脱形象遮蔽的影响，避免与强势对手的直接竞争，就必须找准自身的差异化定位着眼点、占据独特的市场空隙。"形象叠加"指通过在同一区域内不同的旅游地之间进行差异化定位，使每个旅游地都具有自身的形象影响力，进而使该区域产生一种叠加的、整合的影响力。形象叠加主要解决区域范围内综合吸引力问题，关键环节是差异化形象定位和人为地对形象进行整合。

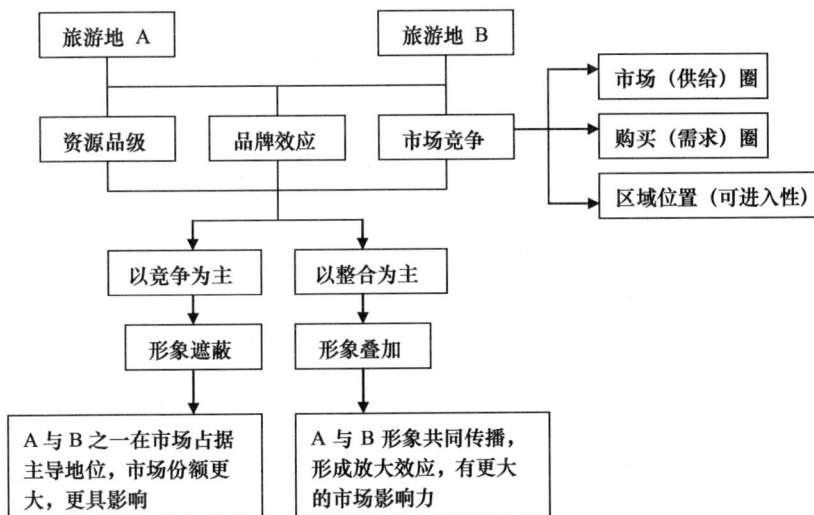

图 2—6　旅游地之间形象遮蔽与形象叠加的产生机制

资料来源：杨振之、陈谨：《"形象遮蔽"与"形象叠加"的理论与实证研究》，《旅游学刊》2003 年第 3 期，第 62—67 页。

4. 旅游目的地定位的过程或执行步骤

国内学者对这一理论关注点的探讨不多，且在分析角度和表述方式差别较大。王金玉（2004）认为目的地定位过程包括市场定位和心理定位两个阶段。前者指分析和选择定位所要针对的目标市场，后者指向目标市场传递目的地形象、将其转化为在游客心中独特心理定位的过程。星景花（2007）提出目的地品牌定位包括市场调查、发挥政府和行业协会作用、品牌确定和品牌宣传四个执行步骤。

5. 旅游目的地定位的影响和支持因素

谷明（2000）总结的目的地定位影响系统在一定程度上与其他学者对目的地定位考虑因素的研究有所重叠。城市区位和社会历史背景、市场发育条件、政策与政府行为被认为是保障旅游定位成功开展、调动城市经济发展的关键影响因素。在目的地定位的支持因素方面，谷明（2000）和赵煌庚（2004）都强调城市管理、科技创新和市民行为的关键支持作用，赵大友（2008）则将政府引导也看作目的地定位支持系统中必不可少的一个因素。

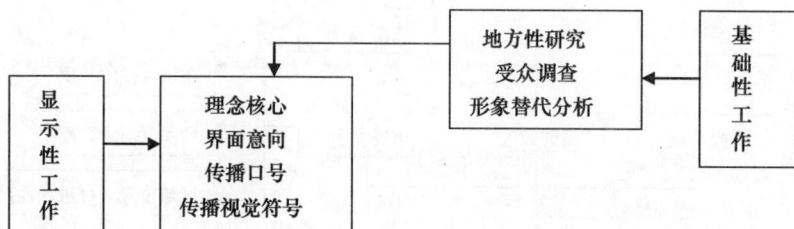

图2—7　区域旅游形象的建立程序

资料来源：吴必虎、宋治清：《一种区域旅游形象分析的技术程序》，《经济地理》2001年第4期，第496—500页。

（三）第三部分理论关注点

1. 旅游目的地（品牌）形象或形象策划/设计的内涵、作用

学者们对旅游目的地（品牌）形象或形象策划/设计的内涵、作用的探讨主要反映在文献的背景理论知识介绍部分，作为展开对目的地定位探讨的一个前提和铺垫。学者们一般将"目的地定位"看作目的地形象策划/设计的一个有机组成部分，从建立正面、积极目的地形象对促进旅游者选择决策和为目的地赢得竞争优势的角度分析目的地形象策划/设计和形象定位的必要性；从旅游者对目的地吸引物、服务设施等方方面面要素所形成的综合、抽象感知的角度来认识界定目的地整体定位所旨在推出的主题形象；从形象的构成层次、构成要素的角度来讨论目的地形象整体策划和系统中的后续工作环节。

2. 旅游目的地品牌内涵和建立意义

这一理论关注点的出现主要是源于部分文献是从"目的地品牌化"

中的品牌定位角度来对目的地定位加以研究的。星景花（2007）从供、需的综合角度界定旅游地品牌具有的四层含义：（1）作为一种标识；（2）是消费者心目中想法、情感和感觉的总和；（3）代表目的地和消费者之间的一种契约、承诺；（4）是一种文化力和无形资产。在建立旅游地品牌的意义方面，学者们主要强调其对提升目的地形象、提高市场竞争力、引导投资方向、提高规模效益、获取政府和社区支持，以及作为架构旅游产品和其消费者之间桥梁上的重要作用。

3. 旅游目的地定位实施和形象塑造、推广

这一理论关注点指目的地定位思想确立后如何实施这一定位和有效传播形象的问题。因总体上这是一个比较宽泛的研究范畴，学者们在具体的关注方面和深入程度上又有所不同。王国新和齐亚萍（2001）从旅游者感知实现效果的角度将目的地形象营销过程划分为增强意识、增强兴趣和增强意向三个阶段。赵伟兵（2001）和梅琳（2007）强调从做好市场细分和针对性营销策划工作、设计旅游标志和口号、创作反映定位内涵的歌曲和宣传材料、具体景区形象的统筹策划角度来有效实施目的地定位。邵秀军（2003）突出定位实施过程中的支持、配套系统建立和广告宣传环节。韦瑾（2004）基于对旅游地形象形成过程和原理的认识提出从新闻公关策划、形象广告策划、市民和旅游者口碑宣传和网络媒介宣传等其他策略的综合角度来强化定位形象传播的效果。金周益（2006）则借鉴前人研究对旅游地定位实施过程中的由形象理念基础、视觉识别系统、行为识别系统和感知形象设计构成的系统形象设计体系和形象传播进行了深入分析。

三　旅游目的地定位案例分析总结

在检索到的国内文献中，共有 42 篇文献包含了对具体目的地定位案例的分析这一项内容，表 2—9 对其信息内容进行了详细列示。总体上看，作为案例分析的目的地在地理范围上分布较广，共涉及行政区划上分属广东、广西、贵州、辽宁、黑龙江、福建、浙江、湖北、湖南、重庆、四川、河南、山东、安徽、陕西、山西、江苏、甘肃、天津、香港 20 个省、直辖市和特别行政区的目的地。同时也说明目的地定位和形象策划在这些地区的旅游规划研究和实践中得到了相对较高的重视程度。从定位目的地的空间载体来看，城市目的地的定位和形象策划是国内该领域研究的热

点，42 篇文献中有 30 篇都是以城市作为定位分析的空间载体；以省级或区域目的地单位为定位分析空间载体的有 3 篇，另有 5 篇关注的是风景名胜区（主要是山岳型风景区）的定位，4 篇关注的是古镇型目的地的定位。

绝大多数文献的分析思路都是结合对特定目的地的资源、市场和竞争状况分析来整合、提炼出该目的地的核心定位理念，继而对该定位理念的形象设计和传播进行探讨。因此，对目的地定位考虑要素的调查、分析、定位基础和条件的论证、定位思想的确立和后续的旅游形象设计、传播及强化是案例分析中最主要涉及的内容范畴。此外，部分学者还对案例目的地当前形象定位存在的问题和误区、定位原则和具体策略在案例目的地上的应用以及定位确立后目的地的系列开发和产品建设问题进行了探讨。目的地旅游产业发展的现状、面临的问题和形象定位的障碍也在个别学者的分析内容范畴之内。

对各定位案例分析文献中归纳、提炼出的核心定位理念进行深入考察，可加深我们对国内此部分文献研究特点和国内学者对定位概念内涵理解的认识。第一，国内学者对"定位"这一基本概念在实际理解和应用上似乎显得有些混乱，市场定位、产品定位、形象定位、战略定位、目标定位、行动定位、功能定位等多种表达方式并存。李天元（2007）曾指出，"这在很大程度上使得人们对定位问题的讨论失去了共同的基础平台"[1]。第二，审视一下国内学者在实际定位案例分析中对"目的地定位"概念的理解和表达，绝大多数学者都是直接以一句精心设计的主题口号语来形象展示目的地定位思想，如顾韬、李胜利（2007）的"红色之都、圣地延安"，这体现了国内目的地定位研究在很大程度上与其后续具体形象设计、展示环节的研究是合二而一的这一特点。只有少数学者在案例分析中仅总结了应在定位策略开发中强调哪些关键词、目的地优势资源，或为"目的地定位"指出大体的考虑方向。此外，可以发现，一些学者对"目的地定位"实质的理解是存在偏歧的。如唐礼智（2001，2002）将泉州定位为"国家级历史文化名城、华南生态旅游地、福建省商务旅游区"、刘民英（2006）将黄山定位为"世界自然文化遗产、中国旅游名胜

地、华东旅游圈重要区域、安徽省主要旅游目的地"。作者的实指更倾向于是泉州和黄山在其旅游业发展不同层级系统中各自所发挥的功能和所处地位，而非二者旨在吸引游客前往的相对于竞争对手的独特定位。又如徐君亮（1999，2000）对广州的定位是"（1）商都旅游，（2）近现代史迹旅游"，这很大程度上仅是对目的地的旅游资源类型和旅游业发展方向做的总结，也没有达到有效定位一个目的地。

表2—9　　　　　　　　　旅游目的地定位案例分析列表

作者（年份）	案例目的地	分析范畴
徐（1999，2000）	广州	城市旅游吸引和旅游形象定位、旅游形象建设
谷（2000）	大连	城市旅游形象定位、旅游形象塑造
毛（2000）	贵州	旅游产业发展作用、旅游发展面临的主要问题及对策思考
居、姚（2001）	花溪	旅游地形象调查、形象定位策略
陈（2001）	粤西	旅游地资源概貌、旅游定位总体思路、旅游开发对策
董、张、李（2001）	二龙山风景区	目的地旅游业发展现状、形象策划（形象定位依据、形象定位内容、形象构成要素）
唐（2001，2002）	泉州	旅游地形象总体定位、形象设计方案
董（2002）	宁波	城市旅游形象的定位分析、形象的视觉设计与推介
刘（2002）	贵州	旅游地形象定位要素分析、形象定位
杨、邓、邹（2002）	昭山	旅游开发优势、旅游形象定位、产品开发、功能区设计与项目策划
余（2003）	贵阳	对旅游地当前形象定位的思考和辨析
韦（2004）	桂林	旅游地形象的重新定位、新形象的传播策略

续表

作者（年份）	案例 目的地	分析范畴
杨（2004）	重庆	旅游地形象定位的误区、形象定位理念、形象塑造
赵（2004）	岳阳	旅游地形象定位
廖（2004）	成都	旅游地形象定位的条件论证、形象设计
刘（2004）	成都	旅游发展目标定位、关键产品定位、当前行动定位、旅游地形象定位
傅（2005）	佛山	旅游地品牌资产要素、品牌定位、品牌标识设计、品牌强化策略
孟（2006）	绍兴	旅游地形象定位的基础分析、形象定位、形象战略的实施途径
金（2006）	桂林	旅游地文脉分析、形象识别系统设计、形象传播
胡（2006）	重庆合川涞滩	旅游地采用比附定位法的条件、不足和更改方向
张（2006）	威海	旅游地形象定位、形象设计
刘（2006）	黄山	旅游地系统形象定位、形象定位障碍、形象定位实施措施
张（2006）	凭祥	地格分析、旅游受众调查分析、形象定位基本依据、整体旅游形象和主要旅游景区形象的定位及宣传口号
马（2006）	西安	城市现有旅游形象定位分析、形象再定位
顾、李（2007）	延安	城市旅游形象定位因素分析、旅游形象的推广策略
张（2007）	焦作	旅游形象营销的紧迫性、形象塑造的困难、形象定位、形象营销策略
李 等（2007）	六个苏州水乡古镇	旅游形象定位现状和效应、形象定位原则、形象定位建议
程、王、周（2007）	兰州	旅游地形象存在问题分析、形象调查、形象定位、形象系统构建

续表

作者（年份）	案例 目的地	分析范畴
梅（2007）	徽州古村落	旅游地景观特色分析、形象定位要点
熊（2007）	西昌	旅游地形象定位的必要性、形象定位的方法、形象定位及其营销
彭（2007）	武汉	旅游地形象定位
袁、唐（2007）	湘潭	城市旅游形象定位要素分析、形象定位和开发策略
朱、马（2007）	平遥	当前旅游地形象定位的问题、形象定位理念分析、品牌形象设计
赵（2008）	三峡	旅游地心理定位策略
刘、肖（2008）	娄底	旅游品牌定位的基础分析、品牌形象定位及建设
黄、付（2008）	惠州	城市旅游形象定位的支撑要素分析、形象定位建议及思路
彭、邹、崔（2008）	南岳衡山	旅游地本底形象在定位中的应用评价、形象定位策略和原则、形象定位更新和品牌塑造
高（2009）	香港	现状及问题分析、营销调研、目的地定位确定
焦、齐、王（2009）	天津	城市旅游定位的战略误区、战略构想
刘（2009）	柳州	旅游地资料搜集、定位目标、定位原则、定位概念整合、定位表达
刘、沈（2009）	螺髻山	旅游地资源开发概况、形象策划情况、形象定位、形象定位后的旅游地开发策略
柏 等（2009）	五大连池	目的地创建旅游品牌的条件分析、品牌建设现状和问题、品牌定位的确立与强化
银、李（2009）	成都	城市文脉现实载体的构成、城市旅游形象定位

资料来源：作者整理。

第三节   国内外旅游目的地定位研究文献评述

一 国外旅游目的地定位研究情况小结

总体上看，国外旅游目的地定位研究兴起较早，在过去的 30 年中取得了长足进展：研究内容得到拓展，从主要考察竞争目的地之间定位感知的比较结果到对目的地定位整体工作流程中的其他环节也展开详细探讨（如市场细分、目标市场选择）；研究视角日益宽泛，从兴起伊始一直以"目的地形象"作为考察目的地市场定位的起点，发展为与"目的地品牌化"、"目的地竞争力"等旅游营销中比较晚近的研究领域形成交叉、融合（以文献对多元定位指标的选取为集中体现）；研究日益深化、细化，对目的地定位感知的市场异质性、更有效定位技术方法的引入等细节问题给予了关注。

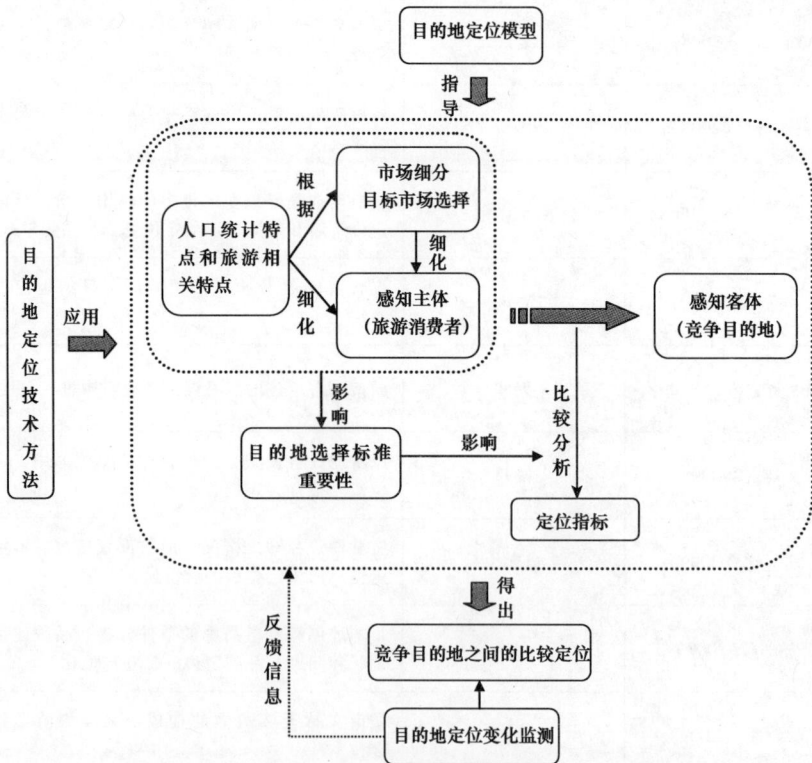

图 2—8   国外旅游目的地定位研究文献的逻辑演进图

资料来源：作者整理。

　　国外目的地定位研究的基本逻辑是：围绕着感知主体（旅游消费者）对感知客体（竞争目的地）在选择出的定位指标上的比较分析情况来审视各竞争目的地的相对市场定位这样一条反映定位工作核心环节的主线来开展。人口统计特点和旅游相关特点对目的地定位感知的影响这一关注点是从消费者感知异质性的角度对这一主线内容的细化研究；"市场细分"和"目标市场选择"是在前者基础上从细化感知主体角度的进一步深入研究，人口统计特点、旅游相关特点等在此被作为市场细分变量，针对各具体目标细分市场的定位策略得到了探讨；感知主体的复杂性对目的地选择标准重要程度的感知产生影响，而后者将对各竞争目的地在定位指标上进行比较、分析，以确定其在相对定位的过程中发挥的作用；得到的目的地相对定位不是一成不变的，因此通过对定位变化的追踪来发现问题、为下一轮定位分析的开展提供反馈信息；多元目的地定位模型的开发旨在从不同的细节角度对这一研究主线上所包含的内容进行研究；目的地定位技术方法则通过实操手段来实现整个过程，最终得出目的地定位。其研究的逻辑演进过程可如图2—8所示。

二　国内旅游目的地定位研究情况小结

　　与国外情况相比，国内目的地定位研究兴起比较晚（20世纪90年代末），二者有20年的时间间隔。国内目的地定位研究是作为目的地形象研究（主要是形象策划研究）的一个子系统而产生和发展起来的，因为"定位"承担了目的地形象策划系统中的基础性工作职能。经过10年的发展，国内目的地定位研究呈现出的主要特点是：以理论探讨和定位案例分析相结合的文献占绝对比例，服务于具体目的地定位决策的需要是一个主要研究目的，因此分析研究的个案性较强。由于"目的地定位"是被放置在整个目的地形象策划系统的研究中来加以分析、探讨的，目的地定位研究与对形象策划工作中其他环节（如形象设计、形象塑造、传播）研究的交叉、统一现象比较明显。如国内目的地定位研究很大程度上与其后续具体的形象物化设计、展示环节的研究合二而一就是最为突出的一个特点。正因为国内目的地定位研究与比其范畴更广的目的地形象策划研究之间有时界限显得略为模糊，定位研究和形象研究所呈现的特点是非常相似的。郭英之（2003）在对国内外目的地形象研究的回顾中指出，国内目的地形象研究主要是在定性研究基础上的形象策划,"主要为地方政府和社会战略提供建议和对策"①。故此,国内目的地定位研究另一个明显特点就是将"目的地定位"与目的地自身的形象、发展目标、战略决策方向等紧密结合起来:从目的地定位概念界定、定位考虑要素的内容构成,以及定位策略选择、定位指导原则中体现的形象层次系统思想,都是对这一点的明证。

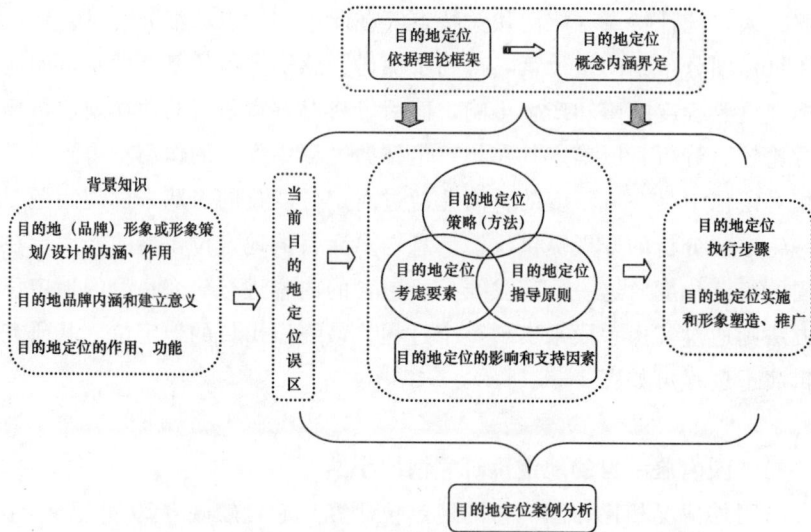

图2—9   国内旅游目的地定位研究文献的逻辑演进图

资料来源:作者整理。

国内目的地定位研究的基本逻辑是:主要围绕着对目的地定位考虑要素、目的地定位指导原则和目的地定位策略(方法)的系统论述和应用来开展。依据不同的目的地定位理论指导框架,衍生出关于目的地定位概念内涵和范畴的各种不同理解,二者共同作为对目的地定位考虑要素、指导原则、策略(方法)、影响和支持因素进行探讨、论证的理论基础。目的地(品牌)形象或形象策划/设计的内涵和作用、目的地品牌内涵和建立意义、目的地定位的作用和功能在文献中作为目的地定位研究的背景知

———————

① 郭英之:《旅游感知形象研究综述》,《经济地理》2003年第2期,第280—284页。

识被加以简要介绍，引出对以上定位核心内容的探讨。部分文献还在对目的地定位核心知识的探讨之前对当前国内目的地定位研究和实践存在中的思想误区加以归纳、解释，与后面突出的正确定位思路作对比。目的地定位执行步骤、目的地定位实施和形象塑造、推广分别作为对定位研究核心内容从实际操作角度所做的阐释，以及整体目的地形象策划系统中定位思想确立之后的其他环节也得到了探讨。将这些理论关注点的内容应用到具体目的地的定位实践中，遵循以上的顺序分析路线：识别当前定位误区、整合分析定位核心要素、阐明定位原则、选择定位策略、执行定位理念以及对定位形象的传播、塑造，就是目的地定位案例分析文献所一般采用的套路。国内目的地定位研究的逻辑演进过程可如图 2—9 所示。

三　国内外旅游目的地定位研究差异点总结

国内外目的地定位研究从总体的研究思路、研究方向到具体的研究细节问题处理上都存在一定的差异，作者在此将其归纳、总结为以下四点：

（一）"单一的"理论基础和"多重的"指导框架

国外目的地定位研究从兴起伊始就一直根植于最初由里斯和特劳特（Ries & Trout，1981）提出的"定位理论"，从定位的战略目标和功能要义出发，实践定位的基本思想和原则，遵循统一的定位研究思路和逻辑演进流程。国内目的地定位研究则在依据里斯、特劳特定位理论之外，还存在以陈传康旅游形象策划理论（CI）、李蕾蕾旅游地形象系统设计模式（TDIS）、吴必虎区域旅游形象分析技术程序和杨振之"形象遮蔽"和"形象叠加"理论为最主要代表的多重理论指导框架。可以说，国内目的地定位文献对这些其他理论指导框架的研究和应用甚至要超过里斯、特劳特的定位理论。"定位理论"在影响的广度和深度上都不是当前国内目的地定位研究的主导性理论，因此国内外在该领域的研究成果很大程度上缺乏了相互交流、探讨的基础和平台。由于依据的理论框架不同、对目的地定位概念内涵和范畴的认识不同，国内文献在对定位相关内容的分析、阐释中有时会出现交叉、反复、对同一问题的多头论解等现象。同时，由于多重理论指导框架的共同影响，国内文献在一定程度上呈现出交叉、混杂、主流思想模糊的复杂性研究特点。

（二）"集中的"研究焦点和"分散的"研究范畴

国外目的地定位研究的主体和焦点就是围绕定位感知主体、感知客体和定位指标三大要素来开展的定位调研分析过程，以得出目的地在市场上应突出宣传的核心定位理念。对定位基础模型、定位技术方法、定位变化监测和其中一些细节问题的研究都旨在为这一核心问题的研究服务，对其形成铺垫，或深化、拓展、应用。"市场细分"和"目标市场选择"是作为整体目的地定位工作中定位思想确立的先在基础性环节，或从异质感知主体的角度来分别考虑适用的定位策略而得到研究。对于定位思想确立之后的形象物化展示、形象塑造和传播等整体目的地定位工作中的其他环节，虽然个别文献也略有涉及，但主要是由"目的地品牌化"、"目的地整合营销传播"等其他专门的学术领域来对其展开更深化、细化的探讨。这样目的地定位研究的若干相关问题都在各自研究领域内得到了非常细致、缜密的研究。

由于国内目的地定位研究是被放置在目的地形象策划这一更大范畴的框架内来开展的，定位分析和整体定位工作或形象策划工作中其他环节（尤其是定位思想确立之后的形象展示、传播等环节）研究的交叉、统一现象比较明显。虽然涉及的研究范畴比较宽泛，从最初的"市场细分"到对定位理念的具体贯彻、实施都得到了探讨，但对每个工作环节的研究都不够深入、透彻。尤其是对如何通过调研分析确立可帮助目的地获得竞争优势的定位思想的过程（即国外的研究焦点），国内研究的重视不足，尚没有形成比较系统、一致、成熟的研究范式，很大程度上还仅是围绕相关要素、执行原则、策略方法所做的定性探讨和总结。与其他相关问题之间研究界限的模糊和研究个案性较强的特点局限了对定位思想确立这一核心工作环节开展独立的、更为深化的、扎实的研究进程。

（三）"系统、整合的"定位分析方法和"顺次、独立的"定位分析流程

目的地定位分析所需考虑的关键要素和其具体分析方法是国内外该领域研究同时关注的重点内容。对这一问题的研究是全部定位相关问题研究中最为基础和灵魂的内容，也最能体现国内外该领域研究的基本思路和特色。目的地资源、消费者和竞争对手是国内外定位研究中共同强调的三大关键考虑要素，但是在如何对这些要素分析得出目的地核心定位理念的具体方法上则存在较大差异。国外学者采用的是一种系统的、整合的定位分析方法，通过科学、完善的定位调研设计，在其分析中对目的地资源、消费者和竞争对手这三大要素同时加以考虑。而且，国外研究始终贯彻

"感知本位（Perception is reality）"的原则，从消费者的实际感知出发，最终得出的定位战略的设计基础是消费者感知中的目的地相对于其竞争对手的差异化优势资源，而非目的地自我评判的结果。

国内这方面的研究则在很大程度上表现为一种顺次的、独立开展的定位要素分析过程。首先识别目的地自身的优势资源，继而通过调查目标受众对这些优势资源的认知程度来判别消费者需求和偏好，最终通过考虑、比较竞争对手定位和营销宣传情况来确定自身目的地的定位。这种方法虽然也综合考虑了三个因素的影响，但实质上还是将目的地自我认知的优势资源放置在分析的首位，对其他两个要素的考虑要基于此分析的结果。从提高目的地定位市场效果的角度来看，国外采用的这种分析方法具有明显优势。

（四）用"形象"做定位和给"形象"做定位

"目的地形象"是国内外目的地定位研究中共同的关键概念。国外目的地定位研究兴起之初以"目的地形象"为基点，至今仍主要是在目的地形象的范畴内来开展研究。国内目的地定位研究本身就是作为目的地形象策划系统中的一个基础性环节而发展起来的研究分支。虽然"形象"在二者研究中都最为常见的应用概念，二者在对"定位"和"形象"关系的认识上则存在很大差异，甚至在一定程度上是相反的、倒置的。

在国外目的地定位研究中，"定位"被理解为一种高于形象策划的战略营销任务，定位工作统摄、指导形象策划工作，先形成"核心定位理念"，再围绕这一核心定位理念来具体策划和设计形象。其对"形象"概念的应用主要是作为反映竞争目的地之间差异的定位指标，与"游客满意度"、"目的地品牌资产"等其他指标一样都是为有效定位一个目的地而服务的。因此，这一理念可被理解为"用形象做定位"。国内研究的情况则相反，目的地定位研究是在其形象策划研究范畴内作为一个分支而存在的，先有目的地形象策划的总体工作要求，然后才有了目的地定位这项基础性调研、分析工作环节开展的基础和意义所在。"定位"是为塑造一个目的地的积极、正面形象而开展的，"形象"被认为才是其终极目标和产物。因此我们经常会看到国内文献中有诸如"将某旅游地的形象定位为……"的提法，在此将其理解为是一种"给形象做定位"的理念。事实上，由于"形象"在国内外目的地定位研究和实践中的深厚基础和广泛应用，创立或强化一个积极形象的确被基本认同为"目的地定位"的直接目标,① 但"定位"所发挥的职能远远高于也超出一个"形象"的范畴。正如国内著名旅游学者李天元所指出的,虽然很多目的地都认为自己很重视形象宣传工作,实际上市场上存在"形象缺位"和"形象背离"的情形非常普遍,"定位"的功能意义恰恰体现为借以解决这些问题的途径或手段。②

四 当前国内外旅游目的地定位研究突出局限总结

经先前对国内外目的地定位研究文献的回顾,归纳其各自研究特点、逻辑,以及对二者差异性的分析,可以总结、提炼出当前该领域国内外研究中亟待改进的突出局限之处,尤其是本研究可重点针对处理的局限,从而明确进一步研究任务。总体而言,国内外目的地定位研究的积累时间都还相对较短,与其他关键目的地营销问题(如目的地形象)相比研究成果还不够丰硕。

国外研究发展相对成熟,其比国内研究的明显优势主要表现在业已形成普遍认同的研究范式、重视对定位调研过程的详尽分析和定位感知主体的细化研究。依循其自身的研究主线和演进逻辑,国外研究部分未来实现的突破方向应该是探索更完善定位理论框架、更先进定位技术方法、更深入地与目的地营销前沿领域接轨,以及从感知主体、感知客体和定位指标不同角度开展更为深化、细致的研究。从检索情况看,国外目的地定位研究的不足突出地表现为其研究视野的框定和研究思路的滞后。当前绝大多数国外目的地定位研究仍是在目的地形象范畴内开展的,其中又以单一采用认知形象成分为定位指标的文献居主导地位,涉及其他形象成分或其他感知"构念"的研究非常有限。因此,从对定位基础框架的创新探索出发,引入新的与前沿方向联系更紧密的定位指标来实现分析可成为其解决研究局限、推进研究发展的一个直接有益着眼点。

国内目的地定位研究作为其目的地形象策划研究的一个分支更鲜明地存在将视野局限在形象分析范畴内这一不足。而从定位案例分析结果来看,在定位形象要素的选定上,国内研究部分亦主要依赖于有形的目的地

---

① Pike S. , Ryan C. , Destination positioning analysis through a comparison of cognitive, affective and conative perceptions. Journal of Travel Research, 2004, 42 (4): pp. 333—342.

② 李天元:《旅游目的地定位研究中的几个理论问题》,《旅游科学》2007 年第 4 期,第 1—9 页。

资源品质。此外，从直接提高研究成熟度的角度看，国内研究部分更迫切需要解决的是其研究内容笼统纷杂和研究范式缺乏的问题。先前的国内外研究差异点对比分析显示：国内研究涉及范畴过于宽泛，主线不明晰，分析不够细致、透彻，对如何确立定位思想这一核心环节的研究重视不足；同时其定位分析开展流程不够科学、严谨，仍持有很强烈的供给/资源导向观。由此，立足于国内目的地定位研究领域的现状，在借鉴国外相对成熟研究范式基础上重点关注对传统研究视野的拓展应是可兼顾处理国内外当前突出局限之处的一种有效途径。

第三章　旅游目的地定位理论和基本概念界定

在对国内外现有旅游目的地定位研究文献的详尽回顾和研析基础上，作者已了解该领域当前研究的不足，进而思考、确立了本研究的写作目标，将通过从本章起的以后章节来逐渐完成这一写作目标。本章旨在对与本研究写作目标对应的研究范畴（旅游目的地定位）所涉及的基本理论和概念进行界定、辨析，突出对本研究重点针对的研究范畴（旅游目的地定位战略开发）和其研究范式确立的分析过程，为下一章进行核心理论构建奠定概念性基础。

本章内容共分两节。第一节介绍"定位理论"的提出背景、基本思想主张、发展形成过程，以及"定位"概念内涵所包括的内容范畴和其彼此关系；第二节结合旅游目的地研究情境来诠释第一节中介绍的定位理论相关要点，分析"旅游目的地定位"的概念内涵、特殊挑战、关键操作原则，并对"目的地定位"与"目的地形象"、"目的地品牌化"三个关键营销概念和其彼此关系进行了辨析和厘清。其中第二节根据第一节对"定位"概念内涵范畴的理解，将关注点放在目的地定位战略开发这一核心定位工作环节上，所述内容主要围绕此环节的实质内涵来展开。

第一节　"定位理论"相关要点介绍

一　定位理论的提出背景和基本思想主张

（一）定位理论的提出背景

被美国营销学会 2001 年评为有史以来最具革命性营销观念的"定位（Positioning）"最早是在广告学领域中被提出的（杨明刚，2004）。1969年艾尔·里斯和杰克·特劳特（Al Ries & Jack Trout）在美国《产业营销》杂志上发表的《定位是人们在今日模仿主义市场所玩的竞赛》一文中首次提出"定位"概念（金琳，2009）。此后，里斯和特劳特又对其定位理念进行了系统完善和阐释（尤其是 1972 年发表在《广告时代》上题为《定位时代》的一系列文章），这些观点集中反映在他们 1981 年名为《广告攻心战略：品牌定位》的专著中，标志着"定位理论（Theory of Positioning）"的正式诞生（王允，2008）。

"定位理论"的提出主要是基于作者对当时广告传播背景和生理学、心理学中关于消费者心理机制研究成果的认识。里斯和特劳特指出，我们生活在一个过度沟通（over-communicated）的社会，传统及新型媒体使得人们每天都受到大量信息的冲击。然而，由于人们大脑的有限性，面对这种令人无所适从的信息爆炸会本能地建立起一种防卫系统（defense system），只挑选和记忆其中的一部分信息。他们使用了一个经典比喻来形容以上情形：

市场上的噪音太多，普通人的大脑已经是一块满得滴水的海绵，只有挤掉已有的内容才能吸收新的信息；然而，我们却还在往那块过分饱和的海绵里灌输更多的信息。①

另一方面，在进行信息选择的过程中，人们的大脑倾向于摒弃那些与其原有存在观念相抵触的信息，容易接受与已有认知相符合的信息，这一特性又被称作大脑的不变性。人类大脑的有限性和不变性构成了"定位理论"提出的最重要的认识前提。

（二）定位理论的基本思想主张

里斯和特劳特在其《定位》一书中指出，"定位"是对现有产品的创造性实践。"定位要从一个产品开始。该产品可能是一种商品、一项服务、一个机构甚至是一个人，也许就是你自己。……但是，定位不是你对产品要做的事，定位是你对预期客户要做的事。换句话说，你要在预期客户的头脑中给产品定位。"因此，严格来讲，将这一概念称为"产品定位"是不够贴切的（司马方，仇向洋，2004）。特劳特后来的《新定位》一书也始终强调，定位是对大脑而非产品的定位，市场营销的最终战场是消费者的大脑。

---

① Ries A., Trout J., Positioning: the battle for your mind. New York: McGraw Hill, 1981.

关于这一认识，作者有如下一段被广泛引用的经典陈述：

营销之战不是在消费者的办公室里或是美国的超市或杂货店里进行的。这些地方仅仅是商品的分销点。关于品牌选择的决定是在别处进行的。营销之战是在一个狭窄、鄙陋的地方进行的。一个黑暗、潮湿、充满诸多未探索领域和深奥陷阱之所，很容易使不警惕者落入圈套。营销之战是在大脑中进行的。①

既然营销之战是在消费者的大脑中进行的，大脑的有限性和不变性就决定了营销制胜的方略。有限性说明消费者的大脑是最重要、稀缺的资源，顾客在接受信息时有喜爱简单、厌恶复杂的倾向，因此若想冲破信息拥挤（cluster），使自身传播的信息不淹没在竞争对手的噪音之中，就必须使用简洁而集中的（simplified and focused）信息。另一方面，不变性说明顾客的已有观念一般是很难改变的，因此不要试图去宣传与顾客认知相悖的信息，而是要洞悉顾客的心智模式，以强有力的差异化诉求点来占据顾客心智中的空位，从而使品牌/产品成为顾客在产生相应类别需求时的首选。具体而言，就是要在消费者大脑中关于特定产品类别的心智阶梯上占据领先地位：（1）当品牌/产品是第一个进入某一产品类别的市场或在某一产品类别的基本性能方面成为质量最佳/最受推崇的品牌时，它就是在消费者关于这一大产品类别的心智阶梯上占绝对领先位置；（2）而当品牌/产品不是首先在消费者关于某一产品类别的心智阶梯上进行了有利占位时，则不要试图说服顾客你的产品如何比竞争对手的更优质、更便宜等，而是要根据自身优势在这一大产品类别下再发现、开创一个新的品类，使自身品牌成为在消费者关于新品类的心智阶梯上的领先品牌。

在日益拥挤、紧张的市场竞争环境中，营销者面临符合以上第二种情形的任务更普遍一些，这便是"定位理论"中所强调的关键"分化"原理：通过开创一个新品类在顾客心目中占据一个与自身能力相适应的最佳有利地位，从而开拓了新市场、获取竞争优势（金琳，2009）。换言之，"分化"的策略实质即为通过市场调研活动的开展来发现、确定自身品牌/产品在所属的大产品类别下的哪一具体品类上可以具备强有力的差异

---

① Trout J. , Rivkin S. , The new positioning. New York：McGraw Hill, 1986.

化优势，从而围绕这一品类确立自身的重点营销目标市场和营销主题理念，在偏好的目标市场上率先声称、传播所具备的差异化优势，并不断维护和强化其市场感知，确保自身在消费者关于这一开创品类的心智阶梯上占据领先地位。

二　定位理论的发展形成过程

简略描述如今作为战略营销关键组成部分的"定位理论"的形成过程即为：以"传统 USPs 理论"为源头活水、以"品牌形象理论"为核心灵魂、以"传统营销理论"为点睛之笔。

（一）作为广告理论的定位理论

如前文介绍，"定位理论"最初是在广告学领域中被提出的。在此之前，20 世纪 50 年代和 60 年代分别盛行的两种代表性广告理论对作为广告理论的"定位理论"的产生发挥了重要影响："传统 USPs 理论"和"品牌形象理论"。"定位理论"是对这两种理论的继承、发展和超越。具体而言：

第一，"传统 USPs 理论"是"定位理论"产生的源头活水。20 世纪 50 年代初，美国广告界科学派旗手罗瑟·瑞夫斯提出了传统"USPs（U-nique Selling Proposition/Points）"理论（李相臣，2008），中文称"独特卖点理论"。其核心思想主张为：（1）每则广告必须向消费者诉说一个主张，告诉消费者购买广告中的产品可以获得什么益处；（2）广告中给出的主张应该是竞争对手无法提出或未曾提出的，要在同类广告中独具一格甚至是独一无二，使之脱颖而出；（3）所强调的主张必须是强有力的、必须聚集在一个点上，集中打动和吸引消费者来购买（张宇丹，单晓红，2006）。"传统 USPs 理论"主张突出和放大产品独特要素的思路可以说对"定位"以差异化诉求点在消费者心智阶梯上占位理念的形成具有直接启发意义，是使"定位"以"差异化"作为理论立身的直接推动源泉。但是，"传统 USPs 理论"关于产品独特要素的主张将其视角仅局限在产品的物理和功能属性之上，认为通过对产品自身的挖掘就可以找到（卢宏泰，2002）。在这点上，"定位理论"吸取其他理论的精髓对"传统 USPs 理论"实现了发展和突破，孕育了新的、更具全面性的"USPs 理念"（作者在下面介绍"品牌形象理论"和第四章中都将提及这一问题）。

第二，"品牌形象理论"为"定位理论"铸魂。奥美广告公司的创始人、世界级广告大师大卫·奥格威在 20 世纪 50 年代也旗帜鲜明地提出了

"品牌形象理论"（卫海英，张英，2004）（但该理论主要影响和盛行于20世纪60年代）。奥格威打破传统品牌认识，指出："品牌是一种错综复杂的象征。它是品牌的属性、名称、包装、价格、历史、声誉、广告风格的无形组合。品牌同时也因消费者对其使用印象及自身经验而有所界定。"① 这一理论的核心思想主张为：（1）塑造品牌形象是广告最主要的目标，广告要力图使品牌形象具有和保持一个高知名度；（2）每个广告都是对品牌形象的长期投资，要从长计议，尽力维护一个好的品牌形象；（3）随着同类产品的差异性缩小、品牌之间的同质性增大，消费者在选择品牌时的理性因素也就越少，因此突出品牌的联想形象要比强调产品的具体功能特征更为重要；（4）消费者购买时所追求的是"实质利益＋心理利益"，对特定消费群来说，广告尤其应运用品牌形象来满足其心理需求。"品牌形象理论"提供了一种关注消费者心理需求和精神利益的视角，认为广告中陈述的内容不应仅固着在产品的物理和功能属性，而是可以通过人为追加给产品某种超越具象而存在的主观意义，比如"品牌个性"。并且奥格威认为这种个性和主观意义才是一个品牌的真正内核。这一视角极大地丰富了"定位"从"传统 USPs 理论"中继承来的产品独特要素的内涵，不仅关注功能和具象意义上的 USPs，还包含对心理和抽象意义上的 USPs 的考虑，是"定位理论"对"传统 USPs 理论"形成超越和发展的实质，也是促使"定位理论"逐渐与更宽泛理论成果融合、最终发展成为一派独具特点的差异化理论的思想根基所在，故被称作"定位理论"的核心灵魂。从这个意义上看，"定位理论"在其理论实质上就倡导和推崇一种"非功用性定位（non-utilitarian positioning）"的思路。

　　第三，"定位理论"是在继承、发展"传统 USPs 理论"和"品牌形象理论"基础上对二者的整合和超越。通过分别从"传统 USPs 理论"和"品牌形象理论"中吸取其理论精华，再以一种博采众长的集成性理论重新影响和反馈于两个理论，"定位理论"将二者都整合进了自身的理论范畴之中。因此，从作为广告理论的意义上讲，"传统 USPs 理论"和"品牌形象理论"都成为"定位"的有益操作手段。是定位于产品的物理和功能特征，还是定位于产品的心理和抽象特征，已成为一种积极的选择，而选择的标准在于哪种特征能够更容易、更有效地实现在消费者关于某一

---

① 卢政营：《品牌的整合和定位》，《上海综合经济》2004 年第 6 期，第 71—74 页。

品类的心智阶梯上占据领先地位这一定位目标。另一方面,通过将关注点从产品真正转移到消费者身上,"定位理论"实现了对"传统 USPs 理论"和"品牌形象理论"的超越。无论是挖掘产品功能属性,还是给产品追加某种主观含义始终都还是对产品所做的事,而"定位"是真正以消费者为中心的理论。它采取逆转思考的方式,不以自己为出发点,而以顾客的心智状态为出发点,不是在产品上下工夫,而是在顾客的心智中解决差异化问题。消费者不再被视做广告信息试图影响和改造的客体,而是决定广告信息的关键主体。

(二)作为营销理论的定位理论

在将"定位"从一种考虑传播技巧的广告理论转化、上升为一种具有战略思想高度的营销理论上,一些营销学家可谓功不可没,其中首推菲利普·科特勒(Philip Kotler)。根据科特勒对"市场营销(Marketing)"的界定,"市场营销是个人和集体通过创造,提供出售,并同别人自由交换产品和价值,以获得其所需之物的一种社会和管理过程"①。该定义中包含了市场营销的一些核心要素:消费者需求、产品、价值和满足、交换和交易、市场、营销者和预期客户等(卫军英,2005)。科特勒根据"传统营销理论"对里斯和特劳特"定位理论"所实现的创新和发展也主要是围绕以上这些可揭示营销核心要义的关键要素来进行的,概括起来主要表现在以下两个方面:

1. 考虑市场需求

里斯和特劳特的"定位理论"基本上是将市场作为一个整体来进行研究的,他们虽然感知到市场需求的差异,但是并未对此开展进一步研究,其旨在对消费者心智进行有利占位的定位广告信息可理解为一种符合几乎全部的、最普遍市场期望的灵药。但是科特勒批判性地指出,消费者大脑中的定位必须与其内心需求相符合才能实现真正有价值的占位。故此科特勒提出了著名的 "STP(Segmenting—Targeting—Positioning)定位法",即市场细分—目标市场选择—定位三部曲。"市场细分"和"目标市场选择"被看作"定位"的微观经济基础,三者是同一过程的不同阶段;通过这一过程,营销者了解各个细分市场的需求并确定一个有竞争性

———————————

① [美国]菲利普·科特勒:《营销管理》,梅汝和、梅清豪、周安柱译,中国人民大学出版社 2001 年版,第 10 页。

的定位战略来满足其中的适当需求。"STP 定位法"强调要先明确市场上
都有哪些需求，这些不同的需求分别来自什么顾客群体，称之为不同的细
分市场；从中选择规模足够大、组织能够有利可图和便于进入的目标细分
市场。在确定目标细分市场之后，要进一步深入研究自身目标市场的需求
情况，以便能以不同于竞争对手的方式来更好地满足这一需求类型。因为
"定位"的实质就是要利用"分化"原理在原有产品类别下开创一个新的
品类，以先入优势在顾客关于新品类的心智阶梯上形成有利占位。但是，
开创新品类的灵感和依据从何而来？以及如何保证品类创新的成功机会？
对这些问题的回答归根结底要落到对目标市场真正需求的审视上。顺应市
场需求的"定位"可以促成一个组织的极大发展，而忽视市场需求的
"定位"也可成为无根之木、无源之水，使组织遭受失败。

　　因此，从符合市场需求的角度来看，"定位"需要根据目标市场需
求特点和自身优劣势在目标市场的需求类别（对应于大产品类别）中
再识别自身品牌/产品可实现积极差异化的具体需求类型（对应于具体
品类），继而确定相应的定位理念来重点迎合这一需求类型。邱红彬
（2002）指出，"品牌定位"制造的个性化品牌是用来锁定目标市场上
某一特定顾客群的，这个特定的顾客群实际上是在目标市场上进行二次
市场细分与再次选择目标市场的产物。借鉴邱红彬（2002）的成果，
科特勒"STP 定位法"中"定位"与"市场细分"、"目标市场选择"
之间的关系可以由图 3—1 来表示。总之，"STP 定位法"的引入对"定
位理论"与目标市场需求之间进行了挂钩，进一步提高了"定位理论"
的目标性和实践性。

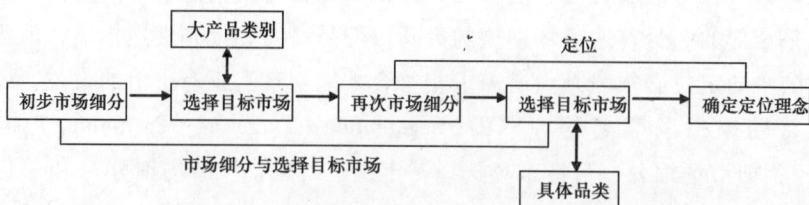

图3—1　定位与市场细分、选择目标市场之间的关系

　　资料来源：更改自邱红彬《关于品牌定位几个理论问题的探讨》《北京工商大学学报（社会
科学版）》2002 年第 4 期，第 36—38 页。

2. 强调对"定位"的贯彻和交付

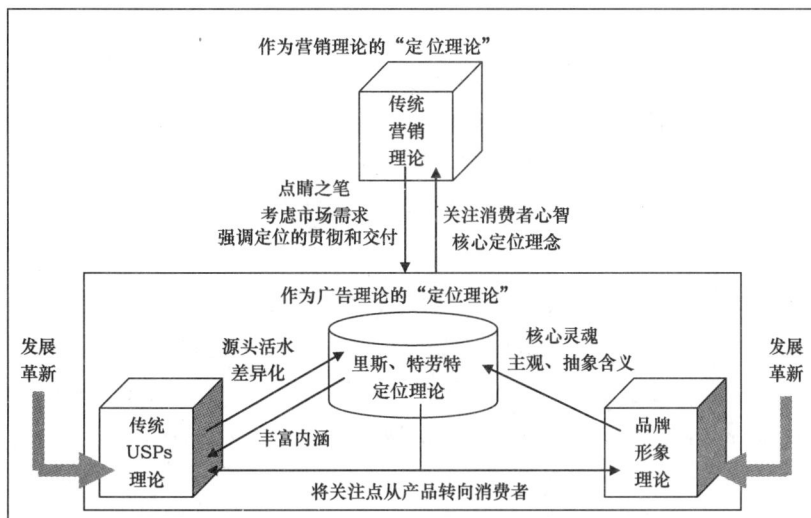

作为营销理论的"定位理论"

传统营销理论

点睛之笔
考虑市场需求
强调定位的贯彻和交付

关注消费者心智
核心定位理念

作为广告理论的"定位理论"

发展革新

源头活水
差异化

里斯、特劳特定位理论

核心灵魂
主观、抽象含义

发展革新

传统USPs理论

丰富内涵

品牌形象理论

将关注点从产品转向消费者

图 3—2 "定位理论"的发展形成脉络

资料来源：作者整理。

里斯和特劳特定位理论虽然提出了营销之战需要制胜于消费者的心智这一卓见，但他们始终是基于广告传播的角度来谈的这一问题，被认为并没有切实阐明如何从消费者角度出发解决营销问题（卢宏泰，2002）。换言之，里斯和特劳特的定位理论只解决到了传播—记忆的层面（余卫潮，林峰，2010），并没有综合解释这一在消费者心智中留下烙印的定位理念对消费者行为发挥作用的实质机制。科特勒引入"传统营销研究"关于交换和价值传递的视角，通过强调对定位理念的贯彻和交付将"定位"从广告传播技巧发展到一种战略营销行为。把握"定位"主张在营销传播中保持信息诉求简洁、一致、连续的精髓，科特勒提出了以"定位理念"为核心来贯穿、传导整个营销机制运作的"定位"和"营销"方法。在该方法下，消费者心智中的一个有利位置成为组织的终极行为目标和予以打造的核心优势，企业的所有资源、"传统营销"所有行之有效的策略、手段（如 4Ps）都要围绕这一定位理念的成功运作被统合利用。

定位好比钉子，传统营销运作好比锤子，二者就这样以定位为基点被密切地结合在了一起。① 除了贯穿传播过程之外，为了确保定位的真正有效，科特勒基于最终顾客满意和让渡价值的考虑还强调定位的真实性和可交付性，指出定位允诺须有切实的根基，应避免冠冕堂皇、无的放矢的过高定位和盲目定位误区（司马方，仇向洋，2004）。

从学理意义上讲，"定位理论"形成的核心贡献之一就在于它积极阐释了"广告传播理论"如何发展、演化成一种"营销理论"（王允，2008）。通过一些营销学者的积极努力，"定位"与"传统市场营销"两个理论深处的微妙联系被挖掘和连接，使里斯和特劳特"定位理论"在较大程度借鉴、采纳"传统营销理论"观点的基础上实现了整合式的新飞跃，成为与"传统营销理论"归并、交融的"新定位理论"。所以"传统营销理论"常被称为当前定位理论的点睛之笔。"新定位理论"秉承"定位理论"关注消费者心智的理论精髓，纳入"传统定位理论"的思想和研究范式又使其因具备更坚固实践基础和更深远战略意识而直指销售，最终将其自身的整个广告理论范畴（包括"传统 USPs 理论"、"品牌形象理论"的思想）都进行质的革新，上升、转变为真正的"营销理论"。

"定位理论"在继承、发展"传统 USPs 理论"和"品牌形象理论"基础上将它们囊入自身范畴，继而与"传统营销理论"相融合演化成一种具有战略高度的"营销理论"，并再次反馈、影响于自身广告理论体系的发展形成脉络，可详见图 3—2。

三 定位概念的内涵范畴

先前对"定位理论"基本思想主张和其发展形成过程的系统介绍、阐释，为理解该理论发展至今学术界对其核心概念——"定位"业已形成的比较成熟、被广泛接受的界定方式，奠定了有益基础。

到目前为止，营销研究中被引述最多的"定位"定义即为拉夫劳克（Lovelock）于 1991 年在其经典著作《服务营销》中提出的："定位是建立并维持一个企业或其产品在市场中的独特地位的过程。"②仔细考查该定

---

① 金琳：《定位的理论框架及与传统营销理论的比较分析》，《江苏商论》2009 年第 8 期，第 109—111 页。

② Lovelock C. , Service marketing. Englewood Cliffs, N. J. : Prentice-Hall, 1991, p. 110.

义，可以发现，拉夫劳克实质上已经是站在营销理论的角度来对"定位"进行的界定，他将"定位"诠释为一个过程，此过程的任务是建立并维持一个企业或其产品在市场中的独特地位。其中要进行"定位"的对象为一个企业或其产品，"定位"的目的是建立并维持在市场中的独特地位，不仅仅要建立某一独特地位，还要能够维持这一地位。从建立到维持的任务界定，反映出该定义基于战略视角的宽泛内涵，是从营销学意义上对里斯和特劳特最初作为广告传播理念的"定位"概念（对潜在顾客心智所下的工夫）的拓展和升华。

详细解析以上的这一战略定位过程，它并不是一个单一和单向的简单过程，而是实质上由若干个紧密相关的定位工作环节组成的循环往复的综合过程。这若干个定位工作环节合并起来才能涵盖"定位"概念内涵所包括的宽泛内容范畴，它们是：开发定位战略、物化展示定位战略、向目标市场沟通定位战略、落实定位战略所做的承诺和监控定位战略实施的有效性。

（一）定位战略开发工作环节

定位战略开发是整个战略定位过程的开端工作环节，也是最为基础和关键的一环。所谓开发定位战略就是要通过市场调研的开展来确定自身品牌/产品如何能够以不同于竞争对手的方式更好地满足目标市场的需求，进而围绕发现的自身差异化优势树立核心定位理念。这一工作环节的结果在实质上类似于寻找到里斯、特劳特最初强调的可在消费者心智中形成有利占位的定位信息诉求点。但是，该结果的功用却不仅限于作为信息诉求点（从广告传播的意义上讲），而是统摄"定位"全过程的一种战略，故被称作战略开发。其具备战略作用的理论基础便是前文介绍的科特勒对"定位理论"形成发展的一个重要方面：以"定位理念"为核心来贯穿、传导整个营销机制运作的战略营销方法。在这个意义上，尽管绝大多数营销研究成果并没有尝试做出区分和界定，我们通常所称的"定位"是营销的重中之重、一切营销活动的立足点实质上主要是基于这一定位战略开发工作环节的作用而言的。因为一旦根据市场调研结果形成了核心定位理念，接下来组织的所有营销活动都要围绕着反映和强化这一独特定位来协同一致地开展。定位战略确立了整合营销传播（IMC）的方向和根基，而具体营销策略和手段的应用都是战术层面的考虑。

著名营销学家斯坦利·帕洛格（Staney Plog）积其30余年从业经验，

对"定位"概念所做的界定可谓独辟蹊径。与广泛接受的拉夫劳克经典定义不同,他直接将关注点敏锐地放在定位战略开发工作环节的实质内涵上:"定位就是确定某一产品或服务的重要品质,从而能够以有意义的方式向消费者展现其有别于竞争产品或服务的特色(内含利益)。"① 简单地讲,就是要识别对于你所提供的各种利益,你的目标市场最应牢记的是其中的哪些品质(李天元,2007)。该定义视角反映出斯氏对定位战略开发工作环节在整个战略定位过程中基础和核心地位的深刻认识。

(二)后续其他定位工作环节

1. 物化展示定位战略

物化展示定位战略是整体战略定位过程中的第二个工作环节,其作用也非常鲜明和关键。它是用物化的手段将上一环节确立的核心定位理念加以表达和展示,使其思想要义便于被传播、理解和记忆(李天元,曲颖,2010)。这一工作环节是使"定位"之所以具有战略性的非常重要的一环,具有承上启下的连接作用,因为如果缺乏此环节的成功执行,再优秀的定位理念在导向具体营销实施的过程中也会变得不知所措。因为最初的定位理念是抽象的、尚未付诸实施的,正是本环节的工作通过一系列外在表现元素为其内涵构筑了物质承载实体,使其在由组织自我意念向消费者心智中位置转化的过程中迈进了一大步。物化展示定位战略的直接结果就是获得了一系列可资利用的定位表现要素,如产品的名称、口号、标识、设计、包装等,它们彼此强化地共同作用于对定位理念的展示。

2. 向目标市场沟通定位战略

在定位战略开发和其传播的物化准备阶段之后,进入了向目标市场切实传播和沟通组织定位战略的工作环节。这是在与消费者进行直接交易、落实定位承诺之前的影响和说服环节,以引致购买为核心目标。在该环节中,组织会综合运用广告、公共关系、印刷材料、行业展销、人员促销、销售推广,以旅行社为代表的分销渠道等大量营销媒介和沟通手段围绕核心定位理念进行持久、一致的宣传。所有营销要素的安排、实施都必须为有效传递和维护定位主题服务,决不能偏离其沟通要旨,体现了定位战略对营销全局工作的统合力量。

---

① 〔美国〕斯坦利·帕洛格:《旅游市场营销实论》,李天元、李曼 译,南开大学出版社2007年版,第71—136页。

3. 落实定位战略所做的承诺

组织推出和传播其定位战略就相当于向目标市场做出了关于提供利益方面的某种承诺，它将影响、塑造消费者对产品形成的预期价值感受和体验。当进入产品被实际购买和消费的环节时，定位战略所具有的实际指导意义表现在组织必须努力安排供给和提供服务来兑现自身所做的定位承诺。因为落实定位承诺关乎着组织的定位战略最终能否真正在消费者心智中占据一个稳固的独特地位；如果承诺没有得到兑现，使消费者感到受骗或不满，将会极大影响其原本在沟通阶段所形成的产品感知（即使再积极的感知也很大可能会变为消极）。由此，这一工作环节也启发应在定位战略开发环节就考虑定位的适当性和可交付性（deliverability）。

4. 监控定位战略实施有效性

定位战略的物化、沟通和交付并非意味着战略定位过程的完成，而是还要伴随着一个意义比较特殊的工作环节：监测定位战略实施的有效性。所谓监测有效性即指监控、检测组织方面为实施定位战略所做的一系列工作是否带来了相应的预期市场效果。由于定位战略的实施包含一系列连续营销活动在内，对其市场效果的监测也是一个有着较宽泛任务范畴的连续过程。在审视最终定位效果的意义上，这项工作就是要考察消费者心目中的品牌/产品位置是否与组织在定位战略开发环节所设计的理想位置相一致。在对其他方面实施效果的检测上，通过采用相应指标对一些具体问题（如品牌知名度、顾客满意度等）的诊断和分析，可以帮助了解丰富的市场信息、反馈出物化展示、沟通和交付定位战略工作环节的失误或不足。组织可进而及时做出针对性的反思和调整，把控"定位"过程沿着既定的方向前行。而如果是到最终定位效果上出现了严重问题，则往往需要缜密审视整个定位实施过程来寻找症结所在，甚至是回到定位战略开发环节来重新为组织选择适当的定位思路，这将意味着一个"重新定位（re-positioning）"过程的开始。因此，正是由于这一工作环节的存在，使得"定位"成为一个包含若干个反馈步骤在内的循环往复的综合过程。

囊括在"定位"概念内涵范畴之内的五个定位工作环节及其相互关系如图3—3所示。图中突出了定位战略开发工作环节在整个战略定位过程中的关键根基地位，实线箭头用来表示它对这一过程中所有其他工作环节的统合和指导作用，而虚线箭头代表监测定位实施有效性环节在整个过程中所发挥的信息反馈和问题诊断作用。

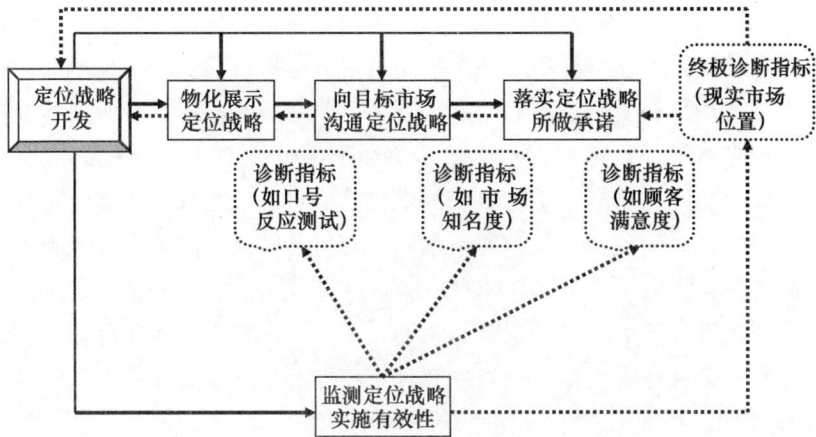

图 3—3   定位概念内涵所包括的内容范畴及其相互关系

资料来源：作者整理。

在当前的营销研究中，由于其普遍意义和所囊括的宽泛内涵范畴，"定位"成为一个在实际研究和运用中比较松散、自由的概念。学者们在提及这一概念时往往不做界定，或者直接引用拉夫劳克的经典定义（从战略视角所做的界定），并未尝试对这一宽泛定义所包含的不同具体内容范畴进行剥离和区分，也没有对自身实际针对的研究范畴做出特别的明确界定。基本情况是：从实质含义的角度来看，大多数营销文献中出现的"定位"概念涉及的都只是定位战略开发这一基础环节的范畴。但确实也有为数不少的文献其"定位"概念是定位战略开发环节范畴的某种延展或者指的就是其他定位工作环节的内容（从上一章文献综述部分即可明晰，如定位沟通、定位监测）。这些实质上探讨定位不同内容范畴的文献只笼统地冠以"定位"之名，使得对"定位"概念内涵的理解日益模糊和缺乏逻辑性，定位研究文献表现出分化、复杂的特性。正是鉴于以上认识，作者在此比较系统地阐释了"定位"概念所包括的完整内容范畴，将其划分为五个不同的定位工作环节，分析它们各自在战略定位过程中所发挥的作用和相互影响关系。一来旨在从细化定位研究的角度阐明不同定位工作环节如何密切关联、环环相扣地共同作用于定位目标实现的战略定位机理，突出对定位战略开发这一重中之重环节展开独立、深入研究的必要性和价值。因为这一环节之任务是将统摄整个定位过程的灵魂，也只有这一环节是"定位理论"与其他营销理论之间体现自身理论实质和特色之处。[①] 二来作者要借此展示本研究将重点针对研究范畴确立为旅游目的地定位战略开发的思想基础，为本章下一节和以后章节主要围绕目的地定位战略开发工作的实质内涵展开探讨做铺垫。

第二节　旅游目的地定位基本概念和原理

一　旅游目的地定位的概念内涵

（一）旅游目的地的定义

在探讨"旅游目的地定位"的概念内涵之前，首先要对"旅游目的地"概念有一个基本的界定。国内外已有研究从不同的角度对"旅游目的地"进行了界定，如分别强调其空间地域性、[②] 旅游者感知和需求满足性、[③④] 行政依托性等。[⑤] 从考虑要素全面和符合实际研究目的的角度出发，本研究采纳"世界旅游组织（WTO-World Tourism Organization）"关于地方性旅游目的地（local tourism destination）的定义："地方性旅游目的地是一个地理空间，游客在此至少停留一夜。它提供各种旅游产品（如交通、住宿等支持服务和吸引物）和旅游资源，有明确的地理和行政界限以供管理，有自己的形象以赢得市场竞争力。地方性旅游目的地有各种各样的利益相关者，多个地方旅游目的地可以共同组成更大的旅游目的地。"[⑥]

---

① 因为"定位"概念的内涵范畴与其他一些营销概念所涉及范畴之间存在很大交叉、重合的地方，这点在下一节中还将进行详细阐述。

② 如英国学者霍洛韦（Holloway）定义："一个旅游目的地可以是一个具体的风景胜地，或者是一个城镇，一个国家内的某个地区，整个国家，甚至是地球上一片更大的地方。"

③ 如英国学者布哈利斯（Buhalis）定义："一个特定的地理区域，被旅游者公认为是一个独立完整的个体，有统一的旅游业管理和规划的政策司法框架，也就是说由统一的目的地管理机构进行管理的区域。"

④ 如我国学者张辉定义："旅游目的地是拥有特定性质旅游资源，具备了一定旅游吸引力，能够吸引一定规模数量的旅游者进行旅游活动的特定区域，可以说旅游目的地是一种集旅游资源、旅游活动项目、旅游地面设施、旅游交通和市场需求为一体的空间复合体。"

⑤ 如我国学者崔凤军定义："旅游目的地是具有统一和整体形象的旅游吸引物体系的开放系统就其管理来讲，旅游目的地应具有一定的行政依托；就其空间范围来讲，旅游目的地具有层次性，旅游目的地的行政依托成为决定其层次（范围）的尺度。"

⑥ Pike S., Destination Marketing Organizations. Elsevier Ltd., 2004, p. 12.

（二）对旅游目的地定位概念的认识

第二章文献综述部分曾涉及对"旅游目的地定位"概念内涵的分析，其中作者主要归纳、汇总了国内目的地定位相关研究对这一概念的界定方式，盖因国外文献中没有特别对这一问题进行深入阐释，而国内文献对此形成了一个比较突出的理论关注点。国外学者的基本观点在本部分一并提炼集中分析。

尽管在国内研究中关于"旅游目的地定位"概念学者们依据不同的理论框架和范畴认识曾做出过很多不同的界定，本研究从自身遵循的理论根基和研究范式出发，采纳一种基于宽泛战略视角来理解的、很大程度上是对经典拉夫劳克定义在旅游目的地情境下直接借鉴、转引的定义方式。将上文界定的囊括空间地域、行政区划、旅游产品提供、市场竞争、利益相关者关系等特征于一体的旅游目的地看作定位对象，"旅游目的地定位"被理解为在其目标市场的旅游者心目中为一个旅游目的地建立和维持一个独特地位的过程。这也是少数明确提及"目的地定位"概念的国外目的地定位研究文献中所使用的界定方式，代表了国外研究对此问题比较接受、认可的基本观点。如第二章所述，虽然采用的具体表述方式不尽相同，国内学者如刘晓辉（2001）、刘庆（2009）所做定义中，亦有不少与此定义的实质内涵是相当一致、吻合的。而该定义以简洁的表述，将"旅游目的地定位"的目标、任务和实施的动态过程性全部描述了出来。

旅游目的地供给物在本质上是为了满足旅游者行、游、住、食、购、娱等多方面需要而产生的一种集合性旅游产品。因此，其战略定位工作开展所需涉及的工作内容范畴与一般产品是相同的，即也包含了对目的地产品开发定位战略、物化展示定位战略、向目标市场沟通定位战略、落实定位战略所做的承诺和监控定位战略实施有效性五个紧密相连的定位工作环节。与上一节介绍的原理相一致，定位战略开发工作环节同样是整个过程的核心和根基所在，是重中之重，由这一环节来决定目的地意欲在其目标市场旅游者心目中所占据的独特优势地位；其他后续定位工作环节都是对这一形成的核心定位理念的具体贯彻、实施和相关监测活动。借鉴上一节中介绍的斯坦利·帕洛格针对定位战略开发环节对"定位"概念所做的界定，作者在此将旅游目的地定位战略开发的任务实质定义为：确定旅游目的地产品或服务的重要品质，从而能够以有意义的方式向旅游消费者展现其有别于竞争产品或服务的特色（内含利益）。换言之，旅游目的地定位战略开发工作的根本任务就在于确定对于目的地所能提供的各种品质（利益），营销者最希望让旅游消费者了解并记住其中的哪一品质或那些利益（李天元，2007）。之所以要记住这些特别选择的品质（利益），是因为它们可帮助在目标市场旅游者心目中建立与竞争对手相区分的独特位置，实现"定位"的根本目的。

与一般营销领域的情形相似，旅游目的地定位研究领域也因对"定位"概念在理解和界定上的相对松散而表现出分化、复杂的特征。如第二章所述，国内目的地定位研究尤其如此，多重指导框架和概念阐释并存，影响到在研究成果之间进行有效参考、比照。国外目的地定位研究发展相对成熟，业已形成围绕多个目的地之间相对定位比较（定位战略开发工作的实质要求）这一研究主线的全面研究体系，对于其他定位工作环节涉及内容则主要在一些相关研究领域（如品牌化、整合营销传播、营销绩效评估等）进行了更为深入的探讨。但国外绝大多数文献也都没有阐明其定位研究的实质范畴。本研究提倡、借鉴国外的这种分而细化的研究方式，并在此基础上略作推进，鲜明地将自身定位研究的实质范畴标注为目的地定位战略开发这一具有特殊重要性的定位工作环节。

二　旅游目的地定位的特殊挑战

简略概括"定位理论"形成背景和其基本思想主张可以得出下面这一核心命题：为冲破现代社会的信息拥挤，我们必须采用简洁而集中的信息才能到达消费者的心灵，因此"试图向所有人传递所有产品品质的无差异化策略（Trying to be all things to all people）"是错误的。然而，在具体应用和执行这一定位基本思想时，旅游目的地产品不同于一般产品（服务）的特点为其"定位（定位战略开发）工作"在以下两方面带来了需格外重视和妥善应对的挑战。

（一）识别定位所要针对的目标市场

如本章第一节所述，发展成为营销理论的定位理论强调在定位工作开展之前的市场细分和目标市场选择这两个前奏工作。与一般产品（服务）的情况相一致，"旅游目的地定位"也必须首先识别其所要针对开展消费者态度调查的目标市场基础，即确定自身目的地定位所应基于的大产品类别或大需求类型。不同之处是旅游目的地面临的这一任务要复杂很多。一般产品（服务）只是设计来满足消费者的某一类消费需求，企业内部对其目标市场有明确一致的认识；而旅游目的地往往拥有可满足多样化游客需要的资源、品质，源于各自吸引的主要游客类别的差异，目的地各内部利益相关者所感兴趣的细分市场可能是相当异质、分化的。这些异质细分市场对目的地促销信息会有不同的反应，为一个市场所偏好、能发挥最佳宣传效果的定位战略未必也能在其他市场上发挥同样作用。如果要迎合所有利益相关者的兴趣，则需要开展广泛的市场调研来针对每个细分市场分别开发定位战略。但是，两方面原因决定了这种做法是不可行的。首先，目的地的营销资源非常有限，不足以支持如此大规模的市场调研；其次，面面俱到的做法事实上只会产生模糊、分散的目的地感知，导致目的地整体竞争力下降，对吸引更多客源的目标无益反而有害。当前旅游竞争首先日益表现为以目的地之间对客源的竞争为前提，其次才是各旅游企业之间对到访目的地游客的竞争。因此，旅游目的地必须以整体利益最大化为目标，对各内部利益相关者的意见进行统筹协调，致力于从中选择出一个或少数几个最重要的细分市场作为自身定位战略设计所面向的目标市场。

（二）选择作为定位焦点的目的地品质

在确定了"定位"针对的目标市场并开展了相应的市场调研之后，根据其结果，旅游目的地需要从中选出使用哪一品质或哪些品质作为其定位战略设计的焦点。对于一般产品（服务）来说，因为包含的品质（qualities）不多，为其确定适宜的定位焦点相对比较容易。但是众所周知，旅游目的地是一个由行、游、住、食、购、娱等诸多单项旅游产品组成的"集合体"。在有些情况下，定位市场调研的结果显示目的地宽泛的产品范畴中有很多品质都具备在满足消费者需求上实现差异化，都可作为定位战略设计的备选项。但是，为了提高定位战略实施的有效性，使目的地信息能够为潜在游客所关注、识记，目的地只能以一个或少数几个品质为焦点来设计其定位战略（Lovelock，1991）。Crompton 等（1992）指出，只有在强调的差异性品质范围很小的情况下，"目的地定位"才最有可能获得成功。这意味着目的地管理者需要进行分析和权衡，需要有所为，有所不为。资源禀赋得天独厚的旅游目的地往往希望在营销中将自身的所有优势资产都展示给潜在游客，因而在对各品质的取舍上会显得格外为难一些。我们经常看到的一些包含其产品诸多方面的目的地定位主题口号，如"蒋氏故里，弥勒道场，人文荟萃，人居福地"（奉化）、"雅丹、戈壁、绿洲、油田尽在克拉玛依"（克拉玛依）应该就是这一难点的实际明证。

在对这一挑战的应对上，目的地政府行使其建立在科学基础上的主导作用不仅必要，而且无可取代（李天元，2007）。从理论上讲，最终选择的目的地定位品质应该是为数极少的几个关键的、表现最佳的强有力差异化品质，即：使自身与竞争目的地之间实现了最大差异化的那些优势品质。

三　旅游目的地定位的关键操作原则

（一）从目标市场旅游者的心灵出发

如本章第一节所述，"定位"采取的是由外到内（outside-in）的逆转思维方式，不是以产品为出发点，而是以消费者的心智状态为出发点，在消费者心灵中解决差异化的问题。里斯和特劳特曾有如下经典陈述：

> 定位不是从你自己开始，而是从潜在消费者的心灵开始。不要问你是谁，而要问你在潜在消费者心目中已然拥有一个什么位置。在我们过度沟通的社会改变心灵是一个相当困难的任务。对已经存在的东西进行工作将容易得多。[①]

因此，"旅游目的地定位"也应遵循如上基本原则，不能从目的地管理者认为当地可以提供什么出发或者基于从供给角度对自身资源所作的分析和评价结果。起点应该是识别在目标市场旅游者心目中对当地既有位置的感知。如果目的地当前市场位置中就有值得强化的关键特色，这一情形将非常理想。据此设计的定位战略实施起来会格外有效，因为它避免了更改消费者心灵这一难题，可以延续利用原有的积极感知。

（二）基于差异化的"决定性"品质

旅游研究中，根据消费者的不同感知情况，传统上赋予目的地品质以三性之分：重要性（importance）、突出性（salience）和决定性（determinant）。重要性指在目标市场的特定"出游背景（travel context）"下，游客对目的地各品质的相关程度（relevance）的感知。目的地品质的重要性或相关程度随出游背景的不同而不同（Pike & Ryan，2004）。比如，分别以都市观光和度假休闲为出行动机的游客在寻求利益上差别很大，对于历史古迹这一属性，前者一般给予很高的重视程度，后者却关注较少。对于

---

① Trout J., Ries A., Positioning: The battle for your mind. New York: McGraw Hill, 1981, p. 193.

一类特定的出游背景，那些感知重要性越高（即特定出游背景下相关性排序越靠前）的目的地品质——文献中通常所称的"重要品质（important qualities）"，越能够代表相应出游背景下游客主要期望满足的需要和寻求的利益。突出性指就一个目的地自身而言，游客对其各品质表现情况的认知排序水平。相应地，"突出品质（salient qualities）"意味着游客认为目的地在这些品质上的表现较佳、排序靠前，可被看作一个目的地从自身角度来看的绝对优势。决定性指游客感知中目的地各品质在使自身与其竞争目的地之间形成积极差异化上的决定能力。因此，"决定性品质（deterministic qualities）"是一个相比较而言的概念，是基于一个目的地自身而言的"突出品质"中那些可与竞争对手形成积极差异化的相对优势品质。因差异化是其核心考虑点，在一些文献中"决定性品质"也被称作"差异化品质（differentiating qualities）"。

　　三类目的地品质中应被纳入到定位战略之中的是"决定性品质"，因为"定位"的根本目的就是要在消费者关于某类产品的心智阶梯上为自身产品树立一个与众不同的独特位置。有时三类目的地品质彼此之间都有交叉，即：在那些感知到的"重要品质"中，有目的地自身的"突出品质"；而"突出品质"中有一些又是可使该目的地与其竞争对手之间实现积极差异化的"决定性品质"。这种情形说明该目的地在其面向的出游背景下游客寻求的基本利益方面就具备进行差异化的机会，往往属市场上同类目的地之中品级较高、名气较大的强势品牌。对这样的目的地进行定位会比较容易，因为它们的品牌知名度和形象已经深入人心，所需做的工作基本上是围绕进一步强化或拓展其品牌定位内涵来开展。

　　但在实际定位工作中，我们通常可能会遇到的情形是：市场调研结果显示，在重要性较高的那些品质上，目的地的感知表现情况却相对逊色；或者尽管目的地在"重要品质"上的表现情况不差，但是与面向同一出游背景的竞争目的地相比并不足以构成强有力的积极差异，真正可借以实现"定位"的机会存在于一些重要性相对次之的品质之上（在满足相应大产品类别的基本需求和利益方面表现不够突出）。对于面对以上情形的目的地而言，其"定位/重定位"工作的开展往往旨在扭转当地旅游业发展颓势，或发掘自身产品在同类资源中的独特卖点以迅速在市场上树立形象和应对来自更强大对手的竞争。在这个意义上，他们需要努力根据自身现有资源探索在其对应大产品类别下实现品类创新可能的成功机会，其所面临的甄别和择定用于实现定位目标的恰当品质这一任务会更艰巨一些。三类目的地品质之间以及它们同"目的地定位"之间的关系可如图3—4所示。

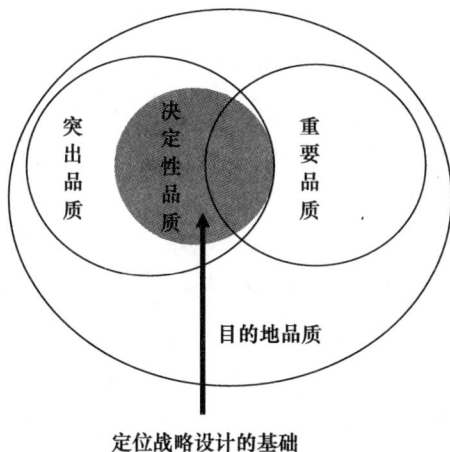

突出品质　决定性品质　重要品质

目的地品质

定位战略设计的基础

图3—4　三类目的地品质之间及它们同目的地定位之间的关系

资料来源：作者整理。

四　旅游目的地定位、形象和品牌化：概念辨析和关系厘清

在当前旅游目的地营销研究中，有两个与"目的地定位"非常接近、经常被并提，甚至混淆使用的概念："目的地形象（destination image）"和"目的地品牌化（destination branding）"。为了更清晰地展示本研究的对象——"目的地定位"的内涵实质和更好地为后面章节做概念铺垫（因后面章节将涉及"目的地形象"和"目的地品牌化"这两个研究体系中的内容），有必要对"目的地形象"和"目的地品牌化"的概念予以明晰，并阐释、厘清它们与"目的地定位"三个概念两两之间联系和区别的关系逻辑。

（一）旅游目的地形象概念

国际上关于目的地形象的研究最早可追溯到20世纪70年代，[①] 至今

---

① John Hunt 在世界旅行与旅游研究学会（TTRA）2000年年会上用"三个农民闯入一片新的田野"来比喻自己与 Edward Mayo、Clare Gunn 三人于20世纪70年代开创"旅游目的地形象"研究的先河。转引自 Pike S., estination image analysis—a review of 142 papers from 1973 to 2000. Tourism Management, 2002, 23（5）: pp. 541—549。

已发展成为旅游研究中成果最为丰硕的热点领域之一。在我国，关于目的地形象问题的探讨至少也已有 10 年的历史（李天元，2007）。关于这一概念的定义学者们一直以来都未达成一致认识，其界定方式之多几乎因人而异（Gallarza, Saura & Garcia, 2002），在具体用法上也多有不同（Jenkins, 1999）。目的地形象研究因此被评判为"非理论性（atheoretical）"和"缺乏概念框架（lacking in conceptual framework）"①。

　　但是，尽管存在诸多不一致和混淆，该研究体系日益表现出的一个倾向于规范化的主流趋势为：从需求角度来界定目的地形象，即如今绝大多数学者都已认可和接受目的地形象是一个用于表征旅游者对目的地主观感知和态度的概念，不包含任何从供给角度所做的理解和界定。② 这点可以从国际旅游研究中一些被最广泛引述的目的地形象定义中反映出来。如克朗姆顿（Crompton）（1979）定义："目的地形象是一个人对目的地信念、想法和印象的总和"③；拜勒格鲁和麦克利瑞（Baloglu & McCleary）（1999）定义："目的地形象是一种表示旅游者个人态度的概念，它指个体对旅游目的地的认识、情感和印象。"④

（二）旅游目的地品牌化概念

　　虽然一般营销领域中的品牌化研究兴起于 20 世纪 40 年代，将"品牌化理论"应用于旅游目的地则是非常晚近的事（20 世纪 90 年代末）（Gnoth, 1998）。目的地品牌化的出现被认为主要是由其面临的现实市场和营销环境所驱动的：全球旅游业竞争的加剧、目的地之间可替代性增强、旅游消费者的日益成熟和挑剔、相似的目的地促销技术、紧张的目的地营销经费等（Pike, 2004）。相应地，该领域研究也表现出很明显的由实践所驱动，并在一定程度上滞后于实践发展的特点。帕克和帕特里克（Park & Petrick）（2006）指出，尽管"品牌化"运动在目的地之间日益

---

① Fakeye P. C. , Crompton J. L. , Image differences between prospective, first-time, and repeat visitors to the Lower Rio Grande Valley. Journal of Travel Research, 1991, 30 (2): pp. 10—16.

② 如对"投射形象（projected image）"和"接收形象（received image）"的区分传统，见 Kolter P. , Barich H. , A framework for marketing image management. Slogan Management Review, 1991, 32 (4): pp. 94—104。

③ Crompton J. L. , An assessment of the image of Mexico as a vacation destination and the influence of geographical location upon that image. Journal of Travel Research, 1979, 17 (1): pp. 18—23.

④ Baloglu S. , McCleary K. W. , A model of destination image formation. Annals of Tourism Research, 1999, 26 (4): pp. 868—897.

盛行，却一直缺乏关于"品牌化"要求什么以及它如何与现行营销技术相区分的界定。派克（Pike）（2009）对 10 年（1998—2007）来目的地品牌化文献的回顾亦发现，有近一半文献的关注点都是具体目的地品牌化实践的案例分析，而完全以目的地品牌化概念界定为研究焦点的文章只有 4 篇。

　　到目前为止，在学界和业界都尚未对目的地品牌化包括什么的问题达成一致观点，但是关于这一概念的认识的确经历了一个由浅入深的过程。在研究早期，对这一概念的认识非常模糊和局限：学者们对"目的地品牌化"未作界定而直接应用；将其等同于"目的地形象"、"目的地（重）定位"或"目的地形象打造"；将其理解为简单的标识（logo）或口号（slogan）化运动，等等。近年来，在详尽回顾、分析经典品牌研究文献和目的地营销研究文献的基础上，一些学者提出了相对完善和切合实际的目的地品牌化定义。其中，蔡（Cai）（2002）和布雷恩（Blain）等（2005）的定义被认为尤其具备以上特点，得到了较多的引用和借鉴。Cai认为"目的地品牌化"可被定义为："选择一组一致的要素，通过积极的形象打造来使其被识别和区分。"[1] Pike（2009）认为布雷恩（Blain）等（2005）借鉴伯松（Berthon）等（1999）关于品牌对买、卖双方功能模型提出的目的地品牌化定义是到目前为止最具为全面的定义："目的地品牌化是一系列市场营销活动，（1）支持创造旨在识别并使目的地差异化的名称、符号、标识、文字或图形标志等；（2）一致地传达对与目的地独特相连的、值得记忆的旅游体验的期望；（3）巩固和强化旅游者与目的地之间的情感联系；（4）降低消费者的搜寻成本和感知风险，这些活动共同用于创造一个能够积极影响消费者目的地选择的目的地形象。"[2]

　　（三）旅游目的地定位、形象和品牌化三者之间的关系

　　1. 目的地定位和目的地形象之间的关系

　　（1）联系

　　在研究起源上，目的地定位研究最初是由目的地形象研究所驱动的。"形象"顺其自然地成为了解目的地相对感知定位的起点（Prayag，

---

　　① Cai L. P. , Cooperative branding for rural destinations. Annals of Tourism Research, 2002, 29（3）: pp. 720—742.

　　② Blain C. , Levy S. E. , Ritchie R. B. , Destination branding: insights and practices from destination management organizations. Journal of Travel Research, 2005, 43（4）: pp. 328—338.

2007），被用作最主要的定位分析指标（见第二章综述）。在这个意义上，"形象"是目的地定位中的关键概念（Pike & Ryan，2004），目的地定位研究主要是在目的地形象研究的范畴内来开展的（Gallarza，Saura & Garcia，2002）。"形象"被认为代表旅游者对与目的地相连的大量联想和信息片段简化、提炼的产物（Reynolds，1965），直接对消费者目的地选择过程发挥重要作用，同时因旅游产品的无形性成为目的地之间主要可资利用的竞争工具。由此，目的地定位过程通常伴随着一个面向目标市场旅游者的积极形象打造（positive image building）（Cai，2002），目的地定位战略的直接目标即为强化目标受众已经持有的积极形象、纠正负面形象或创建一个新形象（Pike & Ryan，2004）。

（2）区别

在研究和实际运用中，人们对目的地"定位"和"形象"理解的混淆主要是容易将这一过程等同于常见的"目的地形象调查（destination image investigation）"工作。作者认为，"目的地定位"在以下三个方面区别于其"形象调查"工作：第一，"形象调查"的任务是对某单一目的地的"形象"进行测量，而"定位"则需将游客对一个目的地的感知纳入竞争参考框架之内，在若干个竞争目的地之间做比较。"定位"最终的落脚点为在消费者心目中占据一个独特位置。所谓"位置（position）"，指的是一个产品在特定品质上相对于竞争者的感知，它不同于对自身"形象"的简单测量结果。派克（Pike）（2006）曾指出，"形象"只是反映市场吸引力的指标，"位置"才是反映市场竞争力的指标。第二，"形象调查"可以反映出游客对一个目的地更全面的品质的感知，而"定位"只涉及对各竞争目的地在共有品质上的感知作比较。定位调研的目标是识别出自身产品中那些能与竞争对手实现积极差异化的"决定性品质"，并不是要系统地分析、测量每个竞争目的地的"形象"，因此通常不会将某个目的地独具的专有品质纳入调研设计之中。但是，在针对一个目的地独立开展的形象调查中，运用"非结构化（non-structural）"技术来提取目的地的独有品质却是非常重要和需要加以提倡的（Echtner & Ritchie，2003）。第三，"形象调查"只是以"目的地形象"为单一分析对象，而"定位"则可采取关于游客目的地感知的非常宽泛的分析指标。如第二章所述，"形象"是"目的地定位"当前普遍使用的一个重要指标，但不是唯一指标。"定位"本质上反映的只是一种战略意识和运作机制，并不特定以哪一个感知"构念"作为分析指标。

2. 目的地定位和目的地品牌化之间的关系

（1）联系

在旅游研究中，"目的地定位"和"目的地品牌化"可以说是两种存在较大共性、兴起于不同时代的目的地营销理念，分别依靠"定位理论"和"品牌理论"。第一，其共性体现了二者理论深处的微妙联系。其一，二者共同强调对目的地实现差异化。"定位"的终极目标是要建立和维持在消费者心目中的独特地位；而品牌的一个核心功能便被界定为使自身产品与其他卖者的产品相区分（Aaker，1991）。其二，从完整的内涵范畴来看，二者都可被理解为一种囊括、整合一系列连续市场营销活动在内的

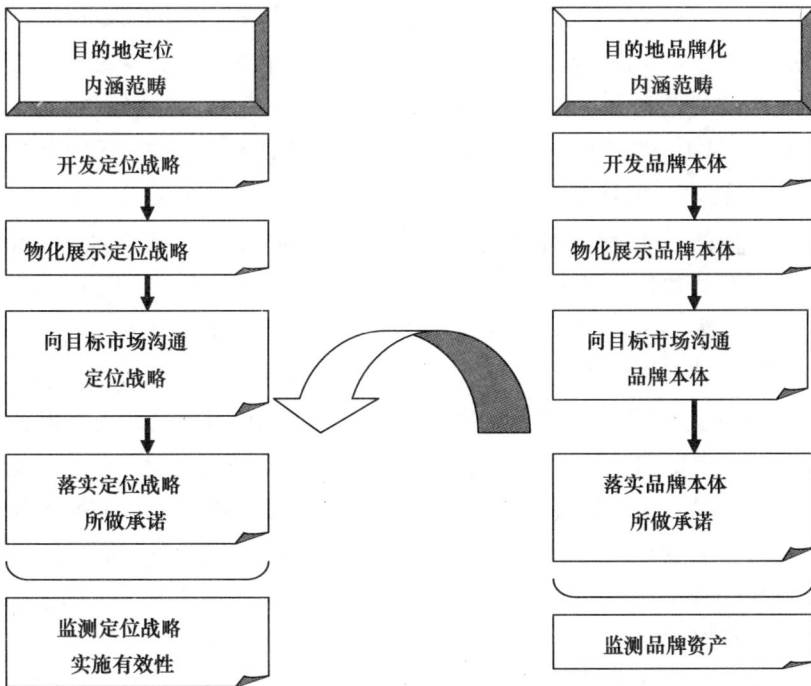

图 3—5　"目的地定位"和"目的地品牌化"的内涵范畴对应示意图

资料来源：作者整理。

动态战略营销过程。如前所述，完整的目的地定位内涵范畴共包括开发定位战略、物化展示定位战略、向目标市场沟通定位战略、落实定位战略所

做的承诺和监控定位战略实施有效性五个工作环节。而关于"目的地品牌化"的理解，目前相对完善、切合的定义（Cai定义、Blain等人定义）显示它实质上是将品牌化模式应用于目的地情境而产生的一个有着明确界定的目标、运作方法、实施规范和预期市场效果的目的地品牌打造过程。这一过程亦可被分解为开发品牌本体、物化展示品牌本体、向目标市场沟通品牌本体、落实品牌本体所做承诺和监测品牌资产五个品牌化工作环节（见图3—5："目的地定位"和"目的地品牌化"的内涵范畴对应示意图）。布雷恩（Blain）等（2005）的定义通过融合了品牌、品牌资产、旅游体验、目的地形象、品牌对买卖双方功能等内涵更为鲜明地揭示了目的地品牌化实践的战略性和综合性。

第二，从核心和关键功能环节来看，"目的地定位"中的定位战略开发环节与"目的地品牌化"中的品牌本体开发环节（brand identity development）有着较大的重合对应性和极其紧密的内在联系。品牌理论中有一个至关重要的概念：品牌本体（brand identity）。Aaker（1996）将其界定为："品牌战略者期望予以打造和维持的一组独特品牌联想。"[①]"品牌本体"为"品牌"提供方向、目的和含义，是品牌战略愿景（brand strategic vision）的核心和品牌联想（brand associations）的驱动器（Keller，1998）。"品牌本体"反映所有品牌要素（brand elements）对意识（awareness）和形象（image）的贡献；将目的地与竞争对手相区分的所有特征和活动都旨在铸就其所投射的品牌本体的强度和独特性（Qu，Kim & Im，2011）。因此，品牌本体开发在目的地品牌化实践中具有同定位战略开发在整个战略目的地定位过程中相对应的重要地位和价值，奠定品牌化运作的根基，引导、统合其系列营销活动的开展。因理论和运用上的密切关联，随着"目的地品牌化"作为一种创新性目的地营销方法的日益盛行，原本分属两种运作机制的目的地定位战略开发工作与目的地品牌本体开发工作逐渐实现了统一、融合。目的地定位战略开发被内化为更宽广框架下的目的地品牌本体开发工作的一部分，目的地品牌本体开发在一定程度上可以操作为目的地定位战略开发，即实施所谓的目的地品牌定位工作——把"目的地定位"按照给一种"品牌"定位的方法来运作。正是基于目的地定位战略开发和目的地品牌本体开发之间的这种内在对应联系，Plog

---

① Aaker D.，Building strong brands. New York：Free Press，1996，p. 68.

（2004）指出"定位"为"目的地品牌化"的成功开展奠定了战略基础，是"目的地品牌化"必要的前奏步骤。

（2）区别

"目的地定位"和"目的地品牌化"之间的区别主要体现在以下两个方面。第一，虽然同是具有完整意义的目的地营销理念，二者的概念内涵范畴也都包含了一系列相似的整合营销活动，但依靠各自的理论基础二者表现出不同的倾向点。"目的地定位"关注在消费者心目中建立和维持一个独特地位，如何寻找到这一独特地位（即能够在消费者心智阶梯上实现领先占位的产品品类信息）成为定位工作者至关重要的任务。因此，"目的地定位"主要将工作重心放在形成一个可资利用的核心定位理念这一前期基础性范畴上，即"目的地定位"和"目的地品牌化"相对应的五个工作环节中的第一个。相比之下，"目的地品牌化"的倾向点则为其二者相对应的五个工作环节中的第二个：物化展示品牌本体。品牌本体物化在"品牌化"过程中的重要性不言而喻。美国市场营销协会对"品牌"的定义即为："一种名称、专有名词、标识、符号或设计，或它们的组合运用，其目的是借以辨认某个销售者或某群销售者的产品或服务，并使之与竞争对手的产品或服务区别开来。"[①] 伯松（Berthon）等（1999）亦强调，"品牌"最终充当关系构建所围绕的标志（symbols）。这些物化手段（或称品牌要素）构成了品牌本体的外在载体，使其内涵被识别和快速、简洁地传达。强大品牌往往都具有表现突出的载体形式，能产生积极的视觉和心理效果。蔡（Cai）（2002）指出，"品牌化"区别于传统目的地营销技术的一个重要特征就是一组一致品牌要素在朝向强大品牌本体的形象打造过程中所发挥的统一作用。"目的地定位"和"目的地品牌化"各自内涵的倾向点在图3—5中以阴影背景进行了标示。

第二，对于目的地定位战略开发和目的地品牌本体开发这两个基础工作环节，虽然二者在各自体系中具有对应的功能价值、在实际工作中亦趋向融合，但二者在内、外部导向的视角上显示出细微差异。"定位"是对现有产品在消费者心智中的创造性实践，被称作真正以消费者为主体的理论（金琳，2009）。虽然目的地产品情况也是进行定位战略开发不可或缺的考虑要素，但这一过程产生的核心定位理念具有更强的外部市场导向，

---

① 何修猛：《现代广告学》，复旦大学出版社2007年版，第86页。

直接以消费者心智中的一个独特地位为塑造对象，进而与旅游市场对目的地的现实感知实现挂钩。总体上看，目的地品牌本体开发是一个具有双重导向功能的过程：对内要能整合各内部利益相关者的力量，促进他们形成团结一致、精诚合作打造目的地品牌的意愿；对外要能迎合目标市场的兴趣和需求，使"品牌"可在消费者心目中与竞争对手相区分。但是，就"品牌本体"概念本身而言，它具有一个很明显的内部焦点（internal focus），通过明确陈述组织的品牌愿景、价值、精髓或个性来指导和驱动组织内部成员（Pike，2004）。品牌决策政治和社区意见平衡是促使"目的地品牌化"复杂于"一般产品/服务品牌化"的两个主要缘由（Pike，2005），故而这意味着目的地品牌本体开发会在内部整合上倾注更多的力量。总之，从严格意义上看，目的地品牌本体比目的地核心定位理念具有更强的内部导向色彩；而目的地核心定位理念的视角更倾向于外部，比目的地品牌本体向着形成市场上的实际目的地感知更加迈进了一步。正是在这个意义上，普洛格（Plog）（2004）指出应从供、需两个方向来看待"品牌"：供给方的"品牌本体"和需求方的"品牌形象"，而"定位"恰恰是这两方概念的交汇点（interface）。图3—6中展示了以上阐述的这一细微差异，其中目的地定位战略开发被内置于目的地品牌本体开发的框架之中。

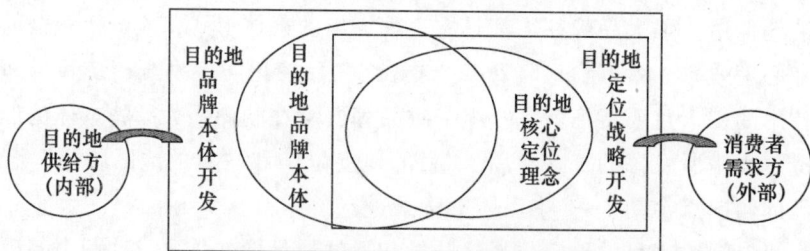

图3—6　目的地定位战略开发和目的地品牌本体开发在内、
外部导向视角上的细微差异

资料来源：作者整理。

3.目的地品牌化和目的地形象之间的关系

（1）联系

与目的地定位研究的轨迹相一致，作为一个兴起非常晚近的研究领

域，目的地品牌化也首先尝试依靠和借鉴业已形成较丰硕研究积累的目的
地形象研究。"形象"因其在广泛研究情境下被证实的对旅游者目的地决
策的关键影响作用成为目的地品牌化实践触及终端消费者不可或缺的一个
重要工具。在这个意义上，旅游者一方的目的地形象形成过程（image
formation）被认为是目的地品牌化的核心（Cai，2002）。相应地，积极形
象打造（positive image building）作为一个有机组成成分被纳入目的地品
牌化过程，是其整体工作范畴中完成开发品牌本体和物化展示品牌本体后
面环节工作的关键。蔡（Cai）（2002）提出了一个目的地品牌化模型
（见图3—7），将品牌形象打造放置在其描述的目的地品牌化递归过程中
所围绕的中轴之上，中轴的其他两个构成成分为品牌本体和品牌要素
组合。

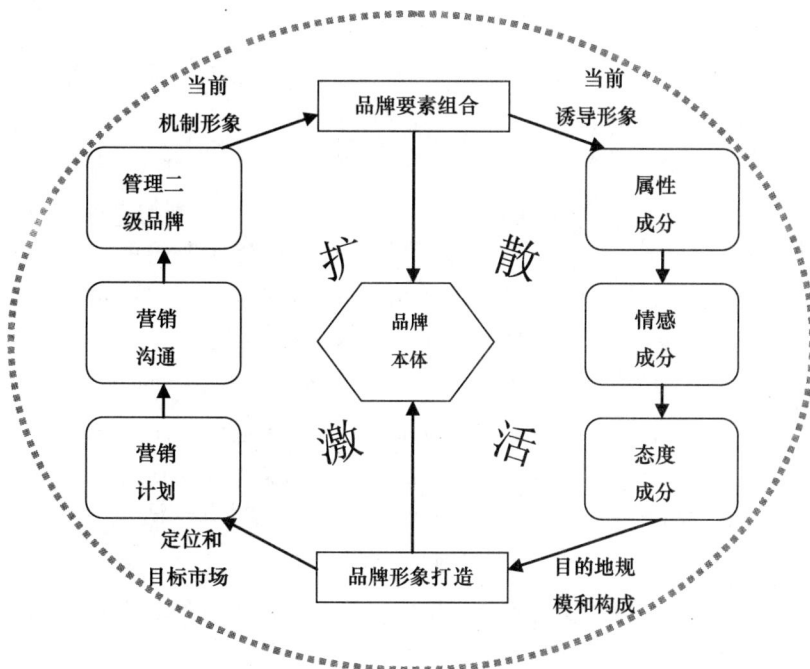

图3—7　目的地品牌化模型

资料来源：Cai L. P.，Cooperative branding for rural destinations. Annals of Tourism Research，
2002，29（3）：pp. 720—742。

　　蔡（Cai）应用安德森（Anderson）（1983）思想的调整性控制（Adaptive control of thought）理论中的扩散激活（spreading activation）概念来对"形象打造"和"品牌"之间的关系进行了解释。消费者的知识结构或记忆被看作由节点（nodes）及其之间的链环（links）组成，节点代表储存其中的信息，而链环代表信息之间联系的强度。信息节点在接收外部信息或处理内部信息时被激活，激活的扩散取决于与被激活节点相连的链环的数目和强度，这一机制倾向处理与激活源联系最为紧密的信息节点。以此来界定"品牌化"，"品牌"可以用记忆中的一个节点来代表，而反映为与品牌相连的所有联想的"品牌形象"就成为与品牌节点相连的其他信息节点。因此，目的地品牌形象打造就等同于识别与"目的地品牌"最相关的各种联想，并通过不断提供外界刺激物激活品牌节点的方式来强化这些联想与"品牌"之间的联系。

　　（2）区别

　　"目的地品牌化"和"目的地形象"之间的区别根植于这两个研究体系在研究思路和传统上的基本差异。作者在此总结了以下两点主要区别：第一，如前所述，从其定义实质出发，传统目的地形象研究主要关注市场上的现实感知形象，因而其常规研究焦点为旅游者一方如何形成目的地感知或目的地形象形成的影响媒介；而目的地品牌化研究体系在对待"形象"问题上则强调目的地供给方投射的"品牌本体"对"形象"的引导作用，使形象打造有了坚实的基点。蔡（Cai）（2002）在其目的地品牌化模型中重点澄清了"形象打造"和"品牌化"概念之间存在的混淆，指出尽管"形象打造"非常接近"品牌化"，但它与"品牌化"相比还缺乏一个关键的链环：品牌本体。蔡（Cai）将嘉德（Garter）（1993）的形象组成成分和凯勒（Keller）（1998）的品牌联想分类进行了平衡对接分析，认为"目的地品牌化"的独特之处就在于通过"品牌本体"决定的三类品牌联想（属性、利益、态度）来驱动目的地形象打造过程，旨在影响旅游者一方形成相一致的对应三类目的地形象成分（认知、情感、意动）。在图3—7中可以清晰地看到这一品牌联想模块的驱动作用。因此，"目的地品牌化"使得分析目的地理想预期感知和现实市场感知之间的缺口（gap）成为可能，进而可应用这一分析结果来协助旨在打造与"品牌本体"相一致"形象"的营销活动。在这个意义上，"目的地品牌化"被认为克服了以往目的地形象打造的缺陷，为目的地营销提供了一个好的起点、为形象管理构建了一个完备的框架。

　　第二，虽然"目的地形象"是"目的地品牌化"影响终端消费者的一个直接的、极为重要的工具，但"品牌化"旨在与消费者构建的是比积极形象感知更为宽泛的关系网络，"品牌"的含义远远大于"形象"。品牌理论认为，强大品牌给买卖双方带来的附加值主要是因品牌资产（brand equity）所致（Berthon，Hulbert & Pitt，1999），因而"目的地品牌化"的终极指向应该是塑造"目的地品牌资产"而非"目的地形象"。凯勒（Keller）（1998）将"基于顾客的品牌资产（CEEB，Customer-Based Brand Equity）"界定为"品牌知识对于顾客对品牌营销反应所产生的差异化影响"。这一"构念"被认为共包括了5类资产："品牌知名度（brand awareness）"、"感知质量（perceived quality）"、"品牌联想（brand association）"、"品牌忠诚（brand loyalty）"和"品牌资产的其他专有权（专利权、商标、渠道关系等）"。凯勒（Keller）亦指出，"品牌知名度"和"品牌形象"共同构成了作为"品牌资产"来源的"品牌知识（brand knowledge）"。可见，"形象"是"品牌资产"的来源也是其重要组成部分，但却不足以反映其宽泛内涵。徐和蔡（Hsu & Cai）（2009）指出，只有当一致的品牌知识被转化为旅游者和品牌之间的情感纽带（emotional bond）时，品牌才赢得成功，而"品牌信任"和"品牌忠诚"是这一纽带的核心表现；要将对目的地形象研究提升到"目的地品牌化"的层次，应将"目的地形象"作为"目的地品牌知识"的一部分与其他关键品牌化概念（如品牌信任、品牌忠诚）进行整合研究。塔什彻和科扎克（Tasci & Kozak）（2006）在其提出的目的地品牌、形象、衍生物及其相互关系模型中鲜明展示了"品牌"和"形象"内涵之间的区别："形象"只是目的地品牌含义和价值的一个组成成分，与其他成分（个性、价值、文化、使用者、专利权等）一起作用于消费者行为，而"目的地品牌资产"的产生源自所有这些成分和它们之间的关系。

第四章　旅游目的地"非功用性"定位概念性指导模型构建

第三章通过理论和概念基础奠定重点解决了本研究的研究范畴确立和研究范式阐明问题，即明确主要围绕目的地定位战略开发这一定位工作核心环节展开探讨和归纳国外该领域先进研究范式下关于如何科学、有效开发目的地定位战略的关键操作原则。本章作为本研究的核心理论构建部分，基于上一章所做的工作，转向阐释本研究涉及的焦点问题——旅游目的地的非功用性定位问题，为其选取恰当的定位指标、构建概念性指导模型。

本章内容共分三节。第一节首先介绍一般营销领域对"非功用性消费需求"的研究概况，包括"非功用性需求"的界定和分类、此领域成果中对本研究有特别启示的两个研究分支［"享乐性消费（hedonic consumption）"和"自我概念（self-concept）"］的基本思想主张及其各自对消费者决策模式研究的影响。这节内容主要旨在为一般营销领域关于"非功用性消费需求"的研究基础、研究意义、研究脉络等信息提供一个整体图景，以首先确立、明晰本研究开展写作所围绕的"核心概念"和"基本原理"的实质内容。第二节在第一节基础上详细阐述对"目的地情感形象"和"目的地品牌个性"这两个非功用性定位指标选取的理论依据：承接第一节探讨"非功用性需求"研究体系下消费者决策模式问题的基本思路，作者首先阐述现有旅游目的地定位研究在旅游者目的地决策制定认识上所遵循的基本范式和主要局限；继而引述旅游者目的地决策制定研究借鉴、结合"非功用性需求"研究体系（主要为基于"体验性"和"价值表征性"视角的两大研究脉络）下"享乐性消费"和"自我概念"两个显著分支的一些晚近成果；最后阐明"目的地情感形象"和"目的地品牌个性"与这些发展了的理论认识及改进模型（updated models）之间的关系、所发挥的关键作用价值，提供相关支持性实证依据、分析二者作为定位指标的切合性。第三节进一步在前两节探寻理论依据的基础上总结、构建旅游目的地"非功用性"定位的概念性指导模型，阐释其作用的内在逻辑关系及与传统目的地定位研究中所暗含的概念性指导模型之间的区别。

第一节　一般营销领域关于"非功用性消费需求"的研究概况

一　"非功用性消费需求"的概念和分类

一般营销研究文献中关于消费者行为存在一个基本共识，即：消费者的购买行为根本上是由"人类需求"所激发的（McGuire，1976）。根据《Webster 新世界词典》的定义，需求指对一些所缺乏的必需的或理想的事物的要求。① 大量的研究已被营销学者开展来识别这些人类需求的性质和它们如何激发消费者行为产生的内在机制，其中产生了关于对消费需求的各种不同界定和分类。比如麦圭尔（McGuire）（1976）划分的"认知需求（cognitive needs）"和情感需求"（affective needs）"；贝顿（Bayton）（1958）界定的"情感需求（affective needs）"、"自我支持需求（ego-bol-stering needs）"和"自我防范需求（ego-defensive needs）"；帕克和杨（Park & Young）（1986）强调的"功用性需求（utilitarian needs）"和"价值表征性需求（value-expressive needs）"。对这些纷繁芜杂研究成果的一个最简洁、有效的汇总方式即是将影响消费者行为的人类需求总体上划分为两大类：一类是"功用性消费需求（utilitarian consumption needs）"，另一类是所有与追求产品的功能效用（functional utility）联系微弱或不相适应的消费需求类型的总称，即"非功用性消费需求（non-utilitarian con-sumption needs）"，亦有学者称之为"表征性需求（expressive needs）"（Maclnnis & Jaworski，1989）。

"功用性消费需求"是外在产生的消费需求，指激发消费者寻找能够解决或避免与消费相关问题（consumption-related problems）的产品的需求。比如，由于地毯上有一块很深的污渍，一个消费者需要购买一个具有

---

① 转引自 Maclnnis D. J.，Jaworski B. J.，Information processing from advertisements：toward an integrative framework. *The Journal of Marketing*，1989，53（4）：1—23。

去污能力的地毯清洁器，在此这个产品就被看作具有解决问题的功用。"非功用性消费需求"则涉及的是内在产生的消费需求，主要指激发消费者寻找能够提供社会需要并具有审美价值（social or aesthetic utilities）的产品的心理需求［麦金尼斯和贾沃斯基（Park，Jaworski & MacInnis，1986）］。这是一个总体上与"功用性消费需求"相对立的、涵盖内涵相当宽泛的需求范畴界定，很多营销研究学者都曾针对其中的一些具体需求类型，如审美（aesthetic）需求、探寻变化（variety-seeking）需求、认知刺激（cognitive stimulation）需求、自我表现（self-expression）需求等，开展过详细研究和探讨。

Park 等（1986）将"非功用性消费需求"划分为"体验性需求（experiential needs）"和"象征性需求（symbolic needs）"两大亚类需求的做法得到了绝大多数后来学者的认可和引用。其中，"体验性需求"被界定为寻找能够提供感官愉悦（sensory pleasure）、变化（variety）和/或认知刺激（cognitive stimulation）的产品的心理需求；"象征性需求"被界定为寻找能够表达一个人的自我概念（self-concept）、核心价值（central values）、角色地位（role position）和/或群体成员归属感（group membership）的产品的心理需求。麦金尼斯和贾沃斯基（MacInnis 和 Jaworski）（1989）亦尝试将"非功用性消费需求"进一步划分为"体验性需求（experiential needs）"和"社会表征性需求（socially expressive needs）"两类，其对这两类需求含义的界定和阐释与帕克（Park）等（1986）所强调的分类思想是基本一致的。鉴于营销文献中对帕克（Park）等（1986）所做分类的广泛认同和支持，本研究继续沿用这一对"非功用性消费需求"的分类方法和称谓，将从满足消费者"体验性需求"和"象征性需求"的综合角度来探讨如何实现有效的"非功用性定位"的问题。

需要进一步阐明的是：营销研究传统上并未对消费者的"非功用性需求"进行系统的分类，而是呈现出从不同视角、依靠各自相关理论基础、关注于"非功用性消费"不同方面的若干并存的研究分支。其中在学者们吸取、总结前人研究成果的基础上，自 20 世纪 80 年代以后逐渐形成发展相对成熟的两大研究脉络，它们分别是从"体验性（experiential）"和"价值表征性（value-expressive）"这两个不同但有内在关联的研究视角来探讨"非功用性消费"现象。在研究发展轨迹上，这两个研究脉络基本上是独立开展的，其各自引领的大批营销学者和相关研究成果是分别将二者独立作为"功用性消费"的对立面来研究的，但承认自身所属的研究脉络包含另一研究脉络所强调的内容，即体验性研究视角包含了产品象征主义（product symbolism）、消费社会学（sociology of consumption）的研究内容，而价值表征性研究视角亦承认价值表征性消费与个人体验、情感之间的紧密联系。

　　帕克（Park）等（1986）对"非功用性消费需求"所做的分类实际上是对以上两大研究脉络成果加以整合、归并的一种尝试，整合彼此的研究思想，同时重点明晰、强调两大研究脉络之间的关注差异点。两大研究脉络之间的联系和差异将在下一部分介绍其各自对本研究有重要启示的两个显著研究分支时再进一步阐明。这里主要旨在解释帕克（Park）等人所划分的"体验性需求"和"象征性需求"与下一部分所要介绍的"非功用性消费"两个显著研究分支之间的内在关系渊源。本研究接受和沿用帕克（Park）等（1986）已被广泛引述的分类思想，同时为深入理解"非功用性消费需求"对消费者决策制定和品牌选择的影响机理，在理论构建时将首先回溯到对"非功用性消费需求"两大研究脉络中为旅游研究所重点关注的相应的两个显著研究分支思想的阐述，为后面结合一些比较晚近的旅游研究成果来分析"非功用性消费需求"与旅游目的地决策机制之间的关系、确定目的地"非功用性定位"指标奠定基础。

二　"非功用性消费需求"的两个显著研究分支

（一）"享乐性消费"及其对消费者决策模式研究的影响

1. "享乐性消费"的内涵

　　霍尔布鲁克和赫希曼（Holbrook & Hirschman）（1982）总结先前学者对营销研究传统上遵循"信息处理视角（information processing perspective）"同质性的质疑观点，明确提出传统营销研究忽视了对一些重要消费现象的研究，比如娱乐性消遣活动（playful leisure activities）、感官愉悦（sensory pleasures）、白日梦（daydreams）、审美享受（aesthetic enjoyment）和情感反应（emotional responses）。他们称将消费看作包含幻想、感觉和快乐的成分的视角为"体验性视角"，指出体验性视角本质上是现象学（phenomenological）的、认为消费主要是一种主观的意识状态。在"体验性视角"所引领的消费者行为研究脉络中，对"享乐性消费"的研究成为一个发展迅速、积累较丰富、为诸多学科所接受和借鉴（尤其是得到了旅游研究特别关注）的显著分支。

　　在提炼、探讨"体验性"消费研究视角的同年，赫希曼和霍尔布鲁克（Hirschman & Holbrook）提出"享乐性消费（Hedonic consumption）"的概念，将其界定为："消费者在使用产品过程中所产生的多感官形象、幻想和情感激活。"① 这些产生的效应被称作"享乐反应（hedonic response）"。在"享乐性消费"范畴下，消费者的任务和目标被界定为寻求享乐反应，而非任何预期的经济利益。相应地，消费的结果以消费者从产品中获得的快乐、产品提供的享受和激发的愉悦感觉来体现；对一次成功消费的评价标准被认为在本质上是"审美的（aesthetic）"，主要取决于该产品本身，排除任何产品所能发挥的功能效用。贝克尔（Becker）（1978）将其比作对一件艺术作品的评价，就仅仅是评价艺术本身，不涉及任何该作品的功能效用。在制定此类评价时，消费者遵循娱乐思想（play mentality），感知到获得的利益主要是心理上的（Huizinga，1970）。"娱乐是没有私心的、自我满足的，是工作之间的停歇，不提供任何实质性的所得。"②

　　基于"体验性视角"的研究脉络和其"享乐性消费"研究分支借鉴了早期关于"产品象征主义（product symbolism）"、"生活方式消费（lifestyle consumption）"等属于"价值表征性视角"研究脉络下的重要研究分支，因此其思想观点中也包含和认同产品象征性含义在消费体验中的价值。霍尔布鲁克和赫希曼（Holbrook & Hirschman）（1982）指出，消费的享乐性和价值表征性方面实际上是紧密相关的，二者在消费体验中常常是共同出现和彼此促进的。然而，尽管同时关注消费产生的心理利益，"体验性视角"和"价值表征性视角"之间的关键差异需要言明，这也正是帕克（Park）等（1986）以及其他学者尝试对"非功用性消费需求"进行分类的基本思想和依据所在。"体验性视角"主要关注消费所能产生的"情感方面的利益（emotional benefits）"，这些体验到的开心、娱乐、感觉、幻想、多感官形象、激活和享受本质上是个人的（personal）、私下的（confidential），甚至是潜意识（subconscious）的。"体验性消费"强调被

---

① Hirschman E. C., Holbrook M. B., Hedonic consumption: emerging concepts, methods and propositions. *The Journal of Marketing*, 1982, 46（3）: pp. 92—101.

② Lancy D. F., Play in species adaptation. *Annual Review of Anthropology*, 1980, （9）: pp. 471—495.

弗洛伊德(Freud)称为"第一过程"思考("primary process"thinking)的重要性;所谓"第一过程"思考,顾名思义,好比"回归到婴儿寻求立刻的快乐或满足的方式"①,完全遵循"快乐原则(pleasure principle)"。而在"价值表征性视角"下,则不可避免地涉及"第二过程"思考("secondary process"thinking),即反映因社会化(socialization)结果而形成的心理过程。这点将在下面介绍基于"价值表征性视角"研究脉络中的"自我概念(self-concept)"这一关键研究分支的发展轨迹时有更明确的阐释。

2. "享乐性消费"对消费者决策模式研究的影响

传统营销研究对消费者决策制定的认识是将其看作主要是一个认知心理过程的结果,是消费者对产品必要的功能属性信息加以详细评估所得出的有限理性决策;强调由"认知(cognition)"导向的"意动(conation)"过程(Sirakaya & Woodside,2005);假定"情感(affect)"和"认知(cognition)"之间存在一个层次效应(hierarchy effect)(Gartner,1993),情感评价的形成以理性认知为基础,忽视了"情感"在消费者决策中所能发挥得更为积极、首要的作用。这一基于"信息处理视角"研究范式的基本观点和主要局限在下一节中将结合其在旅游研究成果中的体现来详细分析,此处仅介绍"享乐性消费"研究和其基于的"体验性视角"在消费者决策制定问题上与这一范式的差异性认识和调整方向。

情感对消费决策的影响在早期营销研究中有所涉及,如低度介入购买(low-involvement purchasing)中情感参考(affect-referral)(Wright,1975)、作为背景变量的情绪(mood)影响(Gardner,1985),以及解释情感状态(affective states)影响消费评价的记忆一致性回想模型(memory-congruence recall model)(Bowers,1981)等,但"情感机制"在这些研究中都并没有被看作对决策制定发挥核心影响作用。赫希曼和霍尔布鲁克(Hirschman & Holbrook)(1982)将"享乐性消费"界定为一类消费者"高度介入(highly involved)",但不涉及太多对消费对象的客观特征和功能效用进行认知信息处理的重要消费现象,引领了对与传统产品/服务不同、具有高度享乐价值和文化含义的产品类别(如消遣娱乐活动、表演艺术、

① Hilgard E. R. , *Impulsive versus realistic thinking*: *an examination of the distinction between primary and secondary processes in thinking. Psychological Bulletin*, 1962, 59(6): pp. 477—488.

文化艺术品等）决策模式研究的反思。

在汇总先前相关理论观点和实证依据的基础上，米特尔（Mittal）（1988）提出一个适用于"享乐性消费"产品范畴的与传统认知选择模式相替代的"情感选择模式（ACM，Affective Choice Mode）"。在此模式下，消费者不是依靠对产品必要属性功能效用信息的认知和区分来形成对各产品（品牌）的偏好和评价，而是根据他们对产品（品牌）本身及其属性特征所体验到的"情感和享乐反应（emotional and hedonic responses）"的质量来直接做出评价和选择。在此"情感"可以被看作一个与"认知"相区分的独立处理体系，对消费者品牌偏好和决策发挥核心的、主导的作用，而且这种作用常常发挥在对产品属性的功用信息和经济价值的详细认知处理之前。换言之，基于"情感选择模式"对产品/品牌所得出的情感评价并没有太多地描述客观对象，而是识别与所评估的客观对象相联系的主观状态，是"自我聚焦（self-focus）"的。

类似地，施瓦兹的和克罗尔（Schwarz & Clore）（1983，1988）提出了一个旨在揭示"情感/感觉（feelings）"影响主体对一个目标对象（target）评价的潜在心理机制的模型，称之为"我的感觉如何？"启示（HDIF "How do I feel about it？" Heuristic）。其核心思想为：主体对目标对象评价的形成不一定要依靠对目标对象功能属性信息的核算（configuration）来得出，"情感/感觉"也具有信息价值，同样可以发挥信息功能（feelings as information）。主体根据自身对目标对象在其脑海中的"表征（representation）"所持有的"感觉/情感反应"来做出对目标对象的评价。范（Pham）（1998）从探究体验性要素在消费决策中发挥作用的角度出发，通过3个"实验"设计验证了该模型（HDIF）在消费者对产品/品牌评价和决策情境下的适用性，并进一步识别了该模型（HDIF）作用发挥程度的决定性因素。研究显示：（1）消费决策制定的结果的确受到了消费者在这一过程中体验到的"情感/感觉（feelings）"的影响，这种"情感/感觉"不仅是消费者对自身情绪状态审视的结果，而是由于客观对象在脑海中的"展示（representation）"所形成的；（2）消费者决策对这种"情感信息"依赖的程度（或者说，HDIF模型作用发挥的程度）取决于不同的"动机（motives）"。当消费者对一个产品/品牌评价和购买的主要动机是内在补偿的"完成性动机（consummatory motives）"而非外在引致的"功用性动机（instrumental motives）"（Alderson，1957），消费者更加重视情感体验的质量，"情感"对决策的相关性更加显著，应用 HDIF 模型的可能性也就越大。换言之，赫希曼和霍尔布鲁克（Hirschman & Holbrook）（1982）提出的理论观点（对一个产品类别的消费越是倾向于"享乐性目的"，情感机制在其决策过程中发挥的作用越大）在此得到了证实和深化。此外，作者指出，HDIF 模型与传统消费决策模式的区别不只在于情感所发挥的信息功能，还在于促成"情感"产生的产品/品牌在脑海中"展示"的性质，HDIF 涉及的体验性"展示"的内容比基于认知信息的展示更为具体和丰富。

（二）"自我概念"及其对消费者决策模式研究的影响

1. "自我概念"的内涵

营销研究中，在"体验性"视角之外，传统上存在着另一个从"价值表征性（value-expressive）"视角来探讨"非功用性消费需求"问题的大的研究脉络。与"体验性"视角相类似，支持该研究脉络的学者也是将其作为独立的"功用性消费"的对立视角来提出的，认为对个人的生活方式、核心价值、自我概念等的积极阐释可以成为激发产品购买行为产生的直接的、唯一的原因，而无须涉及对产品功能效用（functional utility）的考虑。因为此类原因而被购买和消费的产品/品牌被认为具有"价值表征性（value-expressiveness）"，消费者对其一般使用者（generalized user）持有一个清晰的原型形象（stereotypical image）（Johar & Sirgy，1995）。在基于"价值表征性"视角的研究脉络中，"自我概念（self-concept）"一直以来被认为是一个可以较好解释此类消费现象发生的有效"构念（construct）"，得到了较多学者的关注和研究，相应地引领了一个发展比较显著的研究分支。

"自我概念"的提法被认为最初起源于经典希腊哲学（Malhotra，1988），但营销研究中比较普遍认同的一种界定方式为罗森堡（Rosenberg）（1979）的定义："自我概念指个人将其自身视为一个对象时所持有的想法和感情的总和。"[①] 早期营销研究将"自我概念"视为一个"单维构念（uni-dimensional construct）"，即指"现实自我概念（actual self-concept）"；随着研究逐渐认识到"期望（aspirations）"和"社会方面（social aspects）"在消费者对自我描述中的重要性，相对晚近的营销研究

---

① Rosenberg M., *Conceiving the self*. New York：Basic books, Inc., 1979.

将"自我概念"发展成一个"多维构念（multi-dimensional construct）"（Beerli, Meneses & Gil, 2007）。"理想自我（ideal self）"维度被纳入认识范畴是源于部分学者发现"现实自我概念"在解释消费者对部分类别产品偏好上的乏力，认为在对不同产品类别的评价中可能涉及不同形式的"自我概念"。存在这样的情形：当相关的"现实自我"被认为具有负面性时，消费者在购买情境中并不想表达"现实自我"，而是要突出"理想自我"（Ekinci & Riley, 2003）。卡茨（Katz）（1960）亦指出，价值表征性态度不仅仅澄清个人的"自我概念"，而是塑造"自我概念"接近其内心的期望。

瑟吉（Sirgy）（1982）将这一对"自我概念"的二维界定拓展为多维，将"社会自我概念（social self-concepts）"也纳入其范畴，这种界定方法得到了相对晚近营销研究的广泛认同和支持。瑟吉（Sirgy）指出，"自我概念"是多维的，其每个维度都代表了个人所存在的畏惧（fears）和希望（hopes），说明个人在特定情境下可能采取的行为。马库斯和涅利斯（Marcus & Nirius）（1986）形象地将其描述为："个人的自我识别反映了与一组社会情境相联系的一系列面具。"① 李（Lee）（1990）亦指出，学者们对"自我概念"的研究日益包含了一个"象征性互动（symbolic nteractionism）"的视角，关注"产品显著性（product conspicuousness）"、"消费的社会风险（social risk of consumption）"和"社会导向的/情境的自我（social-oriented/situated self）"等问题。这样，目前绝大多数营销学者已普遍接受"自我概念"为一个包含四个主要维度的理论构念："现实自我概念（actual self-concept）"，指一个人如何现实地感知他/她自己；"理想自我概念（ideal self-concept）"，指一个人希望如何感知他/她自己；"社会自我概念（social self-concept）"，指一个人认为他人如何感知他/她；"理想社会自我概念（ideal social self-concept）"，指一个人希望他人如何感知他/她（Sirgy, 1982）。

从"自我概念"内涵的发展轨迹可以看出，遵循"价值表征"研究视角的学者们逐渐倾向于强调消费者在"自我"表达中符合其心灵期望和在不同社会情境下扮演的角色的成分，而对于属于其个人的、私下的"现实自我"维度则不再是关注热点。李（Lee）（1990）曾强调，"自

---

① Marcus H., Nirius P., Possible selves. *American Psychologist*, 1986, (41): pp. 954—969.

我"本质上是透过眼镜看自己（looking glass self）的产物，意指个人要通过他人感知他/她的方式来感知自己。因此，基于"价值表征"视角的研究脉络表现出了很明显的关注消费的"象征性利益（symbolic benefits）"的走势，展示消费更为公开的（open）、社会性（social）的一面。如前所述，这点正是帕克（Park）等（1986）吸取、汇总两大研究脉络思想（"体验性"和"价值表征性"视角）并从关注其差异点的角度将"非功用性消费需求"划分为"体验性需求"和"象征性需求"的根基所在。因为就"价值表征性"视角本身而言，这一研究脉络包纳了消费者在消费中的体验和情感元素，认为产品/品牌的象征性/价值表征性特点是促使消费情感产生的一个重要前置因素（antecedent），可帮助创建品牌与消费者之间强大的情感联系（emotional ties）（Keller，1993）。"自我概念"反映了个人在消费购买中的内在需要和理想体验，而后者恰恰在很大程度上影响着个人产品/品牌形象的情感成分（Gartner，1993）。

　　基于"体验性"和"价值表征性"视角的两大研究脉络、其中的"享乐性消费"和"自我概念"两个显著研究分支，以及帕克（Park）等对"非功用性消费需求"所做的二分法，从学理研究的角度来看其彼此之间的范畴关系可如图4—1所示：

　　（1）其中交叉的两个大圆分别由从其圆心出发的箭头标示为代表基于"体验性"和"价值表征性"视角的两大研究脉络，二者之间虽然彼此独立存在但都承认包纳对方视角的基本观点，因此在研究范畴上可以认为存在交叉、重合的地方。

　　（2）两个大圆中交叉的两个小圆也分别由从其圆心出发的箭头标示为代表分属以上两大研究脉络的两个显著研究分支："享乐性消费"和"自我概念"；如同两大研究脉络之间的关联性一样，这两个显著研究分支在思想内容上也存在类似的重合性。除了这两个显著研究分支，两大研究脉络还分别包括若干个在关键概念和思想主张上密切联系的研究分支，可以由图中大圆减去小圆的面积部分来表示。每个研究分支都可独立作为对其所属的相应研究脉络基本思想的阐释。

　　（3）两个大圆中排除彼此交叉的部分可用来代表帕克（Park）等（1986）对"非功用性消费需求"划分的"体验性需求"和"象征性需求"两个类别所各自涵盖的范畴。此分类是基于两大研究脉络之间的核心差异点而建立，忽略二者之间较小的共同成分，因此亦可看作是从狭义角度来理解的两大研究脉络所对应的内容范畴。

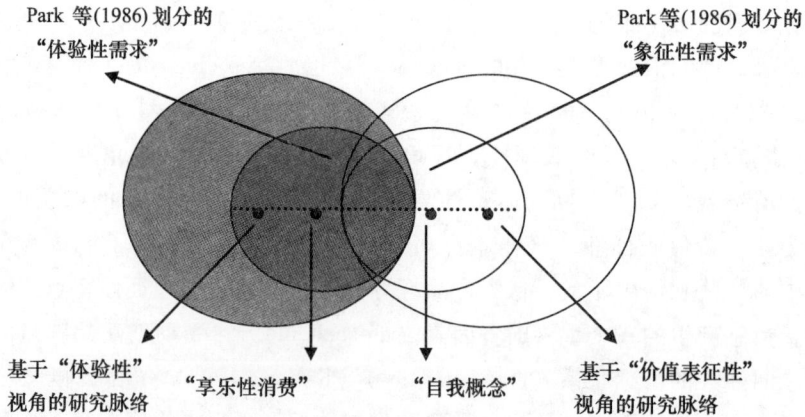

图4—1　　"非功用性消费需求"两大研究脉络、显著研究分支及其分类之间的范畴关系

资料来源：作者整理。

2. "自我概念"对消费者决策模式研究的影响

"自我概念"对消费者决策模式研究的影响和其在此方面区别于传统信息处理视角的全新阐释功能根植于营销研究中的"自我一致理论（self-congruity theory）"（Boksberger et al.，2010）。"自我一致理论"的核心宗旨则体现为其强调的决定消费者产品/品牌决策心理过程的"自我一致机制（self-congruity mechanism）"（Beeli & Meneses，2007）。"自我一致（self-congruity）"可被看作是对"自我概念"这个"构念"的一个自然延伸。所谓"自我一致"指消费者对其自身感知（"自我概念"）与他/她对一个产品/品牌感知之间的匹配或不匹配（match or mismatch）程度。"消费决策的自我一致机制强调，消费者对一个产品/品牌的感知与其自我概念之间越相似、越匹配，他/她就会越偏好和越倾向于购买该产品/品牌，因为其所拥有的象征性特点强化和证实了消费者的自我概念。"[1] "消费者把其偏好的产品/品牌看作是对他们自己及其生活方式的一种延伸，当他们在竞争性产品/品牌之间进行挑选时，会审视产品传递的象征性特

---

[1]　Swann W. B.，Seroussi S.，Giesler B.，Why people self-verify. Journal of Personality and Social Psychology，1992，62（3）：pp. 392—401.

点与他们希望对自身投射的个性特点之间的相似程度，据此作出评价和选择决策。"① 简言之，"自我一致机制的精髓为购买决策取决于消费者的自我概念在多大程度上能够被产品所维持、强化或提升"②。

　　与"自我概念"的多维界定相一致，文献中相应的也识别和界定了 4 个维度的"自我一致机制"（Sirgy，1982）。消费者的"现实自我"与其对产品/品牌感知之间的"一致"程度被称作"现实自我一致（actual self-congruity）"。由于"现实自我"代表消费者自己看自己的方式，当消费者购买一个被认为不能反映其"现实自我"的产品/品牌时会觉得很不舒服，会被驱动来保护他们的个人识别（personal identity）。消费者以与其"现实自我"相一致的方式来采取行动的动机倾向（motivational tendency）被称作"自我一致性动机（self-consistency motive）"（Sirgy，1990）。消费者的"理想自我"与其对产品/品牌感知之间的一致程度被称作"理想自我一致（ideal self-congruity）"。"理想自我一致"通过消费者"自尊动机（self-esteem motive）"来激发其消费行为。消费者拥有一个"理想自我"，通过购买和消费在感知上与其"理想自我"相一致的产品/品牌，他们意识到其自尊得到了提升（Johar & Sirgy，1991）。消费者的"社会自我"与其对产品/品牌感知之间的一致程度被称作"社会自我一致（social self-congruity）"。"社会自我一致"通过启动消费者的"社会一致性动机（social consistency motive）"来影响其决策行为，即消费者通过购买与他/她认为他人如何看自己具有一致感知的产品/品牌来维护其社会一致性（Ericksen & Sirgy，1992）。消费者的"理想社会自我"与其对产品/品牌感知之间的一致程度被称作"理想社会自我一致（ideal social self-congruity）"。"理想社会自我一致"通过启动消费者的"社会认可动机（social approval motive）"动机来影响其决策行为，即消费者通过购买与他/她希望他人如何看自己具有一致感知的产品/品牌来实现社会认可（Swann，Seroussi & Giesler，1992）。

　　在完成一次特定的消费决策任务过程中，来自消费主体（消费者）、消费客体（产品/品牌）和消费情境三个方面的因素都将影响到消费决策

① Zinkhan G. D.，Haytko D.，Ward A.，Self-concept theory. *Journal of Marketing Communication*，1996，2（1）：pp. 1—19.

② Hung K.，Petrick J. F.，The role of self- and functional congruity in cruising intentions. *Journal of Travel Research*，2010，(1)：pp. 1—13.

的制定究竟是通过激活消费者的哪一种心理动机（自我一致性、自尊、社会一致性、社会认可），进而通过启动哪一特定维度的"自我一致机制（现实自我一致、理想自我一致、社会自我一致、理想社会自我一致）"来驱动和实现的。反映"自我概念"对消费者决策模式研究核心影响的消费决策的"自我一致机制"（维度、潜在心理动机、影响效应）可见如图4—2的汇总。

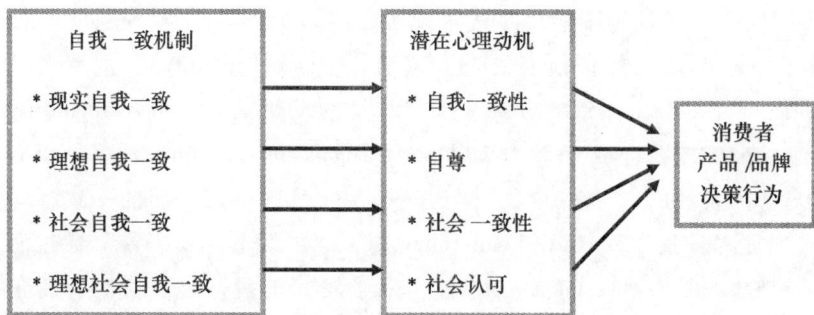

图 4—2　消费决策的"自我一致机制"

资料来源：作者根据 Sirgy 和 Su（2000）研究调整所得。

第二节　旅游目的地"非功用性"定位指标的确定

一　对当前目的地定位研究中"旅游者目的地决策模式"假设的判断

由第二章作者对国内外现有目的地定位研究的详细回顾可知，国外目的地定位研究主要采取将一组竞争目的地在选择出的必要认知形象属性上进行比较的方法来得出定位焦点；国内目的地定位研究隶属其目的地形象策划研究的范畴，以定性探讨和案例分析为主体，分析视角同样主要固着于认知形象属性。由于"目的地定位"的终极目标即为通过差异化来提高自身在旅游者制定度假决策时被选择的几率，通过目的地定位研究的特点可以推导出这一领域现有文献在旅游者目的地决策模式上的基本假设。

简单概括营销学上关于消费者决策制定认识的发展轨迹：从早期关注完全理性决策（微观经济研究）到关注一些明显的非理性购买需要（apparent irrational buying needs）（部分动机研究成果）；发展到影响时间最

久（至今）、范围最广、力度最大的、被深化为"信息处理理论（information processing theory）"的"有限理性（bounded rationality）"研究视角（Holbrook & Hirschman，1982）；再到一些被称为"后现代（post-modern）"的研究视角，重新审视非理性/非功用性要素在消费决策影响上所具有的关键价值（如对"体验性"消费、"象征性"消费的研究）。

　　旅游营销研究（特别是旅游目的地营销研究）的兴起比较晚近，研究思路和研究方法主要在借鉴一般营销领域既有成果的基础上结合自身特点略作调整。旅游者目的地决策制定问题的探讨就非常鲜明地表现出这一特点。20 世纪 80 年代初国外旅游学者开始对这一问题产生研究兴趣，主要借鉴当时在一般营销领域已被广泛接受、发展相对成熟的"信息处理理论"的基本思想，基于"消费者行为大模型（grand models of consumer behavior）"进行"建模（modelling）"（Sirakaya & Woodside，2005）。由于"消费者行为大模型"主要采取由一系列代表应用"有限理性/效用最大化（bounded rationality/utility maximization）"决策机制的"选择域（choice sets）"建构，以此为基础的旅游者目的地决策制定理论建构范式被称作"选择域建模（choice-sets modelling）"。"选择域建模"发展成为旅游者目的地决策制定研究的主流范式，至今对该领域和其相关研究领域的发展产生重要影响。自 21 世纪以来，伴随一般营销领域对消费者决策制定研究的新进展，旅游学者们也开始反思传统范式的局限，引入一般消费者决策制定研究的新视角、新观点，形成了一系列对"选择域建模"进行修正和补充的新的研究成果（下面将对其中对本研究有重要启示的成果进行详细介绍）。这样，与一般营销领域的情形略有不同，旅游者目的地决策制定研究主要经历了两个发展阶段，形成两种基本假设：第一阶段完全在"信息处理理论"的框架内开展研究，假设旅游者目的地选择过程可以通过"选择域建模"来得到合理解释；第二阶段接受一般营销领域相对晚近思想的影响，修正、补充"选择域建模"范式，使其符合如下假设：消费决策制定过程可以通过"选择域建模"来解释，但除了产品功用性之外，一些非理性/非功用性要素同样可以从中发挥作用（甚至是决定性作用）。为了更完善地解释消费者行为，应考虑将这些要素纳入解释模型之中。

　　根据当前绝大多数国内外目的地定位研究将焦点放在通过"认知形象属性"来定位的特点，可以推断该领域研究主要还是基于对旅游者目的地决策制定认识发展的第一阶段的思想来开展的，即建立在应用源于"信息处理理论"的"选择域建模"范式来解释目的地选择过程的基本假设之上。尽管目的地决策制定研究本身已经发展到根据变化了的旅游市场需求形势对"选择域建模"范式的反思和扬弃的第二阶段，以影响旅游者目的地决策制定为终极目标的"目的地定位"研究却还停留在依据第一阶段的思想和假设来开展研究，反映出研究基础构建上的薄弱和研究思路的滞后。将目的地定位研究的思路和焦点转向与目的地决策制定研究第二阶段的思想和假设相一致，以具有更完善解释、更准确预测目的地选择过程潜力的理论构建来指导目的地定位恰恰是本研究所做尝试的宗旨所在。不过，在进行这种转向努力之前，本研究需要首先进一步阐明"选择域建模"范式的基本思想、特点和局限，以使下面本研究关于目的地非功用性定位理论构建的背景、意义及与传统研究体系之间的区别能够得到比较清晰、容易的理解。

二　旅游者目的地决策制定的"选择域建模"范式及其重要局限

（一）信息处理理论和消费者行为大模型简介

旅游者目的地决策制定的"选择域建模（choice-sets modelling）"范式主要基于一般营销领域早期针对制造业产品范畴所创立的消费者行为大模型（grand models of consumer behavior），后者在思想上源于"信息处理理论（information processing theory）"。"信息处理理论"认为消费者是一个理性思考者（logical thinker），消费决策制定的任务被界定为解决问题（problem solving），一次购买决策成功与否的评价标准被认为主要是"功用性的（utilitarian）"，是产品的使用功能。这一评价标准背后的操作逻辑反映了视评价对象的价值主要来源于其所提供的经济利益的思路（Holbrook & Hirschman，1982）。这样，"信息处理理论"主要旨在解释"功用性消费需求"；营销研究中针对"功用性消费需求"所派生的一系列研究分支①在消费决策制定问题的认识上都以"信息处理理论"的思想为根基。

---

①　如"多属性态度模型（multi-attribute attitude models）"、"利益细分（benefit segmentation）"、"联合测量（conjoint measurement）"、"感知图（perceptual mapping）"等研究分支，见Johar J. S.，Sirgy M. J.，Using segment congruence analysis to determine actionability of travel/tourism segments. *Journal of Travel & Tourism Marketing*，1995，4（3）：pp. 1—18。

营销研究中霍华德和斯耐丝（Howard & Sheth）（1969）、尼科西亚（Nicosia）（1966）和恩格尔（Engel）等（1968）所提出的三个先驱模型（pioneering models）被称作"消费者行为大模型"（Sirakaya & Woodside，2005）。Gilbert（1991）指出，消费者行为大模型在其理论构建上具有6个共同点：（1）消费者行为被认为是一个连续的决策制定过程；（2）强调对个体消费者行为的认识；（3）行为被看作是一个可以得到解释的"功用性概念（utilitarian concepts）"；（4）购买者被看作搜寻、评价和储存信息的个人；（5）购买者随时间发展缩小使用信息的范围，从他们决策制定过程中开发出来的少数选项中作选择；（6）最终购买的反馈信息被包含在模型中，强调一次决策对未来购买的影响。

（二）旅游者目的地决策制定的"选择域建模"范式

依据"信息处理理论"和"消费者行为大模型"的基本思想，旅游学者将目的地决策制定过程描述为一系列经过旅游者信息搜寻和评估逐渐缩小选项范围的阶段（stages），即"选择域（choice sets）"。这种理论建模（conceptual modelling）的方法被称作"选择域建模（choice-sets modelling）"。该范式认为旅游者在进行目的地决策时经历了一个由范围较广的目的地逐渐缩减到几个认真考虑的目的地，再从中选出最终出游目的地的"漏斗（funnel）"过程。"选择域"的概念最初由霍华德（Howard）（1963）提出，强调消费决策过程中形成的三个关键阶段："知觉域（awareness set）"、"激活域（evoked set）"和"最终选择（final choice）"。后来许多学者都对这一概念进行了应用和拓展，又提出了旨在进一步细化阐释选择过程的一系列"子域（subsets）"①。

伍德赛德和森斯基（Woodside & Lysonski）（1989）对应用"选择域建模"范式的旅游目的地决策制定研究中涉及的"选择域"界定进行了汇总，划分为四类，如图4—3所示。第一类是由被潜在旅游者所考虑的目的地构成的"选择域"，主要由"知觉域（awareness set）"、"初期考虑域（initial consideration set）"、"激活域/晚期考虑域（evoked set/late consideration set）"、"行动域（action set）"和"最终目的地选择（final desti-

---

① 如 Narayana 和 Markin（1975）提出的"难定域（inert set）"、"否决域（inept set）"；Spiggle 和 Sewall（1987）提出的"行动域（action set）"、"无行动域（inaction set）"和"互动域（interaction set）"、"无互动（quiet set）"。

nation selection）构成，分布在图中的左列。第二类是目的地的"难定域（inert set）"，指潜在旅游者由于不感兴趣或者信息不充分对其既无好感亦无恶感的那些目的地。第三类是由被旅游者所拒绝考虑的目的地构成的"否决域（inept set）"。第四类是"不可及域（unavailable set）"，包含那些被旅游者感知难以到达的目的地。后三类"选择域"分布在图4—3中的右列。

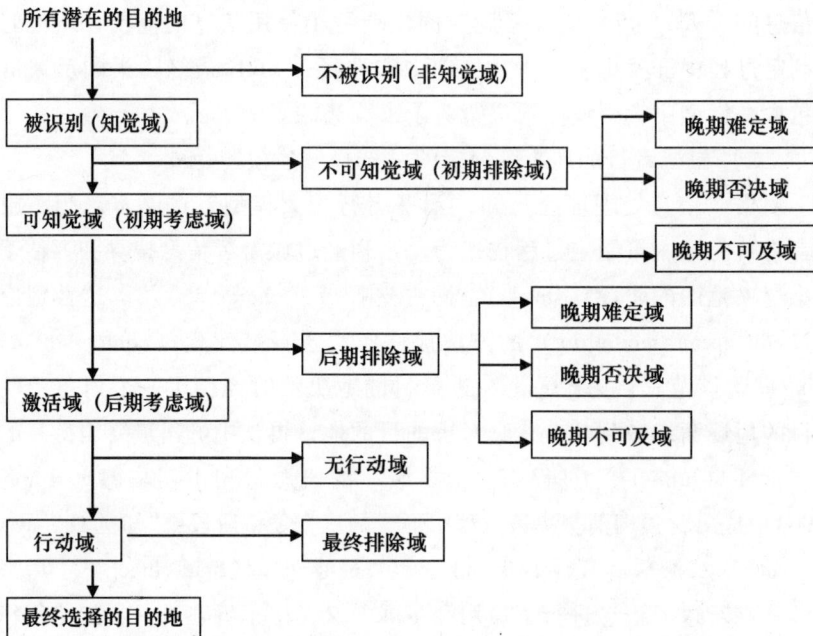

图4—3　旅游者目的地决策制定的"选择域建模"范式汇总

资料来源：Sirakaya E. , Woodside A G. , Building and testing theories of decision making by travelers. *Tourism Management*, 2005, (26): pp. 815—832。

（三）"选择域建模"范式的重要局限

普伦蒂斯（Prentice）（2006）指出，消费者决策制定模型可以作为"规范性（normative）"或"描述性（descriptive）"陈述来进行评价。作为"规范性"陈述（在一定条件下应该发生什么），"选择域建模"范式建立了一种选择的方法论。假设选择是理性的，该范式为我们提供了通过评估过程描绘各个目的地前途（fortune）的潜力，因为它关注对目的

"选择域"类别的划分，以及在评价过程中何时对一个目的地进行排除考虑，继而可通过激发对"排除考虑"的补救措施来实现管理价值。

"然而，这一吸引力也可以成为缺陷，因为选择域建模范式强调的是分类而非过程，没有对接受和排除某一个目的地的潜在过程加以解释。对此有所考虑的研究也只是将这些过程等同于信息，更确切地说是关于产品功用的信息。"① 这样，该范式假定有旅游意向的潜在游客都是理性的决策个体，由信息搜寻和评估，通过线性选择（linearity in choice）路径来做出最终选择。该范式同时假定度假目的地选择是一个由较高金钱成本所引致的广泛和详尽信息处理（extensive and explicit information processing）的"高度介入过程（highly-involved process）"。因此，如果并非所有的现实决策制定都可以划分成阶段性的"选择域"、都以广泛、详尽的关于产品功用信息的搜寻和评估为特点，"选择域建模"范式在作为"描述性"陈述（现实发生了什么）上的作用就值得质疑了，它的解释力就不具有普遍性。萨拉卡约和伍德赛德（Sirakaya & Woodside）（2005）称这一类似漏斗过程的"选择域建模"范式为高度结构化的（structured）、信息充分的（informed）、理性的（rational）和顺序的（sequenced）界定方式，忽视了由非功用性要素所主导的非理性（irrational）、非结构化（unstructured）决策机制的重要性。

三　旅游者目的地决策制定研究考虑"非功用性消费需求"的新成果

随着整个社会需求环境的变化，旅游者对旅游的功能和意义有了新的、更为深刻的认识，引导了其对旅游产品消费的新期望。旅游目的地如今已被认为拥有丰富的体验性特质（experiential qualities），主要是因享乐目的（hedonic purposes）而被消费的（Ekinci & Hosany，2006）。"消遣活动是一种积极的、主观的体验，伴随着令人满意、愉悦的情绪、情感和感觉。"② 旅游者目的地选择与其生活方式期望（lifestyle aspirations）之间的关系亦得到了强调（Morgan，Pritchard & Piggott，2002）。"旅游被看作

---

① Prentice R., Evocation and experiential seduction: Updating choice-sets modelling. *Tourism Management*, 2006, 27 (6): pp. 1153—1170.

② Mannell R. C., Social psychological techniques and strategies for studying leisure experiences. in: Iso-Ahola S. E., eds. *Social psychological perspectives on leisure and recreation*. Springfield: Charles C. Thomas, 1980, p. 9.

是一种自我表现的手段,是生活方式和地位的指标。"①

　　针对这种变化了的旅游期望和需求,旅游学术界必须为探索、揭示此需求背景下的旅游者目的地决策心理机制做出努力,才能有效指导目的地营销实践的开展。在此方面,从 21 世纪开始,一些先行旅游学者已经做出了积极的尝试。他们借鉴、结合一般营销领域探讨"非功用性消费需求"的基于"体验性"和"价值表征性"视角的两大研究脉络的思想,修正或补充其传统上关于旅游者目的地决策制定研究的"选择域建模"范式,关注、突出属于"非理性/非功用性"范畴的心理决策机制的重要价值。特别地,这些学者主要吸收、借鉴了先前介绍的"享乐性消费"和"自我概念"这两个显著研究分支在消费者决策制定问题上的思想和启发,在旅游目的地研究情境下的理论建构和实证阐释方面引入、分析二者所各自强调的"以情感为基础的决策模式(affectively-based decision making)"和"自我一致决策机制(self-congruity decision mechanism)"。作者将在下文重点阐释在此方面四个有较积极、完善贡献的目的地决策制定的"理论建构(conceptual establishments)",并介绍少数有代表性的相关实证研究。

　　(一)理论建构

　　1. 古森斯(Goossens)的"享乐旅游动机模型"

　　古森斯(Goossens)(2000)指出,传统旅游研究习惯于对"动机(motivation)"的"推力(push)"和"拉力(pull)"因素在驱动旅游行为上的作用进行单独理解,基于"信息处理视角"认为"拉力"因素(目的地功能属性信息)才可用作解释目的地选择,忽视了"推力"因素["动机"的追求愉悦和情感方面(pleasure-seeking and emotional aspects of motivation)]在旅游者目的地选择上所能发挥的重要影响。从寻求快乐、情感、感觉、幻想、白日梦等体验反应的"享乐性消费"产品范畴来理解旅游活动,古森斯(Goossens)构建了一个由"推力"和"拉力"因素共同作用激发旅游动机意向(motivational intention)和目的地选择行为的"概念性模型",称之为"享乐旅游动机模型(Hedonic Tourism Motivational Model)"(见图 4—4)。旅游行为的"推力"和"拉力"因素被视

---

① Clarke J., Tourism brands: an exploratory study of the brand box model. *Journal of Vacation Marketing*, 2000, 6 (4): pp. 329—345.

作相同动机硬币（the same motivation coin）的两个面，连接二者的心理因素是"情感（emotion）"概念。从这个角度来看，旅游者是被他们自身的"情感需要（emotional needs）"所推动，被感知到的目的地及其消遣服务的"情感利益（emotional benefits）"所拉动。因此，对目的地及其属性所持有的情感和感觉本身就足以驱动旅游者的旅行计划和目的地选择行为。

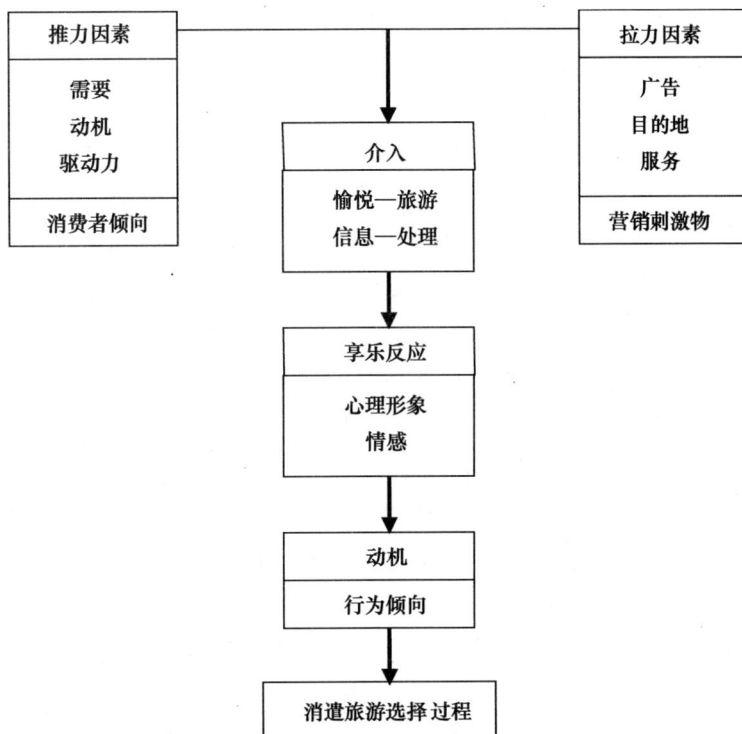

图4—4　享乐旅游动机模型

资料来源：Goossens C., Tourist information and pleasure motivation. *Annals of Tourism Research*, 2000, 27（3）: pp. 301—321。

　　具体而言，其作用机制为：潜在旅游者首先因其内在未被满足的"情感需要"而产生一种紧张（tense）的不适感，被驱动寻求达到稳定状态（stability），① 继而在周围环境中寻找具有满足他们意识到的需要潜力

―――――――――

① 生理学上称之为"体内平衡（homeostasis）"。

的"符号（sign）"。这便是旅游者方面的"推力"因素。"拉力"因素来自于目的地的营销组合（marketing mix）（旅游服务供给、吸引物、地点、广告、品牌、标志等）。当旅游者接触到目的地的各种营销刺激信息，由此了解目的地拥有可提供其所需"情感利益"的目标吸引要素时，目的地方面的"拉力"就产生了。"拉力"要素通过对"推力"要素的反应和强化来发挥作用。在整合（integration）推、拉要素的过程中，发挥核心作用的是"介入（involvement）"概念。"介入"被认为是一种无法观察到的动机（motivation）、激活（arousal）和感兴趣（interest）的状态，具有驱动性质（drive properties），其结果是各种可能类型的信息搜寻、处理和决策制定（Rothschild，1984）。针对其"享乐性消费"研究情境，古森斯（Goossens）将"介入"概念界定为某一时点下的一种"动机"心理状态，以感知到营销刺激信息的"自我相关性（self-relevance）"和"情感利益"为特点。从一个营销沟通的视角，古森斯（Goossens）强调赫希曼和霍尔布鲁克（Hirschman & Holbrook）（1982）界定的"享乐反应（hedonic responses）"发生在消费过程中，也发生在当旅游者"介入（involved in）"到促销信息资料中的信息搜集和处理阶段。在其模型中，如上"享乐反应"被建构成直接驱动旅游行为意向和目的地选择过程的最关键要素，由旅游者交互作用的"心理形象（mental imagery）"和"情感（emotions）"所代表。"心理形象"被认为是一种包含在脑海中进行创造性思考（creative thinking）、幻想（fantasy）等较高层次思考的感知或感观（特别是视觉）展示［perceptual or sensory（in particular visual representations）］的信息处理模式。"形象展示"与旅游者的情感密切相关，激发其"情感反应（emotional responses）"。特别是在"动作形象展示（enactive imagery representation）"方式下，旅游者通过参与式的自我体验知识结构（self-experience knowledge structures）可激活其相关的情感知识结构（emotional knowledge structures），将伴随更多的"情感激活和评价（affective arousal and appraisals）"。古森斯（Goossens）引述弗利达（Frijda）（1986）将"情感"看作是对个人关注—实现（concern-realization）系统的一种表现，代表系统输出（outputs）对环境符号反应所引致的在行动意向（action readiness）上的变化，意味着兴趣和行动要求。在其模型中，"情感"被具体操作化为旅游者对目的地吸引物和消遣产品的主观情感体验（subjective emotional experiences）、情感评价（affective appraisals）和感觉描述（verbal reports of feelings）。这样，旅游者目的地选择的动机意向形成于"形象"和"情感"的交结（intertwinement）中。

古森斯（Goossens）指出，这一"享乐旅游动机模型"启示营销学者和实践者：为充分理解激发目的地选择过程的"心理机制"，必须将旅游者对目的地及其属性的情感和感觉纳入建模（modelling）中。此外，从营销沟通的角度，该模型可用于指导类似于旅游营销者需了解目标市场对其促销刺激物的情感和动机反应的研究。

2. 普伦蒂斯（Prentice）的"整合选择域模型"

普伦蒂斯（Prentice）（2006）关注以若干按顺序的"阶段（stages）"来建构目的地选择过程的传统研究范式的片面性和局限性，借鉴目的地营销研究的部分近期成果，从一个比较综合的视角构建了对"选择域建模"加以改进、更新的"整合选择域模型（Integrated Choice-sets Model）"［由三个核心阶段构成：消费者过滤（customer filters）、激活域（evoked set）和行动域（action set），见图4—5］。该模型的主要贡献点为两个：（1）在旅游目的地选择情境下对前文提及的一般营销领域中"情感作为信息（affect-as-information）"的机制进行了操作化（operationalization）；（2）对传统研究范式在对营销学"独特卖点（USPs-Unique Selling Points）"概念理解和应用上的误区进行了反思和调整。

在第一个贡献点上：普伦蒂斯（Prentice）主要关注将"熟悉（familiarity）"这一"构念"对旅游者目的地选择的影响通过施瓦兹的和克罗尔（Schwarz & Clore）（1983，1988）、范（Pham）（1998）等学者开发的"我的感觉如何？"启示（HDIF "How do I feel about it?" Heuristic）的"情感作为信息（affect-as-information）"机制来阐释。普伦蒂斯（Prentice）审视传统研究仅从总结角度对"熟悉"进行界定（summary definitions）和仅将其看作"形象"的一个解释因素（explainer）的不足，将对"熟悉"从过程导向（process-orientation）视角进行界定的一些观点①纳入其研究。

---

① 如科恩（Cohen）（1972）将"熟悉"界定为对"旅游罩（tourist bubble）"的偏好、奥伊（Ooi）（2004）将"熟悉"操作化为舒适（coziness）、普伦蒂斯（Prentice）等（1994）将钟爱（endearment）识别为提高旅游者对目的地认同感的一个"熟悉"过程。

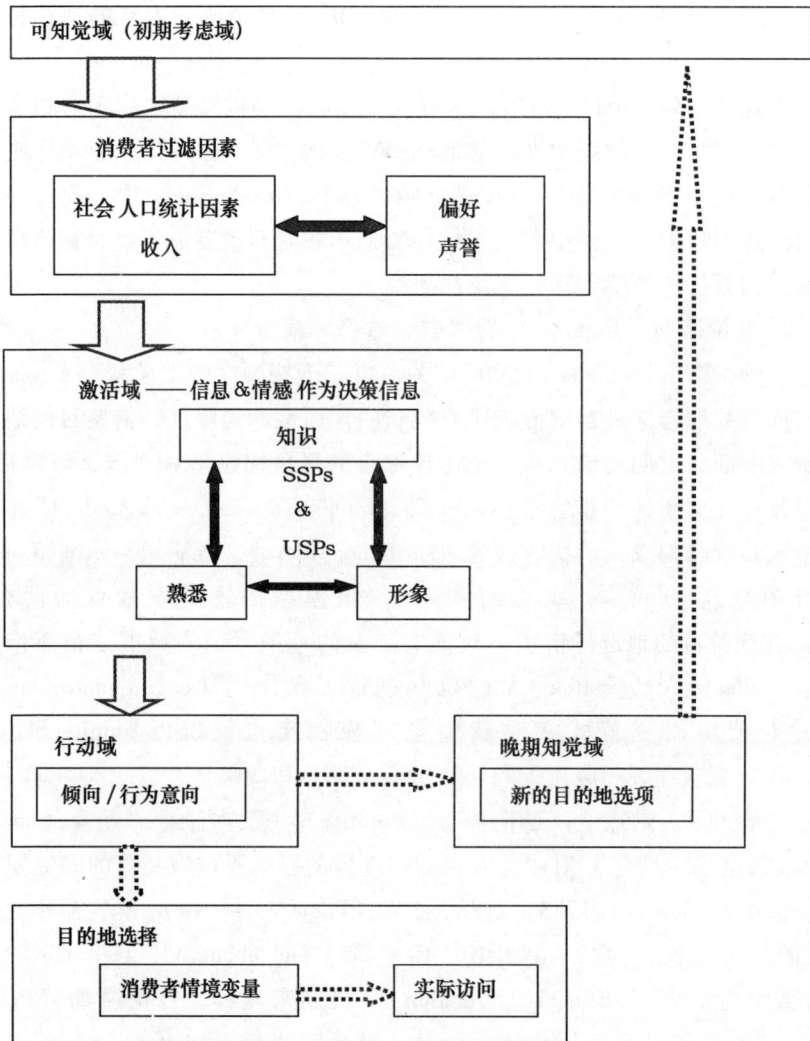

图 4—5 整合选择域模型

资料来源: Prentice R. C. , Evocation and experiential seduction: updating choice-sets modeling. *Tourism Management*, 2006, (27): p. 1157。

这样,"熟悉"的一个要素——"体验性熟悉(experiential familiarity)"就成为 HDIF 范式的一个重要方面,即通过"体验"激发的"情感"类似于认知功能要素,可代表价值陈述(value statements)。"情感"被激活为信息(feelings are evoked as information)发生在对目的地的立即评估

(spontaneous appraisal) 或具体判断 (specific judgment) 中，涉及整体的 (holistic) 或基于属性的 (attribute-based) 情感评价。Prentice 引用关于内部人—外部人 (insider-outsider) 的探讨，① 指出对目的地熟悉的旅游者作为内部人所持有的形象更加微妙 (nuanced) 和情感化 (affective)，因为"体验"诱导消费者基于有限的信息做出猜想，用他们的"熟悉"来代替目的地产品知识。在此视角下，"熟悉"对目的地选择的影响作用被认为类似于"消费者情境变量 (consumer situational variables)"，是对"形象"影响作用的一个过滤器 (filter)。

在第二个贡献点上：普伦蒂斯 (Prentice) 揭示传统营销和目的地形象研究在对里夫斯 (Reeves) (1961)② 提出的"独特卖点 (USPs)"概念使用上的局限性，认为仅将其操作化为"产品功能属性"、将市场吸引力等同于"产品效用 (Product utility)"的做法实际上更适用于"独特效用卖点 (UUSPs-Unique Utility Selling Points)"的称谓。传统研究对"USP概念"的应用暗含两个假设：(1) 为影响其决策，消费者需要了解产品之间的差异，特别是在"效用"方面；(2) 消费者选择过程可以基于第一个假设来进行建模；故而这意味着消费者寻求"产品效用"的差异来进行决策。普伦蒂斯 (Prentice) 进一步指出，旅游形象研究中对"UUSPs"的强调导致其仅关注"产品功能属性 (product function attributes)"，而非目的地"更为总体的属性 (more general attributes)"。相反，HDIF 范式则同时关注两类属性，并不假定前者在"消费者形象 (consumer imagery)"中居首要位置。整体风景形象与目的地国家相关的其他产品形象、对某国所激发起的想象颜色以及对某国及其邻国的联想和感觉等都被认为与"情感作为信息 (affect-as-information)"的方法潜在相关。此外，普伦蒂斯 (Prentice) 发现传统研究应用"UUSPs"仅关注单一目的地而非采取比较视角做法的自相矛盾之处，强调有效的"USPs"是消费者界定的 (consumer-defined)。

基于以上对传统"USPs"使用的看法，普伦蒂斯 (Prentice) 认为应赋予"USPs"更深刻和宽泛的内涵，将其重新界定为包含"独特效用卖点 (UUSPs-Unique Utility Selling Points)"、"独特体验性卖点 (UESPs-U-

---

① Relph E. , *Place and placelessness.* London：Pion, 1976.

② Reeves R. , *Reality in advertising.* New York：Knopf, 1961.

nique Experiential Selling Points)"和"独特象征性卖点（USSPs-Unique Symbolic Selling Points）"三个维度。以遗产目的地为例，普伦蒂斯（Prentice）将"UESPs"阐释为旅游者对目的地的感觉（sense）和源于目的地的生动体验（lived experience）；将"USSPs"阐释为旅游者方面对目的地的文化熟悉感（cultural familiarity）；称提供这两类USPs的遗产目的地为具有移情效果的文化/遗产目的地（Cultural or heritage empathetic destinations）。虽然普伦蒂斯（Prentice）（2006）的研究主要是在"体验性视角"和其HDIF范式下来架构的，但其囊括了旅游者对目的地的文化认同（cultural identification），以及在"UESPs"和"USSPs"概念之间的划分，与前文引述的帕克（Park）等（1986）在整合两大脉络研究成果（基于"体验性视角"和"价值表征性视角"的两大脉络）基础上根据其核心差异点对"非功用性消费需求"所做的"体验性需求"和"象征性需求"分类思路是一脉相承的。普伦蒂斯（Prentice）主要是针对遗产目的地营销的情境对其所建议的"UESPs"和"USSPs"概念维度做了简单阐释。鉴于"USPs"在营销沟通领域的深远影响，本研究在下文构建"目的地非功用性定位概念性指导模型"时将同样应用这一概念，但借鉴普伦蒂斯（Prentice）所提出的"独特体验性卖点（UESPs-Unique Experiential Selling Points）"和"独特象征性卖点（USSPs-Unique Symbolic Selling Points）"称谓的有益思路，将关注点放在这两个"USPs"维度上，并从分别迎合Park等（1986）划分的消费者"体验性需求"和"象征性需求"的角度对它们做出适用于更为一般、普遍的旅游研究情境的界定。

3. 瑟吉（Sirgy）和苏（Su）的"目的地游客形象、自我一致和旅游行为整合模型"

瑟吉和苏（Sirgy & Su）（2000）反思先前旅游营销研究主要关注旅游者买什么、何时买、在哪里买和如何买的局限性，引入"自我一致理论（self-congruity theory）"，提出了一系列与其思想逻辑相一致的解释模型（由作者汇总在图4—6中），旨在从为何买的角度揭示旅游行为被激发的潜在心理机制（psychological underpinnings）。其中模型的主体部分综合考察了"目的地环境（destination environment）"对"目的地自我一致（destination self-congruity）"和"目的地功能一致（destination functional congruity）"的影响、二者对旅游行为的驱动作用以及"目的地自我一致"对"目的地功能一致"所具有的偏向效应（bias effect），被瑟吉（Sirgy）和苏（Su）称为"目的地游客形象、自我一致和旅游行为整合模型（Destination Visitor Image，Self-congruity，and Travel Behavior Integrative Model）"。

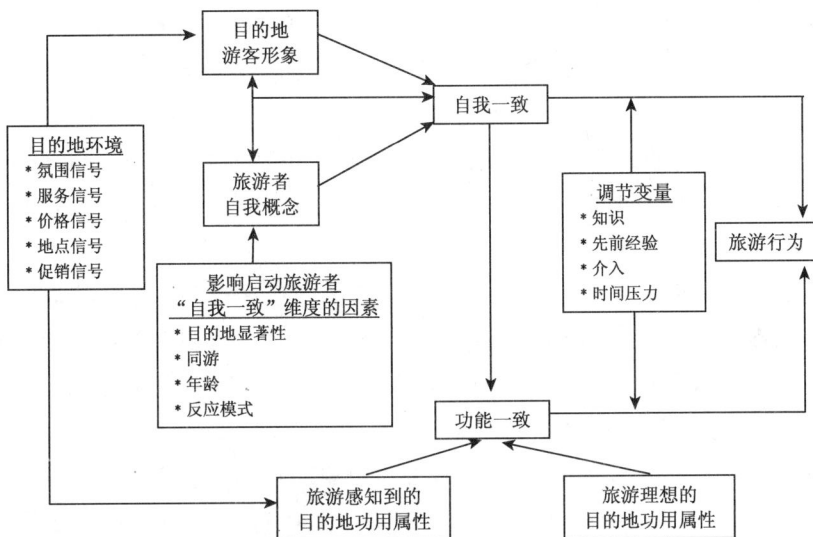

图4—6 目的地游客形象、自我一致、旅游行为整合模型

资料来源：Sirgy M. J., Su C. T., Destination image, self-congruity, and travel behavior: toward an integrative model. *Journal of Travel Research*, 2000, 38（4）: pp. 340—352。

在该模型中，根据瑟吉（Sirgy）（1982）在一般消费产品领域的界定，瑟吉（Sirgy）和苏（Su）将旅游目的地情境下的"自我一致（self-congruity）"构念定义为"目的地游客形象（destination visitor image）"与"旅游者自我概念（tourists self-concept）"之间的一致/不一致程度。"目的地游客形象"在此指通常访问一个特定目的地的一类游客的常规形象（stereotypic image），代表目的地的象征性信号（symbolic cues）。相应地，自我一致决策机制（self-congruity decision mechanism）被阐释为：当"目的地游客形象"与"旅游者自我概念"越匹配、越重合时，旅游者就会对该目的地持有一个积极的态度，访问该目的地的可能性就越大。如前文介绍，基于一般营销领域目前对"自我概念"和"自我一致"维度所达成的共识，瑟吉（Sirgy）和苏（Su）也将"目的地自我一致"划分为"现实自我一致"、"理想自我一致"、"社会自我一致"和"理想社会自我一致"四个维度，分别对应于旅游者的"自我一致性"、"自尊"、"社会一致性"和"社会认可"四类潜在心理动机。虽然该模型的主要关注点是"自我一致"，为了同时反映旅游者对目的地功能属性评价所引致的目的地偏好和选择（即传统"信息处理视角"的观点），这一决策机制在模型中被遵循"自我一致理论"的思路命名为"目的地功能一致（destination functional congruity）"。借鉴瑟吉（Sirgy）等（1991）的观点，"目的地功能一致"被界定为旅游者对目的地功用性属性（utilitarian attributes）所持有的理想期望（ideal expectations）与其对这些属性感知（perception）之间的一致/不一致程度。

瑟吉（Sirgy）和苏（Su）对影响"目的地游客形象"形成和在"自我一致"匹配的心理过程中究竟激活、启动哪一"自我一致"维度的因素做了较综合、详尽的阐释。他们指出，"目的地环境"提供了大量可被旅游者用来形成其典型游客印象（typical visitor image）的知识性信号（informational cues），包含氛围、服务、价格、地点和促销5个方面。目的地氛围信号（destination atmospheric cues）指自然风景、历史吸引物、酒店设计、旅游基础设施、目的地拥挤度等所有影响旅游者从整体范畴来制定购买决策的信号；目的地服务质量、定价策略、促销信息和媒体容易从社会经济地位方面影响旅游者对目的地客户（patron）形象的构想；目的地地点（destination location）则可能反映游客的旅游动机。在决定不同类型"自我一致"机制对旅游行为的预测力上，"目的地显著性（destination conspicuousness）"、"同游（co-touring）"、旅游者"年龄"和"反应模式（response mode）"被识别为重要影响因素。

借鉴一般营销研究中的"产品显著性（product conspicuousness）"术语（指产品在私下场合和公共场合被消费的程度），[1] 瑟吉（Sirgy）和苏（Su）开发了"目的地显著性"概念，称旅游者认为他们能够被重要的他人（如朋友、亲属、邻居、同事等旅游者介意其印象的人）所观察和/或评价的目的地为显著目的地（conspicuous destinations）。相应地，旅游者对显著目的地的偏好/购买被认为受公开类型自我一致（public type self-congruity）（社会自我一致、理想社会自我一致）的影响要大于私人类型自我一致（private

---

[1]　Rose I., Self-concept and brand preference. Journal of Business of the University of Chicago, 1971, 44: pp.38—50.

type self-congruity）（现实自我一致、理想自我一致），而不显著目的地（inconspicuous destinations）的情况则相反。

与重要的他人同游（co-touring with significant others）被认为可能会激发旅游者的"社会认可"和"社会一致性"动机，使其对自身进行印象管理（impression management），购买他们相信会给重要的他人留下好印象或至少不会打破（disconfirm）这些人对其期望的目的地产品。因此，"同游"被认为是启动公开类型自我一致来形成旅游者目的地偏好/购买的因素。

年龄变量发挥类似的作用。年轻旅游者尚处在一个通过社会接触（social encounters）来塑造其私人自我感知的过程中，有较强的形象管理和公开自我意识；而成年旅游者已形成在某种程度上包容、符合其公开自我的牢固的私人自我意识（consolidated sense of private self）。因此，年轻旅游者的决策和行为被认为更多地受到公开类型自我一致的影响，而成年旅游者则相反。

反应模式指决策类型是属于偏好判断型（preference judgment type）还是品牌选择型（brand choice type）。由于"自尊"和"社会认可"的动机更容易在偏好判断型决策情境下被激活，而"一致型动机（自我一致、社会一致）"更适用于品牌选择型决策（Hong & Zinkhan, 1995）；旅游者的目的地偏好决策被认为更多地受到"提升型自我一致（enhancement-type self-congruity）"（理想自我一致、理想社会自我一致）的影响，目的地购买决策更多地受到"维持型自我一致（consistency-type self-congruity）"（现实自我一致、社会自我一致）的影响。

"目的地自我一致"对"目的地功能一致"的偏向效应是瑟吉和苏（Sirgy & Su）（2000）模型是一个亮点。所谓偏向效应（bias effect）指体验到较高水平"自我一致"的消费者倾向于更有利地感知产品的"功用性属性"，反之亦然。这一命题（proposition）在一般消费产品领域的研究得到了实证支持，Sirgy 和 Su 在此将其纳入旅游行为建模中：当旅游者感知到一个目的地的游客形象与其"自我概念"（现实/理想/社会/理想社会）相匹配时，就会对该目的地形成一个初始积极态度（initial favorable attitude），朝着有利的方向扭转（distort）进一步对目的地功用性属性的信息处理。

这一偏向效应被认为实质上等同于社会心理学家所研究的"第一印象（first impression）"（Varvoglis & Sirgy, 1984）。瑟吉（Sirgy）等（1991）使用抽象和具体体系（abstract and concrete schemes）的概念对此做出如下解释："自我概念"作为抽象体系处于较高的处理层面，很可能在对产品功能属性的认知处理（具体体系）之前就得到阐释，因此源于"自我一致"的评价能够产生扭转功能属性阐释方向的动机倾向。此外，从综合考察"自我一致"和"功能一致"对旅游者行为预测力（predictiveness）的角度，瑟吉（Sirgy）和苏（Su）还识别了4个影响目的地决策是由"自我一致"还是"功能一致"机制促发（各自分配权重）的情境和旅游者相关调节变量（moderators）：知识、先前经验（previous experience）、介入（involvement）和时间压力（time pressure）。

4. 洪（Hung）和帕特里克（Petrick）的"目的地自我一致模型"

洪和帕特里克（Hung & Petrick）（2010）在"游轮旅游（cruise tourism）"的研究背景下应用"自我一致理论"构建了一个解释"旅游行为意向（travel behavioral intention）"产生基础原因的"目的地自我一致模型（destination self-congruity model）"。该模型的理论构建与瑟吉和苏（Sirgy & Su）（2000）模型主体部分相一致（后者涉及变量关系范围更广一些），很大程度上借鉴了此研究，依于与其两个相似的理论命题而建（二者的被解释变量分别为行为意向和旅游行为）：（1）旅游者对目的地旅游行为意向的形成根本上由"目的地自我一致"和"目的地功能一致"机制所决定；（2）"目的地自我一致"对"目的地功能一致"具有偏向效应（bias effect）。模型如图4—7所示。对这两个理论命题的阐释如前文瑟吉（Sirgy）和苏（Su）模型，此处不再赘述。

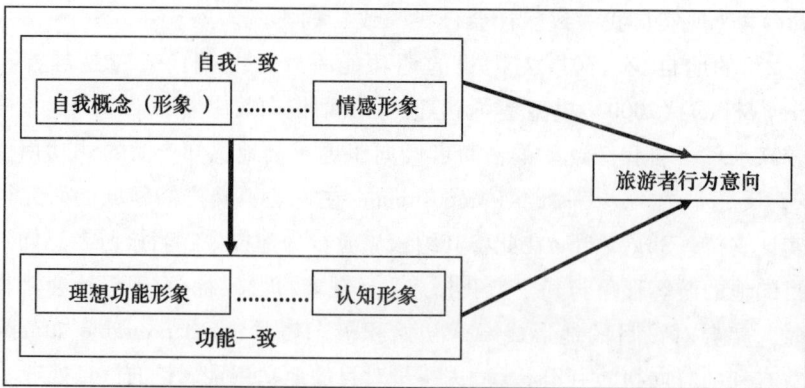

图4—7　目的地自我一致模型

资料来源：Hung K., Petrick J. F., The role of self- and functional congruity in cruising intentions. *Journal of Travel Research*, 2010, 1: pp. 1—13。

该模型与瑟吉和苏（Sirgy & Su）（2000）模型的不同点（差异化理论贡献点）表现在：该模型构建的出发点和焦点都是"自我一致"机制在目的地形象研究范畴（destination image research context）下的应用。洪（Hung）和帕特里克（Petrick）指出，尽管大量目的地形象文献都证实了积极形象对旅游者访问某一目的地意向的关键影响作用，但促成两个变量之间关系的基础心理机制（fundamental psychological mechanism）始终没有得到解释。他们从整合目的地形象和自我一致这两个研究体系的角度将"自我一致"理论置于目的地形象研究框架内。遵循 Sirgy（1991）、克雷斯曼（Kressmann）等（2006）对"自我一致"和"功能一致"的界定方法，"目的地自我一致"被定义为旅游者的"自我概念/自我形象（self-concept/self-image）"与其持有的"目的地情感形象（destination affective image）"之间的相一致程度；"目的地功能一致"被定义为旅游者对目的地属性的理想预期（ideal expectation）与其对这些属性所持有的"认知形象（cognitive image）"之间的相一致程度。这样，鉴于过去将"自我一致"与目的地形象相结合的有限文献都没有区分目的地形象的不同成分，该模型通过克服这一局限清晰地展示了目的地形象影响旅游者行为意向的机制。

（二）少数代表性相关实证研究

伴随理论构建方面的发展，旅游者行为和决策制定研究领域涌现出大量在结论发现上与"非功用性消费需求"研究体系思想相一致的实证研究。这些文献以实际统计数据反映了传统"信息处理视角"和"选择域模型"的局限，证实了非结构化/非理性目的地选择现象存在的普遍性和解释这些现象发生的基础决策机制在旅游研究领域中的切实有效性（these decision mechanism really hold in tourism）。以下为少数代表性成果：

海德和劳林（Hyde & Lawson）（2003）通过深入案例研究（in-depth case studies）对初次访问新西兰游客旅行计划和度假要素选择过程的分析识别了个人旅游（independent travel）的本质为：变化的行程安排、愿意冒险和期望体验事先未安排的事物。类似地，萨尔和艾赛特（Bansal & Eiselt）（2004）对加拿大 New Brunswick 省游客旅游决策制定过程的调研发现主要目的地的选择在决策早期就由旅游者的"动机"所驱动，而诸如详细计划和可行性筛选等认知分析过程发生在决策制定顺序中较晚的时候，常常在度假活动开始之后。特别地，"以情感为基础的决策模式（affectively-based decision making）"在一些学者的研究中得到了直接体现。

徐（Hsu）等（2004）在美国堪萨斯州（Kansas）形象调查的研究中发现潜在旅游者所体验到的整体上"单调的（boring）"氛围影响了他们对当地具体属性形象的认知。泰勒（Taylor）（2001）以新西兰两个 Maori 目的地的案例证实了旅游者的真实性和可靠性感觉（Feelings of authenticity and sincerity）是具有 HDIF（How do I feel about it）效应、激发旅游愿望和感知价值形成的重要"构念"。"熟悉（familiarity）"作为 HDIF 范式的一个重要方面得到最多学者关注。普伦蒂斯和安德森（Prentice & Andersen）（2000）在爱尔兰文化旅游重定位的研究中发现"熟悉"构念是链接旅游者对目的地的情感联想、激活机会（evoked opportunities）和偏好而驱动其行为意向的有力解释因素。博物馆游客的吸引物选择被赛普尔韦达·得斯·安托斯（Sepulveda dos Antos）（2003）描述为类似对纪念品的选择，作为游客先前经历（previous experiences）的参照点，博物馆成为情感和记忆的来源，感受越深厚和亲密，选择就成为个人识别（identity）的标志。安德塞格和茶伊资格（Andsager & Drzewiecka）（2002）、贝利和马丁（Beerli & Martin）（2004）、帕特里克（Petrick）（2004）的研究亦分别在消遣旅游和游轮旅游的情境下证实了重游者（repeaters）的目的地选择主要依赖情感评价，不同于初游者（first-timers）基于认知分析的结果。

旅游者目的地决策制定的"自我一致（self-congruity）"机制（效应-effect）也被诸多研究所证实。钱（Chon）（1992）的研究被认为是最早将"自我一致理论"引入旅游情境的（Beerli，Meneses & Gil，2007），其他相关成果基本上都出自 21 世纪以后。通过将旅游者的"自我概念（形象）"和"目的地形象"在一个开发的 5 个问题量表上做测量比较，钱（Chon）发现旅游者的"满意度（satisfaction）"水平与"自我一致"效应显著相关。戈赫和得特（Goh & Litvin）（2000）、利特和戈赫（Litvin & Goh）（2002）将研究关注点转为旅游者游前阶段（pre-visit）的目的地兴趣（interest）和购买意向（purchase proclivity），应用钱（Chon，1992）的量表，同样在目的地形象范畴下验证了"自我一致"机制的有效性。类似地，贝利（Beerli）等（2007）也在其研究中证明了"自我一致"效应对旅游者游前目的地访问意向的激发作用，但是应用的是马尔霍特拉

（Malhotra）（1981）① 开发的"自我概念"量表。卡斯登霍兹（Kasten-holz）（2004）将"自我一致"效应对旅游行为的预测力拓展到乡村旅游研究情境下，应用马尔霍特拉（Malhotra）（1981）量表，发现了与前述研究相一致的结论。更为晚近的一些成果，如乌萨勒和巴洛格鲁（Usakli & Baloglu）（2010）发现了从游后阶段（post-visit）的视角发现"自我一致"机制对 Las Vegas 旅游者重游意愿（intention to revisit）和推荐意愿（intention to recommend）的显著影响力；洪和佩特里克（Hung & Petrick）（2010）验证了"自我一致"效应对游轮旅游选择意向的激发作用。

四 旅游目的地"非功用性"定位指标

本章前面部分对当前目的地定位研究主要依据的决策制定模式假设，特别是旅游者目的地决策制定研究体系结合"非功用性消费需求"对此进行改进、更新的晚近成果的阐述，构成了提取目的地"非功用性"定位指标的理论基础。与传统目的地定位研究以"认知形象"为比较基础相对应，我们也需要为即将建构的"目的地非功用性定位指导模型"寻找恰当的、充当目的地之间差异化基础（differentiation basis）的"定位指标（positioning indicators）"。

在本研究中，实现这一目标的途径为：从先前介绍的一般营销领域和特定的旅游研究领域对消费者决策制定的一系列新理论成果（更新模型/机制）中提取驱动消费者选择行为的核心要素，结合对旅游营销研究中关注"非功用性消费需求"更广泛领域文献的检索、回顾，识别、确定具有如上潜力、代表旅游者目的地态度的重要"理论构念"。结果是：分别来自目的地形象和目的地品牌化研究体系的两个"构念"——"目的地情感形象"和"目的地品牌个性"被确定为目的地"非功用性"定位指标。

（一）旅游目的地情感形象

1. 旅游目的地情感形象的概念内涵

旅游营销研究传统上一直将目的地形象看作解释旅游者目的地偏好和

---

① Malhotra N. , A scale to measure self-concepts, person concepts, and product concepts. *Journal of Marketing Research*, 1981, 18（4）：pp. 456—464.

选择的有利因素（Prentice，2006）。在"目的地形象"内涵的理解上，学者们除了从总体上对其做出概念界定［如 Crompton（1979）定义①、MacKay 和 McVetty（2002）定义②］之外，更多地关注对构成"目的地形象"不同成分（components）或维度（dimensions）的理解和界定。尽管在这方面学者们曾做出过诸多不同的界定尝试，如今几乎所有旅游学者都承认"目的地形象情感成分（affective component of destination image）"的存在，发展成被广泛接受和研究的"目的地情感形象（destination affective image）"的独立"二级构念（sub-construct）"。

绝大多数旅游学者支持对"目的地形象"的一种二维结构（two-dimension structure）界定，即包含"认知形象"和"情感形象"两个维度（Stephenkova & Morrison，2008）。其中，"目的地认知形象（destination cognitive image）"指"旅游者对一个目的地所持的信念和知识，主要关注目的地的有形实体属性"③；而"目的地情感形象（destination affective image）"通常被界定为"旅游者对一个目的地所持的感觉或情感反应"④。此外，加特纳（Gartner）（1996）将"目的地形象"界定为由三个显著不同，但层次上相关的成分构成："认知"、"情感"和"意动"。其中认知成分和情感成分在理解上与其他学者基本一致，补充了目的地形象的意动成分（conative component），认为它代表旅游者在给定时间内访问一个目的地的可能性。加特纳（Gartner）特别指出，目的地形象的情感成分与旅游动机相关，代表旅游者对一个地方的评价是积极的（positive）、消极的（negative）或是中立的（neutral）。因此，"目的地情感形象"通常又

---

①　Crompton（1979）将"目的地形象"定义为：人们对一个目的地所持有的信念、想法和印象的总和。引自 Crompton J. L.，An assessment of the image of Mexico as a vacation destination and influence of geographical location upon that image. *Journal of Travel Research*，1979，17（4）：pp. 18—23。

②　MacKay 和 McVetty（2002）将"目的地形象"定义为：对一个地方的总体印象。引自 MacKay K.，McVetty D.，Images of first-time visitors to Queen Charlotte Islands and Gwaii Haanas national park reserve. *Journal of Park and Recreation Administration*，2002，20（2）：pp. 11—30。

③　Pike S.，Ryan C.，Destination positioning analysis through a comparison of cognitive，affective and conative perceptions. *Journal of Travel Research*，2004，42（4）：pp. 333—342。

④　如 Kim S.，Yoon Y.，The hierarchical effects of affective and cognitive components on tourism destination image. *Journal of Travel & Tourism Marketing*，2003，14（2）：pp. 1—22；Hong S.，Kim J.，Jang H，Lee S.，The roles of categorization，affective image and constraints on destination choice：an application of the NMNL model. Tourism Management，2006，27（5）：pp. 750—761。

被称作"评价性形象（evaluative image）"，通过目的地所具有的"情感形象属性（affective image attributes）"或"评价性形象属性（evaluative image attributes）"来反映和测量（Chen，2001）。在整个目的地形象研究体系内，艾特纳和里奇（Echtner & Ritchie）（1991，1993）提出了一种稍微有点儿独特的目的地形象构成界定方法，认为可从属性—整体（attribute-holistic）、功能—心理（functional-psychological）和共同—独特（common-unique）三个维度来理解目的地形象。其突出贡献在于：除了通过一系列量表题目来测量形象的传统结构化（structured）方法之外，他们建议补充两个非结构化（non-structured）的"开放式问题"，以更全面地反映其所界定的目的地形象成分的信息。其中第二个问题（你如何描述当你访问——目的地时预期能够体验到的氛围或情绪?）被认为包含情感评价，实际上属于其他学者所界定的"目的地情感形象"范畴（White，2004）。

2. 目的地情感形象对旅游者目的地选择行为的重要影响

由上述对"目的地情感形象"概念内涵的学术理解和界定，可以建立它与前文介绍的与体验性视角和其享乐性消费研究分支相适应的"以情感为基础的决策模式（affectively-based decision-making）"之间的关联性，识别它对旅游者目的地选择行为所具有的重要驱动作用。

（1）理论关联性

Mittal（1988）的情感选择模式（ACM）中对消费者决策发挥核心作用的要素是他们对产品的情感反应（emotional response）；施瓦兹的和克罗尔（Schwarz & Clore）（1983，1988）的 HDIF（How do I feel about it?）范式强调的是消费者对产品在其脑海中的表征所形成感觉（feelings）的信息价值；类似地，古森斯（Goossens）（2000）针对旅游目的地研究情境所构建的"享乐旅游动机模型"将由形象（image）和情感（emotions）交互作用所代表的享乐反应（hedonic responses）视为直接驱动旅游行为意向和目的地选择过程的最关键要素。可以看出，这些模型/机制中突出的行为核心驱动要素与上述目的地情境下"情感形象"的概念界定和理解是直接吻合的，可以将"目的地情感形象"构念看作是在旅游目的地情境下应用"以情感为基础的决策模式"对其核心作用要素的一种有效操作化（operationalization）。事实上，旅游研究中的"目的地情感形象"直接借鉴了环境心理学中的环境情感质量研究，而后者与一般营销中的消费情感、情感形象等研究在思想发展渊源上具有密切关系，奠定了如上关联性的基础。因此，"目的地情感形象"构念在实际研究中应能代表这些行为核心驱动要素,反映其因迎合消费者"非功用性需求"而能有效预测品牌选择行为的属性。

(2)实证支持

除了从概念内涵和理论发展角度对"目的地情感形象"与"以情感为基础的决策模式"之间内在联系的识别之外,目的地形象研究中切实存在着很多证实了"目的地情感形象"对旅游者目的地选择行为的显著驱动作用的实证研究文献(下文将介绍部分代表性研究),进一步强化了"目的地情感形象"被选作反映目的地在满足"非功用性消费需求"方面占据市场位置的定位指标的适当性。

在实证支持方面,"目的地情感形象"对旅游者的行为意向(behavioral intention)(一个被认为可高度代表现实访问行为的关键因素[①])所发挥的影响作用得到了最多学者的研究关注。基于游前(pre-visit)视角:巴洛格鲁(Baloglu)(1999)以四个地中海国家为案例目的地,证实了潜在旅游者所持的"目的地情感形象"对其目的地访问意向(destination visiting intention)形成的直接、显著影响作用。塞梅丝和萨拉卡约(Sönmez & Sirakaya)(2002)在其对土耳其形象的调查研究中发现"目的地情感形象"的两个因子(当地吸引物和接待业、舒适/安全和游客便利)显著预测了潜在旅游者的目的地访问可能性(likelihood to visit a destination)。尤克斯和阿卡古尔(Yuksel & Akgul)(2007)关注明信片在打造"目的地情感形象"方面的作用,发现由目的地明信片所激发的积极情感显著预测了潜在游客的目的地访问意愿(desire to visit a destination)。郑(Jeong)等(2009)将"目的地形象"概念应用于赛马(horse racing)情境,证实了潜在游客与健康、兴奋、安全维度相关的积极情感形象与其访问意向显著相关。基于游后(post-visit)视角:Bigne 和 Andreu(2004)对访问西班牙博物馆和一家主题公园的游客调查结果显示,体验到较高水平情感形象维度(快乐和激活)的游客具有较高水平的满意度与在行为意向的忠诚(loyalty)和支付更多意愿(willing to pay more)方面的积极态度。类似地,比涅(Bigne)等(2005)在主题公园情境下识别了"目的地情感形象"的快乐维度对游客的

---

① Baloglu S., A path analytic model of visiting intention involving information sources, Socio-psychological motivations, and destination image. Journal of Travel & Tourism Marketing, 1999, 8(3): pp. 81—90.

目的地重游意向（intention to return a destination）具有积极显著影响。卡普勒那多（Kaplanidou）（2007）对情感性节事（affective event）的研究显示奥林匹克旅游者对雅典目的地的重游意向受到其在兴奋和快乐两个情感形象维度上感知水平的影响。

此外，"目的地情感形象"对其他被认为与现实购买行为紧密相关的行为变量（behavioral variables）的积极影响也得到了研究，如目的地偏好（destination preference）和目的地访问决定（decision to visit a destination）。林（Lin）等（2007）探讨目的地形象成分在三类目的地情境下对游客目的地偏好形成的影响作用，以台湾地区三个案例目的地的调研结果显示情感形象成分可显著预测游客对开发型目的地（developed destination）和主题公园的偏好；特别是在主题公园情境下，情感形象成分构成对整体目的地形象和目的地偏好的唯一决定因素。塔巴伽和瓦雷沙克（Tapachai & Waryszak）（2000）基于消费价值（consumption values）理论提出了影响决定访问一个目的地的目的地有利形象（destination beneficial image）的概念和测量框架，其中的一个重要因子为由放松和安静维度组成的情感成分，并通过泰国和美国形象的案例研究加以证实。洪（Hong）等（2006）的研究值得关注，他们强调"情感形象"在目的地决策制定过程中的重要作用，引入分类简化决策策略（simplifying decision strategy of categorization）的思想，将"情感形象"界定为影响目的地晚期考虑域（late consideration set）形成的唯一核心因素，这一过程与对限制性因素（constraints）的评估过程直接相连，不涉及认知负担。通过韩国八个国家公园的案例研究，Hong 等证实了假定的"目的地情感形象"在选择早期的分类作用。

（二）旅游目的地品牌个性

1. 旅游目的地品牌个性的概念内涵

"品牌个性（brand personality）"被认为是一般营销领域品牌化（branding）研究体系中的一个关键概念，被界定为："与一个品牌相联系的一组人类特点。"[①] 消费者习惯于给无生命对象（inanimate objects）赋予人类个性特点的现象概念上是通过熟悉和舒适理论（familiarity and comfort theories）来解释的（Ekinci & Hosany，2006）。熟悉理论认为人类将我们自身

---

① Aaker J. L. , Dimensions of brand personality. *Journal of Marketing Research*, 1997, 34（3）: pp. 347—356.

作为外部世界的模范（model），将自我体系（self-schema）作为用以解释外部世界的名称（labels）和概念（concepts）；舒适理论强调情感动机的私密性，指出人类面对非人性（nonhuman）的对象会觉得不舒服，"他们不知道或不确定这些影响他们命运的主要因素，会通过将这些非人类的特点投射到属于人类的层面来使其安心"（Guthrie，1997）。品牌个性被认为在提高消费者偏好（Aaker，1999）、建立品牌—消费者关系（Aaker，1997）、塑造信任和品牌资产（brand equity）（Fournier，1998）等方面具有关键价值。鉴于品牌个性研究缺乏共同的理论和一致认可的分类，阿克（Aaker）（1997）采用严格的技术程序，开发了一个可信（reliable）、有效（valid）的品牌个性量表（BPS-Brand Personality Scale），支持一个五个维度的品牌个性结构：真实、真诚（sincerity）；兴奋（excitement）；能力、技能（competence）；经验、世故（sophistication）；粗野、坚毅（ruggedness）。自此，BPS在针对属于不同产品类别的不同品牌和不同文化背景的广泛研究中都得到了复制应用，被认为是测量品牌个性最经典、最稳定的量表（Murphy，Moscardo & Benckendorff，2007）。

随着全球旅游市场竞争的激烈，目的地营销组织日益借鉴一般产品营销的做法采取"品牌化"作为其获取竞争优势的有力武器（Blain，Levy & Ritchie，2005），目的地官方被建议使用"品牌个性"概念来为自身目的地树立独特的形象和本体（Swee-Hoon & Ai-Ching，2006）。"旅游目的地拥有广泛的可与特定价值、历史、事件和感觉联系起来的有形和无形成分，因此被认为富有象征性价值和个性特质，可被恰当地应用目的地品牌个性这一概念。"[1]尽管21世纪初的一些旅游研究文献已经在概念层面上承认了"目的地品牌个性"构念的表面效度（face validity），旅游研究领域对这一"构念"的正式引入、界定，特别是涉及实证测量则是更为晚近的事情，在2005年之后。借鉴一般营销领域"品牌个性"的界定方法，"旅游目的地品牌个性（tourism destination brand personality）"被定义为："与一个旅游目的地相联系的一组人类特点。"[2]旅游者对目的地品牌个性的感知可以通过他们与目的地之间的直接或间接联系而形成。个性特质可以以一种直接

---

① Ekinci Y., Hosany S., Destination personality: an application of brand personality to tourism destinations. *Journal of Travel Research*, 2006, 45（4）: pp. 126—139.

② Hosany S., Ekinci Y., Uysal M., Destination image and destination personality: An application of branding theories to tourism places. *Journal of Business Research*, 2006, 59: pp. 638—642.

方式由目的地的居民、酒店、餐馆和景点员工或者旅游者形象与一个目的地联系起来；也可以通过营销项目，诸如联合广告、价值定价、国家名人和目的地媒体结构等被间接地赋予到目的地之上（Ekinci & Hosany，2006）。

2. 目的地品牌个性对旅游者目的地选择行为的重要影响

与确定"目的地情感形象"定位指标的思路相一致，这里将借鉴、引述部分关于目的地品牌化、目的地品牌个性的理论认识来揭示"目的地品牌个性"与前文介绍的与价值表征性视角和其自我概念研究分支相适应的"自我一致决策机制（self-congruity decision mechanism）"之间的关联性，并提供实证支持来进一步阐明"目的地品牌个性"对旅游者目的地选择行为的重要影响和其被选作定位指标的切合性。

（1）理论关联性

"自我一致决策机制"强调品牌/产品的价值表征性（value-expressiveness）或象征性价值（symbolic values）对消费者购买行为的驱动作用。阿克（Aaker）（1999）指出，这一自我感知—品牌感知相一致机制的核心和要点便是一个自我概念—品牌个性相一致的效应（self concept-brand personality congruence），即消费者偏好那些拥有与其自身具备或希望投射的个性特点相一致的个性的品牌。在一般营销领域，曾有很多学者关注和研究这一以个性为基础的自我一致效应，如卡沙儿吉安（Kassarjian）（1971）、瑟吉（Sirgy）（1982a，1982b）、马尔霍特拉（Malhotra）（1988）、津克汗（Zinkhan）等（1996）。旅游研究中关于"目的地品牌化"的研究兴起非常晚近（20世纪90年代末）（Cai，2002），大部分对"自我一致决策机制"的探讨都是在目的地形象研究的范畴内来进行的（从前文介绍的代表性理论建构和实证研究中可知），但近年来随着品牌化研究热潮的兴盛亦将关注点转向其中以个性为基础的这一核心效应，将对"目的地品牌个性"和"目的地形象"的研究相整合、统一起来。

由于坚固理论基础和充足实证支持的缺乏，营销学中对"品牌个性"和"品牌形象"这两个"构念"关系的认识比较模糊：部分学者直接将"品牌形象"界定为"品牌个性"，将两个术语交替使用；部分学者将"品牌形象"界定为一个内涵非常宽泛的"构念"，其中包括"品牌个性"的成分。霍桑妮（Hosany）等（2006）在旅游目的地情境下考察了两个"构念"之间的关系，证实二者是两个不同的"构念"，但"目的地形象"倾向于具有包含性，"目的地品牌个性"与其"情感形象成分"更相关，拥有共同方差（variance）。乌萨勒和巴洛格鲁（Usakli & Baloglu）（2010）认为"品牌形象"包含一个品牌全部的功能性和象征性利益，而"品牌个性"完全代表品牌的象征性作用，因而它比"品牌形象"与消费者的"自我概念"之间具有更紧密的联系。

金吉（Ekinci）（2003）提出了一个目的地形象和目的地品牌化框架（见图4—8），指出成功的目的地品牌化通过满足旅游者的基础和情感需要（basic and emotive needs）来建立目的地和旅游者之间的联系，而"目的地品牌个性"正是将"目的地形象"和旅游者的"自我概念/形象"连接在一起的过程中的核心。

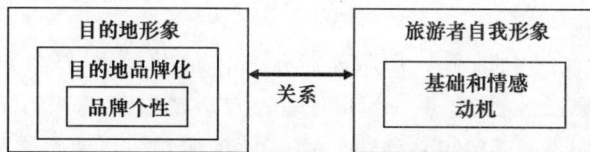

图4—8　目的地形象和目的地品牌化框架

资料来源：Ekinci Y., From Destination image to destination branding：An emerging area of research. *E-review of Tourism Research*, 2003, 1（2）：pp. 1—4。

霍桑妮和金吉（Hosany & Ekinci）（2003）将 Ekinci（2003）的模型进一步拓展到与目的地选择相联系（见图4—9），实质上他们是将总体目的地形象（overall destination image）看作包含认知形象、情感形象和品牌个性三个维度，"目的地品牌个性"既直接作用于目的地总体形象又通过其情感成分与其相连接；而总体目的地形象创造了一个对目的地的总体态度，后者进而与目的地行为意向和总体满意度变量相联系。这里需特别说明一下：与霍桑妮（Hosany）等（2006）的研究相似，该模型对"目的地品牌个性"和"目的地情感形象"两"构念"之间关系的认识事实上反映了对前述分别基于价值表征性和体验性视角的两大研究脉络之间关系的一种广义观点。"目的地品牌个性"和"目的地情感形象"作为可分别从两大研究脉络中提取出来的核心"构念"，在此被视为具有一定的相关性，恰恰符合了两大研究脉络各自承认包含部分对方研究体系下重要思想的特点，与帕克（Park）等（1986）从强调差异点角度对"非功用性消费需求"进行二分的狭义观点有所不同。

墨菲（Murphy）等（2007）借鉴霍桑妮和金吉（Hosany & Ekinci）（2003）模型，但对"目的地品牌个性"影响总体目的地形象/态度的机制做出不同的解释：旅游者感知到的"自我一致"被认为是将旅游者需求/动机、"目的地品牌个性"和总体目的地形象连接在一起的关键"构念"；而旅游者需求/动机调节（moderate）了"目的地品牌个性"与旅游者"自我一致"感知之间的关系（见图4—10）。总之，这些成果将"目的地品牌个性"与传统上在自我概念—目的地形象相一致框架下开展的旅游研究有效整合在一起，突出了"目的地品牌个性"从中发挥的关键作用。

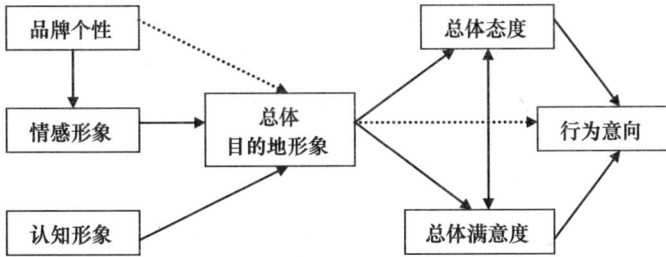

图4—9 目的地品牌化框架

资料来源：Hosany S., Ekinci Y., An application of the brand personality scale into tourist destinations: Can destinations be branded. *Proceedings of the 34th Annual TTRA Conference.* St Louis, USA: TTRA, 2003, pp. 1—11。

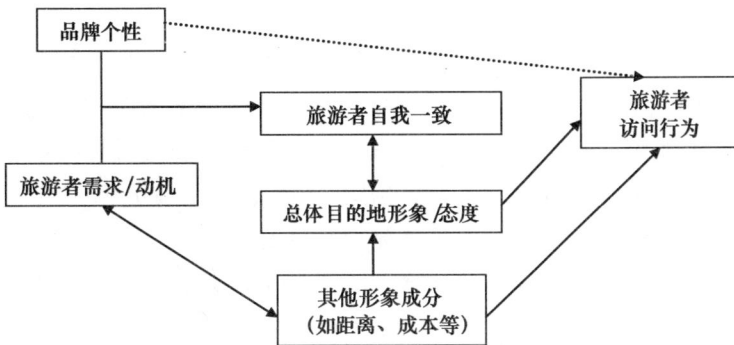

图4—10 目的地品牌个性和旅游者访问行为模型

资料来源：Murphy L., Benckendorff P Moscardo G. Linking travel motivation, tourist self-image and destination brand personality. *Journal of Travel & Tourism Marketing*, 2007, 22（2）: pp. 45—59。

（2）实证支持

与理论认识相一致，旅游研究中已出现很多考察"目的地品牌个性"在目的地"自我一致"机制中发挥作用的实证研究文献，验证了自我概念—目的地品牌个性相一致的核心效应，进一步阐明了"目的地品牌个性"作为一个能够积极影响旅游者目的地选择行为的定位指标的切合性。

这些实证研究文献分成两类。一类是研究框架中没有明确涉及"目的地品牌个性"构念，但其对旅游者"自我一致"感知的测量是基于旅游者对自身和目的地在一系列个性特质（personality traits）上评分（ratings）的差异来计算得出的，其所研究的"自我一致"机制实质上就是一个自我概念—品牌个性相一致的效应。贝尔（Beerli）等（2007）在以西班牙潜在游客的目的地选择自我一致机制研究中借鉴应用了马尔霍特拉（Malhotra）（1981）量表（由6个代表个性特质的语意差别量表构成），通过游客陈述的自我个性评分和三个目的地（肯尼亚、巴黎和多米尼加共和国）个性评分的差值大小来确定游客"自我一致"的感知水平，结论证实了现实自我一致和理想自我一致对旅游者目的地偏好的显著积极影响作用。博克斯贝格尔（Boksberger）等（2010）基于瑞士2007年个人旅游行为调查数据，应用希尔诺米斯（Hiernomimus）（2003）的自我一致测量量表（由10个个性形容词题目组成），以差值小于或等于1（旅游者的自我个性评分与目的地个性评分之差）为自我一致判断基准，证实了一半以上的旅行数据（分别从个人和具体旅行两个层面上看）都符合目的地选择的"自我一致"机制。

另一类是在研究框架中已明确将目的地自我一致界定为旅游者的"自我概念"或需求/动机与"目的地品牌个性"之间的相一致程度，由此考察"目的地品牌个性"和"自我一致"效应对旅游者目的地选择行为的影响。墨菲（Murphy）等（2007a）以澳大利亚Whitsundays为案例目的地，首先尝试考察"目的地品牌个性"和旅游者目的地自我一致感知之间的关系，证实了两个"构念"之间的显著相关性。在使用同一批数据的另一项研究中，墨菲（Murphy）等（2007b）进一步阐释二者的关系，通过结构方程建模的方法验证了旅游者需求和"目的地品牌个性"对旅游者目的地自我一致感知的影响，而自我一致［在此定义为旅游者的"目的地品牌个性"感知和其理想度假体验（desired holiday experience）之间的关联性］对现实游客的目的地满意度具有显著积极影响。

李（Li）（2009）在其博士论文中通过对美国消遣旅游者的网络调查验证了"目的地品牌个性"和旅游者"自我概念"两个维度之间的相关性，以及自我概念—目的地品牌个性相一致效应对旅游者目的地偏好的显著积极影响。尤克斯和毕丽梅（Yuksel & Bilim）（2007）将研究关注点放在广告视觉吸引力（visual appeals）的间接体验对旅游者"目的地品牌个性"感知和目的地信念形成的影响上，通过使用反映两类基本旅游动机［逃逸（escape）和寻求新奇（variety seeking）］的目的地明信片作为刺激物，研究发现旅游动机影响了旅游者从广告视觉信息中感知到的"目的地个性"，而"目的地个性"积极影响了旅游者的"情感形象"和"自我一致"感知，最后由此形成的目的地自我一致直接影响了旅游者对目的地是否可提供其寻求的体验的总体信念。乌萨克勒和巴洛格鲁（Usakli & Baloglu）（2010）以到访 Las Vegas 的现实游客样本证实了"目的地品牌个性"对目的地现实自我一致和理想自我一致的积极影响，而后者显著影响了游客对目的地的重游意向（intention to return）和推荐意向（intention to recommend）。

第三节　旅游目的地"非功用性"定位概念性指导模型

在前两节详尽的背景理论铺垫和定位指标提取基础上，本节将正式提出本研究的核心理论构建内容——旅游目的地"非功用性"定位的概念性指导模型。在此模型中，先前介绍的"非功用性消费需要"（内涵、分类）、针对"非功用性消费需要"开展研究的两大脉络及其各自显著分支所强调的"以情感为基础的决策模式"和"自我一致决策机制"的核心思想、提取的"目的地情感形象"和"目的地品牌个性"非功用性定位指标、科学恰当的目的地定位调研开展方式以及普伦蒂斯（Prentice）（2006）拓展的营销沟通的 UESPs 和 USSPs 理念都将被整合在一起并详细阐释其内在关系逻辑。

不过，在全面展示该模型的理论创见之前，作者将首先回顾、总结当前目的地定位研究中所暗含的概念性指导模型，分析其中所囊括各要素之间的逻辑作用关系，以从研究现状和背景奠定的角度使得本研究理论创新的意义和价值更为清晰。另一方面，作者采用相同的模型构建方式来展示、阐述传统目的地定位研究和本研究所各自遵循的概念性指导框架的核心要旨，使得对二者之间的差异性的识别非常简明、易懂。

一 当前旅游目的地定位研究中所暗含的概念性指导模型

本章第二节中曾由当前目的地定位研究基本上采用认知形象属性作为定位指标的特点透视出其在旅游者目的地决策制定的基础假设方面仍然遵循的是与信息处理理论（information processing theory）相适应的传统"选择域建模（choice-sets modelling）"范式。这一范式和其思想基础强调旅游消费者是理性思考者（logical thinker），其度假决策制定的任务被界定为解决与消费相关的问题，他们为实现这一任务目标而积极搜寻、评估关于目的地属性功能效用和经济价值方面的信息，据此在若干个替代选项中逐渐缩小关注范围，最终在其个人和社会限制（personal and social constraints）范围内制定出一个有限理性购买决策。支持这一过程的潜在决策机制被称作有限理性/效用最大化决策机制（bounded rationality/utility maximization decision mechanism），用于解释旅游者因满足其"功用性消费需要"而激发的目的地选择行为和结果。

基于对此决策机制的认识，目的地营销者长久以来被灌输这样一种理念：那些能够更好地解决旅游者所关心的消费问题和更好地满足其"功能性消费需要"的卓越目的地功能属性（outstanding functional destination attributes）代表了可以解释旅游者目的地选择行为的市场吸引力来源，因此目的地营销就应该将注意力放在自身更具差异性和声誉更高的那些"功能属性"之上。接下来旨在分析、识别自身目的地与其他竞争目的地相比的卓越功能属性的目的地定位调研活动应运而生，其识别结果即为传统目的地营销中所强调的"独特卖点（USPs-Unique Selling Points）"。如前文所述，Prentice（2006）曾特别指出，因为这一定位过程是以目的地功能属性作为比较/差异化基础来开展的，其识别结果实质上应该仅代表了一个目的地的"独特效用卖点（UUSPs-Unique Utility Selling Points）"，而不是完整的 USPs。

以上便是当前目的地定位研究文献所暗含的研究开展逻辑思路，作者将其反映在一个目的地定位的概念性指导模型之中，如图4—11所示。更确切地说这一模型展示的是当前国际目的地定位研究的主流范式。如本研究第二章所述，当前国内目的地定位研究多重理论指导框架并存、主流思想模糊，内容上以关于定位原则、方法等的定性探讨居多，研究分散性较强，尚未形成比较统一、一致的定位调研范式，故而其这部分研究特点并没有被反映在模型中。但是，因为此模型的核心在于一个强调"目的地功能属性"的"功用性定位"理念，这点同样适用于国内研究，也是国内目的地定位研究的重要局限。从这个角度看，此模型也可将国内研究部分囊括在其中。作者对此模型采用与下文"非功用性定位概念性指导框架"相一致的构建方式主要旨在便于突出本研究的关注焦点和核心创新点，即本研究的贡献不仅仅在于对国外该领域相对成熟研究范式的借鉴和阐释，更主要是针对国内外研究所共同体现出的一个薄弱点——"非功用性"定位问题进行深层次的理论分析和建模，因此对国内外目的地定位研究领域的现有积累都将构成有益的知识创新。

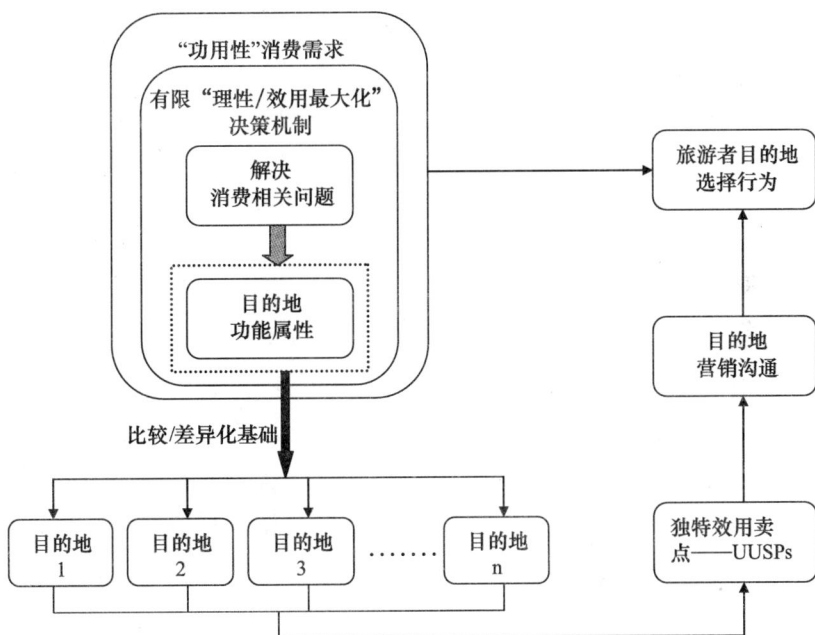

图4—11 当前目的地定位研究中所暗含的概念性指导模型

资料来源：作者整理。

二 旅游目的地"非功用性"定位概念性指导模型的提出

（一）旅游目的地"非功用性"定位概念性指导模型提出思路简介

鉴于当前目的地定位研究对旅游者"非功用性消费需要"关注不足这

一突出研究空白，作者尝试突破传统目的地定位研究的固有思维，将强调考虑非功用性/非理性因素的旅游者目的地决策制定研究成果与目的地定位研究体系相结合，开发一个可通过激活旅游者"非功用性消费决策机制"来实现定位目标的目的地"非功用性"定位概念性指导模型。

首先，这一模型在旅游者目的地决策制定的基本假设方面强调因满足旅游者"非功用性消费需要"而激发的目的地选择行为和结果。本研究从一般营销领域迎合消费者"非功用性需求"的两大研究脉络及其各自显著研究分支（"享乐性消费"和"自我概念"研究分支）中识别了两类关键的"非功用性消费决策模式/机制"，分别是"以情感为基础的决策模式（affectively-based decision making）"和"自我一致决策机制（self-congruity decision mechanism）"。在"以情感为基础的决策模式"下，对应其消费性质的享乐性，旅游者目的地决策制定的任务目标被界定为寻求开心、娱乐、感觉、幻想、多感官形象、激活和享受等一系列"享乐反应"[1]。而在"自我一致决策机制"下，旅游者从外界消费环境中积极寻求能够阐释和强化其"自我概念（self-concept）"的机会，其目的地决策制定的任务目标因此被理解为寻求对其"自我一致类型动机"的满足：自我一致（self-consistency）、自尊（self-esteem）、社会一致（social-consistency）、社会认可（social approval）。

其次，基于对以上两种"非功用性消费决策模式/机制"的认识，本章前面部分通过理论辨析和实证依据识别、确定了与其各自决策任务目标相适应的两个关键"构念"作为"非功用性"定位指标："旅游目的地情感形象"和"旅游目的地品牌个性"。"目的地情感形象"的学术理解与典型"以情感为基础的决策模式"〔一般营销领域中米塔尔（Mittal）（1988）的"ACM"、施瓦兹和克罗尔（Schwarz & Clore）（1983，1988）的"HDIF"启示及古森斯（Goossens）（2000）的"享乐旅游动机模型"〕中的行为核心驱动要素直接吻合，可作为在旅游研究情境下对这些关键要素的一种有效操作化。目的地自我一致（自我概念—目的地感知）机制中的核心便是一个自我概念—目的地品牌个性相一致的效应，因此与旅游者自身所具备或希望投射的个性特质相一致的"目的地个性"

---

① Hirschman E. C., Holbrook M. B., Hedonic consumption: emerging concepts, methods and propositions. *The Journal of Marketing*, 1982, 46（3）: pp. 92—101.

成为目的地的关键象征性价值。这两个"构念"被证实可在旅游者的目的地选择行为上发挥重要影响作用。

最后，与目的地定位研究体系相结合，在确定可与旅游者目的地选择行为有效相连接的两个定位指标之后，目的地营销方面的启示即为应将注意力放在自身更具差异性、更有吸引力的"情感形象属性（affective image attributes）"和"品牌个性特质（brand personality traits）"上。相应地，在此理解基础上的目的地定位调研活动的开展就应将目标导向识别和分析自身与其他竞争目的地相比在潜在游客心目中具有差异化优势的"目的地情感形象属性"和"目的地品牌个性特质"。换言之，在目的地"非功用性"定位过程中，作为在目的地之间进行比较或差异化基础的是以上两个"非功用性"定位指标"构念"。

作者在本章前面识别两类"非功用性消费决策机制"和与其各自相适应的定位指标过程中曾首先回溯到对"非功用性消费需求"两大研究脉络（基于"体验性"视角和"价值表征性"视角的两大脉络）和其各自显著研究分支（"享乐型消费"和"自我概念"）思想的阐述，并汇总分析了两大研究脉络、显著研究分支及与帕克（Park）等（1986）对"非功用性消费需求"所做分类之间的关系逻辑（见图4—1）。基于"体验性"视角和"价值表征性"视角的两大研究脉络在研究的思想范畴上存在彼此交叉、重合的地方，各自承认对方研究体系中的部分重要观点，但帕克（Park）等（1986）将"非功用性消费需求"划分为"体验性需求"和"象征性需求"的方法则是在整合两大研究脉络思想的基础上从强调二者核心差异点角度所做的分类，忽略二者之间的共同/相关成分，实质上相当于从狭义角度来理解两大研究脉络所对应的内容范畴。"目的地情感形象"和"目的地品牌个性"是从两大研究脉络的各自显著研究分支中提取出的关键"构念"，可以集中反映两大研究脉络的思想主张，因此从广义角度来看二者之间具有一定的相关性。这也正是部分研究在目的地情境下整合探讨"形象"、"情感形象"、"品牌个性"、"自我概念"等"构念"之间关系［如前述金吉（Ekinci）（2003）、霍桑妮和金吉（Hosany & Ekinci）（2003）、霍桑妮（Hosany）等（2006）、洪和帕特里克（Hung & Petrick）（2010）］的理论依据所在。但是，作者在此构建核心模型时并没有采取如上广义视角，因为本研究的关注点并不是要具体假设、检验"目的地情感形象"和"目的地品牌个性"这两个"构念"之间的相关性，识别其共同成分或作用关系；而是要将二者作为联合使用的独立定位指标来从不同侧面综合反映由旅游者"非功用性消费需求"所引发的目的地决策制定机制。因此，采纳一种相对狭义的视角，作者在此不考虑两个"构念"之间的相关/共同成分，将"目的地情感形象"和"目的地品牌个性"与帕克（Park）等（1986）的"非功用性消费需求"分类思想相联系，将它们分别对应于对旅游者"体验性需要（experiential needs）"和"象征性需要（symbolic needs）"的满足。

与解释当前目的地定位研究潜在理论指导框架的方式相一致，作者在此同样借鉴最初由 Reeves（1961）[①] 提出的在营销沟通领域产生深远影响的"独特卖点美国（USPs-Unique Selling Points）"概念。通过与帕克（Park）等（1986）对"非功用性消费需求"二分法的连接，我们可以将用作定位指标的"目的地情感形象"和"目的地品牌个性"构念的营销价值由普伦蒂斯（Prentice）（2006）拓展的 USPs 的 UESPs 和 USSPs 维度来进一步阐释。

如前所述，普伦蒂斯（Prentice）（2006）强调在目的地营销领域应用 USPs 传统方法（UUSPs—Unique Utility Selling Points）的基础上纳入"独特体验性卖点（UESPs—Unique Experiential Selling Points）"和"独特象征性卖点（USSPs—Unique Symbolic Selling Points）"维度，这一整合、分类的界定思路与帕克（Park）等（1986）是一脉相承的，因此可以将其提出的 UESPs 和 USSPs 两类卖点分别作为在目的地营销沟通中迎合旅游者"体验性需要"和"象征性需要"的核心沟通内容。这样，借鉴帕克（Park）等（1986）对两类"非功用性消费需求"的定义，作者将一般旅游目的地营销情境下的 UESPs 和 USSPs 概念分别界定如下：一个目的地的"独特体验性卖点（UESPs-Unique Experiential Selling Points）"指它在为旅游者提供感官愉悦（sensory pleasure）、变化（variety）和/或认知刺激（cognitive stimulation）等体验方面相对于竞争目的地的差异化优势；一个目的地的"独特象征性卖点（USSPs-Unique Symbolic Selling Points）"指它作为一个品牌在能够积极表达旅游者的自我概念（self-concept）、核心价值（central values）、角色地位（role position）和/或群体成员归属感（group membership）方面相对于竞争目的地的差异化优势。相

---

① Reeves R., Reality in advertising. New York：Knopf, 1961.

应地，"目的地情感形象"和"目的地品牌个性"因分别对应于对"体验性需求"和"象征性需求"的满足而与 UESPs 和 USSPs 概念联系在一起，成为在目的地营销情境下这两类"独特卖点"的重要组成内容：一个目的地具有差异化优势的"情感形象属性"和"品牌个性特质"可以分别作为其"独特体验性卖点（UESPs）"和"独特象征性卖点（USSPs）"在营销沟通中加以宣传。这一目的地定位和营销思路将因目的地的 UESPs 和 USSPs 给旅游者带来的享乐反应和自我一致动机的满足看作市场吸引力，由此引致旅游者的目的地选择行为（详见图 4—12）。

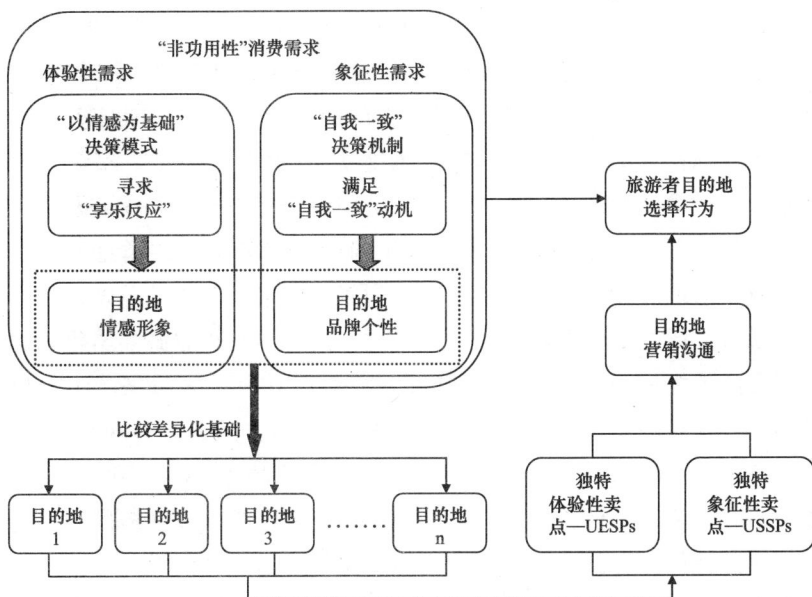

图 4—12　本研究构建的旅游目的地"非功用性"定位概念性指导模型
资料来源：作者整理。

（二）模型简评

鉴于当前国内外目的地定位研究在很大程度上忽视了对旅游者"非功用性消费需求"的考虑，本研究采取一种全新的视角，基于以反映"非功用性消费需求"的关键"构念"作为确定竞争目的地之间彼此市场位置的定位指标这一核心思想，构建了目的地"非功用性"定位的概念性指导模型。从新、旧两个模型的比较中可以看出：这一目的地"非功用性"定位研究框架从驱动行为的基础需求类型、应用的目的地决策机制、被选作比较/差异化基础的定位指标,到最终在实际营销沟通中强调的内容要素,都与传统目的地定位研究所依据的框架截然不同,对非功用性要素的考虑贯穿模型逻辑关系的始终。对"目的地情感形象"和"目的地品牌个性"两个定位指标的联合使用使得该模型能够从满足旅游者"体验性需要"和"象征性需要"的综合角度来比较全面地揭示竞争目的地在旅游者心目中所占据的非功用性定位(non-utilitarian positions)。该研究框架对于未来其他任何旨在从供给(非功用性营销刺激物)或需求(非功用性心理决策机制)角度探索"非功用性目的地营销(non-utilitarian destination marketing)"潜力的研究亦可产生有益的思路启发。

作者提出这一目的地"非功用性"定位指导模型并非意味着对传统上基于"目的地功能属性"进行定位方法的否认或摒弃,两种方法可以被看作是互补性(complementary)的而非竞争性的(competing)。本研究恰恰是遵循这样一种理论基础充分,但被当前研究所普遍忽视的非功用性视角来探讨"目的地定位"的关键营销问题。随着旅游市场需求性质的转变,对目的地产品的购买和消费被认为越来越符合享乐性范畴,目的地被认为赋有广泛的体验性属性和个性特质。同时,整体旅游供给水平的提高使得目的地之间可以在"功能属性"方面建立的差异越来越小,树立非功用性差异点的做法将被认为更具有优势和成功潜力(Ekinci & Hosany,2006)。达耶(Daye)(2010)指出,在营销中强调实体功能属性的目的地很容易陷入价格竞争的窘境,因为消费者面临难以区分的产品将倾向于从中选择低价者,而塑造非功用性差异的目的地则因选择范围很小便于通过传递附加值利益(value-added benefits)来维持溢价(premium price)。因此,强调非功用性定位的视角将更加符合当今的市场需求态势和营销实践目标。而且,从马斯洛的"需要层次理论"来看,根据旅游者情感和自我表现等方面的高层次需要而不再是基础层次的需要来架构目的地定位研究是旨在站在一个更高的立意点上推进该领域的研究进展。

第五章　实证研究的研究设计和调研实施

从本章开始，将进入本研究的实证阐释部分，即通过对大连市作为一个北方旅游目的地海滨城市在国内消遣旅游市场上的竞争性定位分析实例的阐释来验证在前三章理论基础上建构的旅游目的地"非功用性"定位概念性指导模型的有效性。本章的关注点为实证研究开展的"研究设计"和"调研实施"过程。"研究设计"是一个实证研究的框架或计划，是完成其过程中研究者心目中所遵循的"蓝图"，指导着研究数据的搜集和分析。在本章中，作者首先对数据搜集前如何通过对各研究要素的设计来回答"研究问题"、指导研究开展流程、为调研实施做准备进行介绍；继而阐述通过"调研实施"来搜集数据的实际过程。

具体而言，本章内容共包括三节：第一节演化、提炼出指导实证研究开展的 4 个具体"研究问题"，根据"研究问题"的性质进一步确定实现研究目标所要涉及的"研究设计"的基本类型，并概述在符合相应研究设计类型要求下对研究开展程序、数据搜集方法和数据统计分析方法等各要素的总体设计情况。鉴于本研究实证阐释部分涉及"研究问题"和"研究对象"的具体性质，以及有效、可信测量工具在任何一个好的实证研究中的重要性。第二节将对问卷设计和测量量表开发的过程进行重点详细描述。第三节将对以前两节内容为准备和基础的实际"调研实施"情况进行介绍，包括调研地点介绍、问卷发放和回收、样本构成等信息。

第一节　研究设计概述

一　研究设计的基本类型

尽管具体研究设计的框架可能表现为多种多样，但是根据研究的基本目标通常可将"研究设计（Research Design）"划分为三种基本类型："探索性研究（Exploratory Research）"、"描述性研究（Descriptive Research）"和"因果性研究（Casual Research）"（Churchill & Iacobucci, 2002）。

"探索性研究"的一般目标是获得想法和思路，它在将宽泛、模糊的研究问题陈述分化为较小、较具体的亚问题陈述、为竞争性解释建立优先考虑顺序、提高分析者对研究对象的熟悉程度和澄清概念的研究需要下非常有效。总体看来，"探索性研究"适用于任何对所研究对象知之甚少的情形，在此"探索性研究"构成了一个好的研究的基础。"由于在研究开始时对知识的缺乏，探索性研究在获取想法和形成假设所使用的方法上具有较大的弹性，它很少使用详细的问卷和概率抽样计划。"①

"描述性研究"通常与确定某个事物发生的频率或两个变量之间的关系有关，常见的研究目的如描述某特定群体的特点、估计在一个特定总体中具有某种行为方式的人群的比例和做具体的预测。一个好的"描述性研究"假定对所研究对象有较多的先前知识，它依赖于一个或多个具体的研究问题或假设。与"探索性研究"弹性、自由度较大的特点不同，"描述性研究"非常严格，要求对研究涉及的"谁、什么、何时、何地、为什么、如何"要素的清晰界定。因此，当对所研究对象的认识比较模糊时，研究者不被鼓励来开展用于描述性研究目的的数据搜集工作。在搜集数据之前，研究者必须明确其调研开展的过程和分析的结构，包括研究中涉及的全部变量和将使用的数据统计分析方法。根据对研究所感兴趣变量的测量时点和测量次数，"描述性研究"被划分为"横截面研究（cross-sectional study）"和"纵贯研究（longitudinal study）"两类。

"因果性研究"关注的是对变量之间"原因—结果（cause-effect）"关系的确定，这里"原因—结果"关联的成立需要三类证据的支持：变量以研究假设预测的方式共变、变量的发生具有明显的时间先后顺序、可排除变量因果关系之外其他竞争性解释的影响。"因果性研究"通常以实验的形式来开展，因为实验被认为最适用于确定因果关系。所谓"实验（experiment）"即一种研究者通过操纵和控制一个或多个预测变量来观察一个较标变量变化情况的科学调查。根据实验开展情境的真实性，实验被分为"实验室实验（Laboratory experiment）"和"实地实验（field

---

① Churchill G. A., Iacobucci D., Marketing research: Methodological foundations. Mason: South-Western, Thomson Learning, eighth edition, 2002, pp. 90—92.

experiment)"两个基本类别。

以上三种"研究设计"类型之间的区分实际上并不是绝对的。在一项"实证研究(empirical research)"中,由于可能服务于多重研究目的,其所涉及的"研究设计"类型可以是一种或几种的结合。从整体研究开展的角度来看,三种"研究设计"可被看是一个连续过程的不同阶段(如图5—1所示):"探索性研究"通常被看是一个初始阶段,当研究者开始一项研究时,要首先经历其对研究现象是否有充分知识的考察。如果有缩小、精炼"研究问题"、加深对"研究对象"了解或澄清概念的需要,则自然会伴随着"探索性研究"的开展。当可用于具体研究指南的现象尝试性解释和假设得以建立,将会导向对"描述性研究"和"因果性研究"的开展。对于复杂研究问题,可能的研究顺序是从"探索性研究"到"描述性研究"再到"因果性研究"。但这一顺序并不是必然的,并非每一项研究都涉及全部三种"研究设计",也并非每项研究都需要起始于"探索性研究"(参见图5—1,其中粗箭头表示一般可能的研究顺序,细箭头表示替代的研究顺序),关键的决策标准是应该源于"研究问题",每种"研究设计"都适用于回答或解决特定类型的"研究问题"。

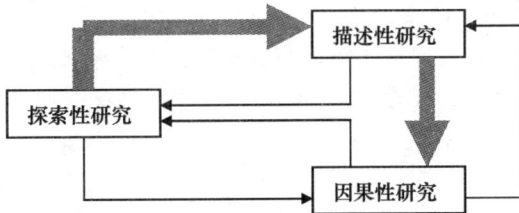

图5—1 三种研究设计基本类型之间的关系

资料来源:Churchill G. A.,Iacobucci D.,Marketing research:Methodological foundations. Mason:South-Western,Thomson Learning,eighth edition,2002,p. 92。

二 本研究实证阐释部分涉及的研究设计类型和相关要素设计

(一)研究问题的明确

"研究设计"类型的选择取决于"研究问题(research problem)"的性质,因而必须首先明确自身实证研究所涉及的"研究问题"。由绪论部分的介绍可知,本研究实证阐释部分的目的为:以大连作为一个旅游目的地海滨城市在国内消遣旅游市场上相对于其他4个北方竞争目的地的定位案例来证实所构建的目的地"非功用性"定位模型的有效性，这里首先需要将这一比较笼统的"研究目标"演化为具体的、便于指导数据搜集和分析开展的若干个"研究问题"。

通过第三章和第四章的理论阐释工作，我们分别明确了：（1）应如何科学地为一个目的地开发定位战略；（2）应采用什么显示指标来实现目的地的"非功用性定位"问题。由此可以确定实现上述本研究实证阐释部分总体目标的途径应该为：将国内消遣旅游者对大连和其他4个北方竞争目的地所分别感知到的"目的地情感形象"和"目的地品牌个性"进行比较，找出大连在这两个非功用性定位指标上的差异化"决定性（discriminate）"特色。换言之，对5个竞争目的地的"目的地情感形象"和"目的地品牌个性"这两个定位指标构念进行测量和比较成为实现研究目标的实质要求。由此，作者相应地细化出4个指导本研究实证阐释部分数据搜集和分析工作开展的具体"研究问题"：

研究问题1：国内消遣旅游者对一个海滨城市旅游目的地情感形象的感知包括哪些潜在的维度？

研究问题2：国内消遣旅游者对一个海滨城市旅游目的地品牌个性的感知包括哪些潜在的维度？

研究问题3：在海滨城市旅游目的地情感形象感知包含的这些潜在维度和其具体属性中，应选取哪一维度下的哪一具体属性作为大连"非功用性"定位战略开发的关键情感形象属性？

研究问题4：在海滨城市旅游目的地品牌个性感知包含的这些潜在维度和其具体特质中，应选取哪一维度下的哪一具体品牌个性特质作为大连"非功用性"定位战略开发的关键品牌个性特质？

（二）研究设计类型的确定和相关要素设计概况

1. 研究设计类型确定

在对第一、第二个"研究问题"的回答上，首先需考察对海滨城市旅游目的地情感形象和海滨城市旅游目的地品牌个性这两个研究对象的预备知识和研究基础。在前几章的文献回顾和理论准备中已经提及，尽管旅游研究领域的目的地形象研究已有40多年的研究历史，但绝大多数学者的关注点都是目的地形象的"认知成分"，关于目的地形象"情感成分"的独立研究极为有限。在少数现有研究中，学者们对"目的地情感形象"

的测量基本上还都是直接借鉴环境心理学的研究成果，极少根据旅游目的地的研究情境来自行开发量表。对于海滨城市旅游目的地这一特定旅游情境下的情感形象问题则并无直接研究基础，只有少数以更广泛的海滨目的地背景下的情感形象或整体形象为研究焦点的文献可资借鉴。关于"旅游目的地品牌个性"的研究是近年来在目的地品牌化框架下逐渐形成和发展起来的新兴研究分支，研究文献很少，研究成熟度亦不高。现有研究几乎都是直接应用消费品品牌研究领域关于品牌个性的研究范式和测量量表，该领域的主要学者呼吁对旅游目的地特定情境下的品牌个性进行深入研究，构建可反映其独特复杂性的目的地品牌个性测量量表。① 关于海滨城市旅游目的地这一特定旅游情境下的目的地品牌个性目前尚无研究。因此，本研究需要首先通过"探索性研究设计"来澄清海滨城市旅游目的地情感形象和海滨城市旅游目的地品牌个性这两个构念的内涵和范围、加深对其包含构念维度和应采用的测量指标的认识。

在对第三、第四个"研究问题"的回答上需要将大连和其他几个竞争性北方海滨城市目的地在识别出的海滨城市目的地情感形象维度（属性）和海滨城市目的地品牌个性维度（特质）上的表现情况进行比较，描述在哪些维度（属性/特质）上的差异是显著的，从中选择出为大连市进行定位的焦点维度（属性特质），因而属于"描述性研究设计"的范畴。本研究实证阐释部分的研究目标不涉及对变量之间因果关系的判定，因此不需要进行"因果性研究设计"。

2. 各研究要素设计概况

"研究设计"主要旨在通过对数据搜集和分析过程的安排、指导来回答具体研究问题，因而在确定了本研究实证阐释部分涉及的基本研究设计类型之后，还要对与研究设计类型要求相符的数据搜集方法、搜集工具、搜集程序、样本选取、数据统计分析方法等研究方法范畴下的各具体要素加以设计、明确，才能为有效开展调研实施的过程奠定良好基础。

本节的写作目的只是对实证研究各要素的总体设计情况进行概述，在后两节和下一章中还会对数据搜集工具、样本、数据统计分析方法等重要因素

---

① 如 Murphy L. E., Moscardo G., Benckendorff P., Using brand personality to differentiate regional tourism destinations. Journal of Travel Research, 2007, 46 (5)：pp. 5—14；Ekinci Y., Hosany S., Destination personality：An application of brand personality to tourism destinations. Journal of Travel Research, 2006, 45 (4)：pp. 126—139。

的设计进行详细介绍，故而这里仅在图5—2（本研究实证阐释部分的研究设计和研究问题回答结构图）中直接标示了服务于本研究实证阐释部分的探索性和描述性研究设计的研究方法各要素的基本设计概况，并未加以具体描述。

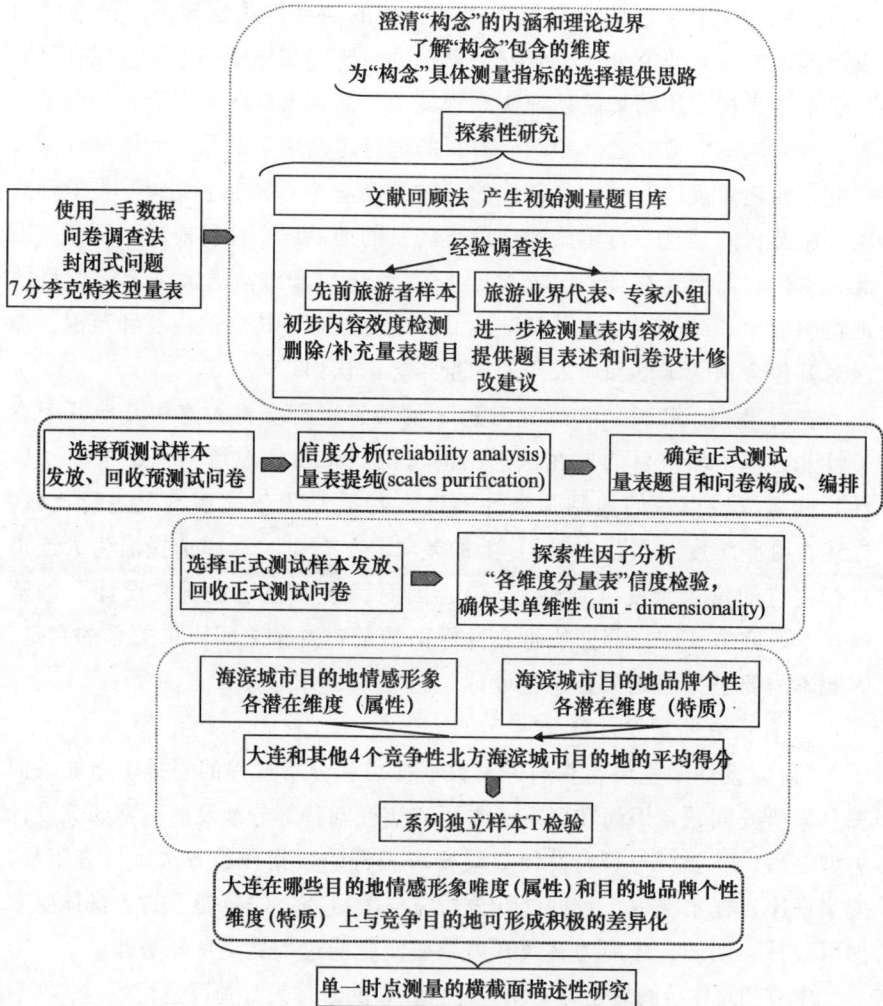

图5—2　研究设计和研究问题结构图

资料来源：作者整理。

第二节　问卷设计和量表开发

一　问卷设计

本研究实证阐释部分使用的数据类型为在实地搜集的一手数据，数据搜集工具为标准化的自填式"封闭式问题（close-ended questions）"问卷。由于最终研究目标是要确定大连作为一个北方海滨城市旅游目的地的独特差异化定位点，因此调研要在大连和其主要竞争目的地来分别进行，要涉及多个版本的调查问卷。但是根据"研究设计"，调查数据要被通过探索性因子分析来识别海滨城市目的地情感形象和海滨城市目的地品牌个性这两个理论"构念"的潜在维度，并在这些得到的维度（属性/特质上）做均值比较，各个版本的问卷在包括的变量范围和测量题目上应该对应一致。

每个版本的正式测试问卷被设计为包括四部分：第一部分是一个独立的问卷填写说明，主要对本研究的研究目的、研究内容、问卷调查对象、问卷答案的保密性等信息做解释；第二部分是测量国内消遣旅游者对其到访目的地的情感形象的感知，共包括 33 个"目的地情感形象"的测量题目；第三部分是测量国内消遣旅游者对其到访目的地个性特点的感知，共包括 16 个"目的地品牌个性"的测量题目；第四部分是被调查者的个人信息，主要包括性别、年龄、受教育程度、职业、平均月收入等 9 个题目。

在对海滨城市目的地情感形象和海滨城市目的地品牌个性这两个理论"构念"的测量上采用了"7 点李克特类型量表（7-point Likert-type scale）"。海滨城市目的地情感形象测量量表的基本陈述为：下面的一列陈述用来测量您对某目的地作为一个海滨城市旅游目的地的情感形象。请根据您认为每条陈述与该地相符的程度，在对应的代表数字上画圈，其中："1" ＝一点也不符合，"2" ＝不符合，"3" ＝有点不符合，"4" ＝一般，"5" ＝有点符合，"6" ＝符合，"7" ＝非常符合。海滨城市目的地品牌个性测量量表的基本陈述为：下面的一列词汇用来测量您对某目的地作为一个海滨城市旅游目的地的感知个性。请根据您认为每个品牌个性与该地相联系的程度，在对应的代表数字上画圈，其中："1" ＝完全不相联系，"2" ＝不相联系，"3" ＝有点不相联系，"4" ＝一般，"5" ＝有点相联系，"6" = 相联系，"7" = 完全相联系。问卷的详细内容可参见附录 C。

二　预测试问卷测量量表的开发

（一）海滨城市旅游目的地情感形象测量量表的开发

如前所述，海滨城市目的地情感形象这一理论"构念"的研究基础非常薄弱，需要首先进行"探索性研究"来增进研究者对其构念内涵、理论边界、构念包含维度和适当测量指标的了解。"探索性研究"中用来加深对研究对象认识、产生测量量表题目的技术有："文献回顾法"、"经验调查法（experience survey）"、"焦点群体法（focus group）"和"择定案例分析法（selected case analysis）"（Churchill & Iacobucci，2002）。本研究采用"文献回顾法"和"经验调查法"。

1. 文献回顾法

"文献回顾法"就是指对所研究理论"构念"的现有文献进行广泛检索和详细回顾，以了解、借鉴其他学者对该"构念"业已采用的测量方法和具体测量题目。作者对国内外"旅游目的地情感形象"研究主要文献中采取的测量方法和具体测量技术进行了汇总，详见表5—1。表中列示的文献为国内外目的地形象研究中明确提及目的地情感形象成分的文献。其中国内关于"目的地情感形象"研究的成果非常有限，且主要分布在对目的地形象内涵、构成的理论探讨或综述类文章中，作者只检索到7篇涉及对"目的地情感形象"进行实证测量的文章。文献的来源分为两类：（1）将"目的地情感形象"作为一个独立"构念"进行研究的文献（表5—1中称直接研究）；（2）虽提及目的地形象的情感成分但是将其与认知成分共同在目的地形象一个整体"构念"下进行研究的文献，对情感形象成分的测量反映在对目的地形象的整体测量之中（表5—1中称间接研究）。

表5—1　　国内外主要目的地情感形象研究文献采用的测量方法

测量方法	作者（年份）	研究分类	具体测量方法描述
非结构化	Reilly（1990）	间接研究	开放式问题自由提取法
非结构化	Dann（1996）	间接研究	开放式问题、照片刺激物启发

测量方法	作者（年份）	研究分类	具体测量方法描述
非结构化	MacKay & McVetty（2002）	间接研究	遵循 Reilly（1990）自由提取情感形象形容词技术和 Dann（1996）、MacKay 和 Fesenmaier（1997）的焦点群体法
非结构化	黄、李（2002）；黄、李、高（2002）	间接研究	开放式问题（仿效 Echtner 和 Ritchie，1993）
结构化	Hanyu（1993）	直接研究	从 Kasmar（1970）量表中选择的 15 对情感形容词 7 点双极量表（bipolar scale）
结构化	Baloglu & Brinberg（1997）；Baloglu & McCleary（1999a,1999b）；Baloglu（2001）；Baloglu & Love（2005）；Yuksel & Akgul（2007）；Kaplanidou（2007）；Bosque & Martin（2008）；Martin & Bosque（2008）；张、陆（2010）	直接研究	应用 Russell（1980）；Russell & Pratt（1980）；Russell,Ward & Pratt（1981）；Russell & Snodgrass（1987）研究结论的 4 对情感形容词 7 点双极量表/5 点双极量表/7 点语义差别量表/5 点语义差别量表
结构化	Vogt & Andereck（2003）	直接研究	单一题目 5 点李克特类型量表
结构化	Kim & Richardson（2003）	直接研究	应用 Russell（1980）；Russell & Pratt（1980）早期研究环境情感质量的量表（4 个包含 10 个题目的 8 点李克特类型量表）
结构化	Pike & Ryan（2003）	直接研究	基于 Walmsley & Jenkins（1993），Walmsley & Young（1998）研究结论的 2 个情感形象属性 7 点语义差别量表
结构化	Beerli & Martin（2004a，2004b）	直接研究	基于 Hanyu（1993），Russell & Snodgrass（1987），Walmsley & Jenkins（1993）研究结论的 2 个情感形象属性 7 点李克特类型量表

测量方法	作者（年份）	研究分类	具体测量方法描述
结构化	Hong et al.（2006）	直接研究	从 Russell 和 Pratt（1980）测量量表中选择的 8 个情感形容词 8 点李克特类型量表
结构化	Boo & Busser（2006）	直接研究	借鉴 Kim 和 Park（2001）、Park 和 Ko（2002）、Ko, Park 和 Boo（2002）的测量量表，将情感形象划分为半情感形象（semi-affective image）和纯情感形象（pure-affective image）两个层面，分别由 15 个题目和 9 个题目来测量 7 点李克特类型量表
结构化	Kim et al.（2009）	直接研究	从先前文献中从开发出 20 个情感形象题目 5 分李克特类型量表
结构化	王、齐（2009）	直接研究	应用 Russell（1980）等研究结论的 4 个情感形象因子 5 点李克特类型量表
结构化	李（2009）	直接研究	对 Russell（1980）研究结论 4 个情感形象因子的更改性应用 4 个情感形象属性 5 点李克特类型量表
结构化、非结构化	Walmsley & Jenkins（1993，1998）	直接研究	（1）基于个人建构理论（personal construct theory）提取出 6 个关键的评价性形象构念 （2）采用 7 点双极量表进行定量测量
结构化、非结构化	MacKay & Fesenmaier（1997）	直接研究	（1）刺激物选择、焦点群体法、形象调查，共开发出 34 个双极情感形容词 （2）采用 10 点双极量表进行定量测量

续表

测量方法	作者（年份）	研究分类	具体测量方法描述
结构化、非结构化	Choi, Chan & Wu（1999）；Morrison & Ismail（2002）；Sönmez & Sirakaya（2002）	间接研究	遵循 Echtner 和 Ritchie（1993）开发的定性、定量相结合目的地形象测量方法（目的地情感形象成分通过开放式问题和结构化问题中更具心理导向的题目来测量）
结构化、非结构化	Young（1999）	间接研究	（1）通过围绕几个核心问题的半结构化访谈识别出 26 个核心形象主题（2）采用 5 点李克特类型量表来进行定量测量
结构化、非结构化	Baloglu & Mangaloglu（2001）；Li et al.（2009）	直接研究	应用 Russell（1980）等研究结论的 4 对情感形容词（7 点双极量表）开放式问题（仿效 Echtner 和 Ritchie，1993）
结构化、非结构化	张、陆、章（2006）	直接研究	应用 Russell（1980）等研究结论的 2 个目的地情感形象代表性维度（5 点语义差异量表）开放式问题（仿效 Echtner 和 Ritchie 1993；Choi 1999）
结构化、非结构化	杨、白、苏（2007）	直接研究	对 Russell（1980）、Beerli 和 Martin（2004）量表的更改性应用 4 个情感形象属性（5 点李克特类型量表）开放式问题（仿效 Echtner 和 Ritchie，1993）
结构化、非结构化	Stepchenkova & Morrison（2008）	直接研究	（1）在问卷中采用 Echtner 和 Ritchie（1991）的开放式问题提取出 28 个目的地情感形象变量（2）采用 5 点正负量表（positive-negative）来进行定量测量
结构化、非结构化	Royo-Vela（2009）	间接研究	（1）采用文献回顾法、焦点群体法开发出 11 个目的地情感形象测量题目（2）采用 7 点李克特类型量表来进行定量测量

资料来源：作者整理。

根据旅游研究中对目的地形象测量方法的通常划分方式,[①] 表5—1中也将对"目的地情感形象"研究文献中所采用的测量方法整体上划分为三类:"结构化（structured）"测量法、"非结构化（un-structured）"测量法、结构化和非结构化测量法相结合。在使用"非结构化"测量方法的文献中，学者们主要采取开放式问题、焦点群体法和照片刺激物启发法来定性提取、分析"目的地情感形象"，测量结果一般为提取的对目的地所持有感觉或氛围的描述性形容词/短语（如美丽的、壮观的、气候温暖、开放自由等）。对于涉及采用"结构化"方法对"目的地情感形象"进行定量测量的文献，其测量量表题目的来源可分为三类:（1）直接借鉴其他学者的量表或从中选择部分题目作为自我研究的测量量表;（2）直接应用或稍作更改应用 Russell 和其同事对环境情感形象研究结论中提取的情感形象因子作为测量题目（具体又分为对 4 个维度的应用/更改性应用和对 2 个大的代表性维度的应用/更改性应用）;（3）根据特定的旅游情境和研究地特点使用定性技术（文献回顾、开放式问题、焦点群体法等）来自行开发"目的地情感形象"测量题目。

在测量题目的表述上，除了第二类文献全部采用环境情感形象描述性形容词或双极描述性形容词（如快乐的、放松的——抑郁的），第一类和第三类文献的题目表述有描述性形容词/双极描述性形容词、描述性短语、对目的地具体环境和属性所持有感觉的描述句等多种方式。对于根据目的地特定情境、特定方面给旅游者带来的感觉或情感体验来自行开发"目的地情感形象"测量题目的文献，其题目涵盖的目的地要素范畴有自然风景、文化吸引物、风俗节庆、历史建筑、接待业服务、交通基础设施、环境卫生、社会交往、休闲娱乐、治安、社会经济和文化距离、酒店、餐饮和购物价格等多个方面。

通过对国内外"结构化"测量"目的地情感形象"文献中使用测量题目和"非结构化"测量文献中的测量结果加以整合、提炼（剔除其中一些与海滨城市目的地和国内消遣旅游研究情境不相符的题目，如乡野的、宗教的、政局稳定性等），以及对国内主要海滨旅游目的地研究文献

---

① 详见 Echtner C. M., Ritichie J. R. B., The meaning and measurement of destination image. The Journal of Tourism Studies, 2003, 14（1）: pp. 37—48; Jenkins O. H., Understanding and measuring tourist destination images. International Journal of Tourism Research, 1999,（1）: pp. 1—15.

（尤其是关于大连作为一个海滨城市旅游发展的文献）的回顾，作者开发出海滨城市目的地情感形象的一个包含 65 个题目的初始量表。在测量题目的开发和表述设计上参照了塞梅丝和萨拉卡约（Sönmez & Sirakaya）（2002）、① Royo-Vela（2009）② 等研究的做法，采用目的地特定情境、特定方面所能给旅游者带来的感觉/情感体验的描述句（例如，"这是一个……的地方，这里给人一种……的感觉，在这旅行让我感到……"）。初始纳入题目库的"目的地情感形象"属性题目涵盖范围非常广泛，包含游客对一个海滨城市目的地的自然和文化吸引物、娱乐体验、设施服务、环境卫生、关系社交、旅游发展和投资等多个方面所能持有的感觉和氛围体验，以便于在后面的研究中能够比较全面地提取、揭示国内消遣旅游者对海滨城市目的地情感形象感知的潜在维度。

本研究没有直接借鉴其他学者的测量量表或是应用根据 Russell 等研究结论开发的环境情感形象经典量表，在题目设计和表述上也没有与多数学者一样采用描述性形容词或双极描述性形容词，而是采取了与目的地特定情境和属性相联系的情感形象描述句的形式，原因如下：

第一，从研究方法论的角度来看，海滨城市旅游目的地的情感形象基本上是一个全新的研究问题，现有的、贴切的研究积累非常有限，不适合直接借鉴其他学者的测量量表。

第二，拉赛尔（Russell）等人最初对情感形象的研究是基于小的、具体可感知的实体环境，将对整个城市等大的、不可感知的环境排除在外。虽然其研究结论后来被证明也适用于旅游目的地情境（Baloglu，1997），据此开发的情感形象量表在目的地研究文献中也得到了广泛应用，但这些量表不太适合于本研究的目的：本研究的目标之一就是要识别可用于定位大连作为一个海滨城市目的地与其竞争对手相比的差异性情感形象属性，应用拉赛尔（Russell）等研究结论的目的地情感形象量表（典型如对 4 个情感维度或 2 个大的一般情感维度的直接测量）无法涵盖与一个海滨城市目的地特定情境、特定方面相联系的游客情感体验的全

---

① Sönmez S., Sirakaya E., A distorted destination image? The case of Turkey. Journal of Travel Research, 2002, 41（2）: pp. 185—196.

② Royo-Vela M., Rural-cultural excursion conceptualization: A local tourism marketing management model based on tourist destination image measurement. Tourism Management, 2009, 30（3）: pp. 419—428.

貌，也就不利于最终准确确定大连在其"目的地情感形象"上进行定位的具体着眼点。罗约船舰（Royo-Vela）（2009）的研究显示，游客对一个目的地的情感形象的感知主要是与目的地的特定类型和环境相联系的。

第三，本研究将"目的地情感形象"和"目的地品牌个性"这两个理论"构念"共同应用于目的地定位，在问卷中要同时涉及对两个"构念"的测量。由于阿克（Aaker）（1997）经典品牌个性量表（BPS，Brand Personality Scale）① 在测量题目的表述上全部采用代表人的某种个性特质的形容词（如友好的、诚实的、上流社会的），与根据拉赛尔（Russell）等结论开发的情感形象量表及"非结构化"测量情感形象文献中提取的情感描述性形容词有相当的相似性。从测量技术的角度考虑，如果本研究在"目的地情感形象"的测量题目表述上也采用最常见的描述性形容词／双极描述性形容词形式，则反映在问卷中的将是要求被调查者对一个目的地在 50 多个感觉相似的形容词题目上进行打分，很容易影响被调查者对题目含义的辨识力，造成其对问卷填写的反感，产生问卷回复率很低或回答随意性较强、准确性低的结果。

2. 经验调查法

经验调查法，也称"关键知情者调查法（key informant survey）"，旨在探询那些对所调查对象熟悉的人的知识和经验。

（1）调查对象、目的和开展方式

本研究实施"经验调查法"的对象分为两组：第一组为由 20 名在过去 1 年内对海滨城市目的地有过先前访问检验的国内消遣旅游者构成的样本（10 名男性，10 名女性）。抽样方法为"滚雪球抽样法（snowball sampling）"，首先由研究者自行识别少数几名旅游者，再由他们作为知情者推荐其他具备相同特点的调查对象。② 对该组人员调查的目的旨在初步检测量表的"内容效度（content validity）"和开发新的、相关的测量题目。调查通过在网上由电子邮件发放问卷的方式来开展。

第二组由 8 名对海滨城市旅游目的地比较了解的旅游专家或代表构成。其中旅游行业代表全部来自大连市，并没有将调研涉及的其他竞争目的地的

---

① Aaker J. L., Dimensions of brand personality. Journal of Marketing Research, 1997, 34 (3): pp. 347—356.

② 详见 Churchill G. A., Iacobucci D., Marketing research: Methodological foundations. Mason: South-Western, Thomson Learning, eighth edition, 2002, 456。

代表也纳入其中。原因是考虑到最终研究目的是要为大连市做定位，因此需详细了解大连作为一个海滨城市目的地情感形象的全貌（最好是与大连独特相联系的情感形象属性）。由于大连最终定位的确立只能基于其现实所有的那些属性和特质，将其他竞争目的地具备、大连却不具备的情感形象属性纳入调查测量之中，对大连定位工作的开展并无多少实际指导意义。

　　具体地，该组被调查者由 2 名大连市旅游局官员、1 名旅行社经理、1 名景区管理者、1 名住宿设施管理者和 3 名旅游营销领域的专家组成。对该组人员的调查在对旅游者样本的调查之后开展，目的为两个：（1）根据旅游者样本调查结果进一步检测量表的"内容效度"，删除不恰当的测量题目，补充其认为切合于当前研究情境的其他测量题目；（2）对测量题目的语句表述、措辞和问卷整体设计、编排等提供修改建议，对将在预测试中进行发放的问卷定稿。调查通过两个阶段两种方式来开展：第一阶段由笔者雇用的 4 名学生访谈员分别在大连和天津对大连旅游业界代表和 3 名旅游营销领域的专家（来自大连理工大学和南开大学）进行"深入访谈（in-depth interviews）"。访谈围绕经旅游者样本调查后确定的量表每条题目的切合性、其他与海滨城市目的地相联系的情感体验、大连独特的情感形象吸引力 3 个核心问题来开展。因调查开展期间作者赴美进行交流访问，由访谈员将访谈结果汇总网上传送给作者。经作者对量表题目和问卷进一步修改、确定后，开展第二阶段的调查工作，即通过网上发送电子邮件给 2 名旅游专家（来自南开大学）咨询关于题目表述和问卷设计的最终建议，对预测试问卷定稿。

　　（2）旅游者样本调查中使用的调查问卷介绍

　　问卷内容包括两部分：第一部分调查旅游者对作者开发的海滨城市旅游目的地情感形象量表中各题目是否与当前具体研究情境相符的感知。他们被要求根据其先前旅游经验找出 65 个测量题目中认为与一个海滨城市旅游目的地研究情境下情感形象描述不相关的题目。根据邱吉尔（Churchill）（1979）的研究，测量题目保留或删除的标准设定为：有 70% 以上的被调查者认为与一个海滨城市旅游目的地研究情境相符的题目被保留。[①] 第二部分是一个借鉴安特切尔（Entcher）和里奇（Ritchie）

　　① Churchill, G. A., A paradigm for developing better measures of marketing constructs. Journal of Marketing Research, 1979, 16（2）: pp. 64—73.

（1991，1993）① 研究的"开放式问题"，旨在进一步提取游客对一个海滨城市目的地的情感体验，开发其他与当前研究情境相关，但被忽略了的测量题目。问题陈述如下："除了以上这些描述语句之外，根据您的旅行经验和对海滨城市旅游目的地的了解，您还能想到哪些语句来描述一个海滨城市旅游目的地的氛围和给您带来的感觉？"问卷详细内容可参见附录A。

3. 量表修订结果

在"经验调查法"实施之后，将最初文献回顾基础上开发出的海滨城市目的地情感形象量表中的不适当题目删除（如当地的饮食、风俗及生活方式与我家乡非常相似；这是一个彩色、明艳的地方），增添了新提取的适用于当前研究情境（尤其是大连）的关于会展、异国风情、旅游投资和建设等特定属性情感感受的题目表述，并根据专家建议对其他题目的表述予以斟酌，最终产生一个包含44个题目的、在预测试问卷中使用的海滨城市目的地情感形象量表。量表中各题目详见表5—2。

表5—2　　　　　　　　海滨城市旅游目的地情感形象测量量表

题目编号	题目陈述
A1	这里生活节奏舒缓，是一个休闲放松的好去处
A2	这里有一种浪漫的氛围，是度蜜月的好去处
A3	这里让人感觉很舒服，适合居住和生活
A4	这里社会治安状况良好，让人感到很安全
A5	这里宽敞、开阔，有一种海阔天空的、自由的感觉
A6	这里很安静

① Echtner C. M., Ritchie J. R. B., The meaning and measurement of destination image. The Journal of Tourism Studies, 1991, 2 (2): pp. 2—12; Echtner C. M., Ritchie J. R. B., The measurement of destination image: an empirical assessment. Journal of Travel Research, 1993, 31, pp. 3—13.

续表

题目编号	题目陈述
A7	这里气候温暖宜人
A8	这里的名胜古迹和旧式建筑很多，让人怀旧、感慨
A9	这里名人的轶事和传说很多，很吸引人
A10	这里自然风景很多，美丽壮观
A11	这里的民风民俗很有特点，让人很感兴趣
A12	这里经常举办各种会展和节庆活动，洋溢着喜庆的氛围
A13	这里有浓郁的文化氛围，能陶冶情操
A14	这里让人受教育、长知识，精神上受到了启发
A15	这里的个别事物有点儿异国风情
A16	这里的娱乐项目有趣新奇，有刺激感
A17	在这里让我感觉好像被激活和唤醒了一样
A18	在这里旅行让我感到快乐、开心
A19	在这里旅行让我感到很兴奋
A20	这里可看可玩儿的东西太多了，多姿多彩
A21	这里的服务设施配套合理，总体服务水平高
A22	这里的服务人员形象好、素质高
A23	这里的服务热情周全，使人得到了很好的照顾和款待
A24	这里的道路和交通设施发达，到各处游玩都很便利
A25	这里的景点布局和旅游线路安排很合理
A26	这里景区景点的价格比较合理
A27	这里住宿条件的性价比比较高
A28	这里饮食条件的性价比比较高
A29	这里有很多地方的传统和特色美食，很吸引人
A30	这是一个发达和富裕的地方，居民的生活水平较高
A31	这里的城市化水平比较高，商业发达

题目编号	题目陈述
A32	这是一个时尚现代的地方,能接受很多新的东西
A33	这里现代化的旅游景点和建设项目很多,未来竞争力很强
A34	这里干净整洁、空气清新
A35	这里生态环境保持得很好,没有污染
A36	这里给人一种纯洁的、自然的感觉
A37	这是一个同家人和亲友欢聚的好地方
A38	这里能提供很多社交的机会
A39	这里的居民热情好客,让人感到很亲切
A40	当地政府重视旅游业发展,投资很大、规划宏伟
A41	当地群众的旅游发展意识很强,有感染力
A42	这里有在别处体验不到的东西,个性特点突出
A43	在这里的旅游经历让人难忘
A44	总体上看,这是一个很好的地方

资料来源:作者整理。

（二）　海滨城市旅游目的地品牌个性测量量表的开发

对海滨城市旅游目的地品牌个性测量量表的开发遵循与海滨城市旅游目的地情感形象量表开发相同的程序。

1. 文献回顾法

由于国际上关于"目的地品牌个性"的研究刚刚兴起,还未细化到对海滨城市目的地/海滨目的地之类的特定情境的研究,国内尚无关于"目的地品牌个性"的研究成果,文献回顾的范围设定为:国外关于"目的地品牌个性"的现有文献、国内外目的地形象研究文献（尤其是涉及对目的地形象情感成分和整体形象测量的文献）和国内主要海滨目的地研究文献（尤其是大连作为一个海滨城市旅游发展的文献）。

尽管当前绝大多数接待业和旅游研究文献对其相应情境下"品牌个性"构念的测量都是直接借鉴 Aaker（1997）的经典品牌个性量表（详见表5—3,表5—4）,但本研究设计则为在广泛文献回顾的基础上是对该量表形成补充,原因如下:

（1）旅游目的地是一个比任何其他产品品牌都要复杂的研究实体，与其相关的个性特质可能无法由"BPS（品牌个性量表）"来充分反映，因为后者是基于产品品牌研究情境所开发出来的量表。当前"目的地品牌个性"的主要研究者也都呼吁应在未来研究中尝试开发针对旅游目的地特定情境的"目的地品牌个性量表"。

（2）考虑到本研究实证阐释部分的目标是要为一个属于特定研究情境（海滨城市旅游目的地）的目的地进行定位，识别与该研究情境（甚至是该目的地自身）相关的独特品牌个性特质是更好地完成这项工作所必需的。

表5—3　　国外主要"目的地品牌个性"研究使用量表和研究发现

作者（年份）	目的地品牌个性测量量表	研究发现
Ekinci & Hosany（2006） Ekinci，Turk & Baloglu（2007）	应用阿克（Aaker）（1997）品牌个性量表中的部分题目（27/20 个题目）5 点李克特类型量表	分布在 3 个维度下的 13 个目的地个性特质的构念结构维度：诚实、兴奋、欢乐
Hosany，Ekinci & Uysal（2006） Hosany，Ekinci & Uysal（2007）	应用阿克（Aaker）（1997）品牌个性量表中的部分题目（27 个题目）5 点李克特类型量表	分布在 3 个维度下的 12 个目的地个性特质的构念结构维度：诚实、兴奋、欢乐
Murphy，Moscardo & Benckendorff（2007）	应用阿克（Aaker）（1997）品牌个性量表中的部分题目（20 个题目）5 点李克特类型量表	（1）目的地 Whitsundays：4 个维度的构念结构维度：经验 + 能力、诚实、兴奋、坚毅 （2）目的地 Cairns：3 个维度的构念结构维度：诚实 + 能力、经验、兴奋 + 坚毅
Li（2009）	根据金吉和霍桑妮（Ekinci & Hosany）（2006）预测试结果，使用 BPS 中的 27 个题目 5 点李克特类型量表	分布在 4 个维度下的 14 个目的地个性特质的构念结构维度：兴奋、经验、诚实、坚毅

资料来源：作者整理。

通过文献回顾，作者开发出一个包含 56 个个性特质的比较完整的
"目的地品牌个性"初始量表：阿克（Aaker）（1997）品牌个性量表中的
全部 42 条题目，加上作者对目的地形象研究文献、海滨目的地研究文献
整合分析基础上提炼出的 14 个个性特质（朴素的、简朴的；矜持的、内
向的；热诚的；低调的；慷慨大方的；积极的、活跃的；充满爱心的；急
躁的；见过世面、见多识广的；谨慎的；开朗的；乐观的、积极向上的；
多才多艺的；有特权的）。

表 5—4   Aaker（1997）经典品牌个性量表

因子名称	测量题目	因子名称	测量题目
真实、真诚（sincerity）	（down-to-earth）务实的、实事求是的	能力、技能（competence）	（reliable）可靠的、可信赖的
	（family-oriented）注重家庭观念的		（hard working）努力工作的、不辞劳苦的
	（small-town）小地方的、土里土气的		（secure）稳重的、稳妥的
	（honest）诚实的、正直的		（intelligent）聪明的、有才智的
	（sincere）真诚的、坦率的		（technical）有专业技能的
	（real）真实的、真切的		（corporate）有团结意识的、有集体观念的
	（wholesome）健康的		（successful）成功的、有成就的
	（original）有首创性的、有独到见解的		（leader）领导者、领袖
	（cheerful）快乐的、开心的		（confident）自信的
兴奋（excitement）	（sentimental）情绪化的、敏感的	经验、世故（sophistication）	（upper class）上层的、上流社会的
	（friendly）友好的、热情的		（glamorous）富有魅力的
	（daring）勇敢的、无畏的		（good looking）漂亮的、貌美的
	（trendy）时髦的、追随潮流的		（charming）可爱的、迷人的
	（exciting）兴奋的、激动的		（feminine）温柔的、有女性气质的
	（spirited）精力充沛的		（smooth）圆滑的、八面玲珑的
	（cool）冷静的、镇定的	粗野、坚毅（ruggedness）	（outdoorsy）爱好户外活动的
	（young）年轻的		（masculine）阳刚的、有男子气概的
	（imaginative）想象力丰富的		（western）西化的
	（unique）独特的、与众不同的		（tough）坚强的、坚毅的
	（up-to-date）时尚的		（rugged）健壮的、粗犷的
	（independent）独立的、有主见的		
	（contemporary）现代的、当代的		

资料来源：Aaker J. L. , Dimensions of brand personality. Journal of Marketing Research, 1997, 34
(3): pp. 347—356。

2. 经验调查法

实施"经验调查法"的调查对象和开展方式与海滨城市旅游目的地情感形象量表的开发相同。调查对象为相同的 20 名先前旅游者和 8 名旅游业界代表、专家，分别通过网上电子邮件发送问卷、"深入访谈"的方式来开展调查。相应地，对两组调查对象的调查目的分别为：

（1）先前旅游者：初步检测海滨城市目的地品牌个性量表的"内容效度"、开发新的相关测量题目。

（2）旅游业界代表、专家：一是，根据旅游者样本调查结果进一步检测量表"内容效度"，删除不适当测量题目、添加新的适用于当前研究情境的题目；二是，对测量题目的语句表述、措辞和问卷整体设计、编排提供修改建议，对将在预测试中发放的问卷定稿。

对先前旅游者样本调查所使用的问卷在结构上与开发海滨城市目的地情感形象量表时所使用的问卷相同。第一部分调查旅游者对作者开发的海滨城市目的地品牌个性量表中各题目是否与当前具体研究情境相符的感知。他们被要求根据其先前旅游经验找出 56 个测量题目中认为与一个海滨城市旅游目的地研究情境的个性特质不相关的题目〔同样采用邱吉尔（Churchill）1979 年研究提出的 70% 的题目去留标准〕。第二部分同样采用一个"开放式问题"来进一步提取游客感知的一个海滨城市旅游目的地的其他品牌个性特质。问题陈述如下："除了以上这些人类个性特质之外，根据您的旅行经验和对海滨城市旅游目的地的了解，您还能想到哪些可以与一个海滨城市旅游目的地联系在一起的人类个性特质？"问卷详细内容可参见附录 B。

3. 量表修订结果

根据"经验调查法"的实施结果，尽管少数新的目的地品牌个性特质被旅游者样本提出（如冷酷无情的、淡泊名利的），但在最终专家审定过程中不认为适用于当前研究情境，故而并无新的测量题目被添加。但是，经过两轮的量表"内容效度"检测，24 个原始量表中的个性特质因被认为无法感知到其与一个海滨城市目的地的联系被删除，最终产生一个包含 32 个题目的、在预测试问卷中使用的海滨城市目的地品牌个性量表。量表中各题目详见表 5—5。

表5—5 海滨城市旅游目的地品牌个性测量量表

题目编号	题目陈述	题目编号	题目陈述
P1	务实的、实事求是的	P17	积极的、活跃的
P2	诚实的、正直的	P18	聪明的、有才智的
P3	真诚的、坦率的	P19	成功的、有成就的
P4	有首创性的、有独到见解的	P20	领导者、领袖
P5	快乐的、开心的	P21	自信的
P6	热诚的	P22	多才多艺的
P7	友好的、热情的	P23	见过世面的、见多识广的
P8	时髦的、追随潮流的	P24	乐观的、积极向上的
P9	兴奋的、激动的	P25	上等的、上流社会的
P10	精力充沛的	P26	富有魅力的
P11	年轻的	P27	漂亮的、貌美的
P12	想象力丰富的	P28	可爱的、迷人的
P13	独特的、与众不同的	P29	温柔的、有女性气质的
P14	时尚的	P30	爱好户外活动的
P15	独立的、有主见的	P31	阳刚的、有男子气概的
P16	现代的、当代的	P32	西化的

资料来源：作者整理。

三 问卷预测试

在问卷付诸正式调查之前，为了解被调查者对量表中各题目陈述是否理解、是否存在有很大比例被调查者不愿作答或无法作答的题目，检测各量表的"信度（reliability）"，进一步删除不适当题目，以及问卷发放方式是否恰当、回收情况如何等，需对问卷进行预测试。问卷预测试中使用的样本性质应与正式调查中的样本相似（Churchill & Iacobucci，2002）。

（一）预测试实施情况

本研究实证阐释部分的问卷预测试于2010年4月10日至4月18日开展。样本由这9日内在大连旅游的50名国内消遣旅游者构成。调查通过作者委托大连一家旅行社的员工在其到大连旅游的团队旅游者中发放"自填式问卷"来开展。共发放问卷60份，回收53份，其中有效问卷50份（问卷回收率为88.3%，有效率为94.3%）。

（二）预测试结果

1. 量表中各题目回答情况

对于海滨城市旅游目的地情感形象量表，在 A17 题（在这里让我感觉好像被激活和唤醒了一样）上未作答的被调查者人数最多，有 8 人，其次在 A19、A28、A29、A36、A42、A43 这些题目上均有被调查者未作回答，但人数都不超过 5 人，不考虑排除。对于 A17 题，该题目是根据 Russell 等人广为引用的环境情感质量研究结论中的一个重要维度所开发的，考虑回答率不高可能是因题目的语句表述和措辞方面存在问题，导致部分被调查者无法有效理解。因此该题目被保留下来，但在正式测试时应进行修改。

对于海滨城市旅游目的地品牌个性量表，在 P2、P4、P9、P10、P12、P15、P17、P21、P26 这些题目上，未作答的被调查者人数很多（均在 8 人以上），说明在实际调查中这些个性特质很难被感知与一个海滨城市目的地联系起来，因此考虑将它们删除。①

2. 量表信度分析

"信度（reliability）"是指测量结果具有的"一致性"或"稳定性"程度，旨在说明测量结果中"测量随机误差"所占的成分。几种比较重要的信度有："重测信度"、"复本信度"、"量表内部一致性信度（折半信度、题目间一致性信度）"。本研究应用衡量题目间一致性的方法（以 Cronbach α 系数的值为判断标准）来检验量表"信度"。

（1）海滨城市旅游目的地情感形象量表的信度分析结果

表 5—6　　　海滨城市旅游目的地情感形象量表信度分析结果

题目编号	题目陈述	题目删除后 Cronbach α
A1	这里生活节奏舒缓，是一个休闲放松的好去处	0.394
A2	这里有一种浪漫的氛围，是度蜜月的好去处	0.441

① "目的地品牌个性"是一个很新的研究问题，一些在一般产品品牌研究中发现的品牌个性特质在目的地情境下则很难被感知到。墨菲（Murphy），莫斯多卡和本肯多夫（Moscardo & Benckendorff）（2007）将"品牌个性"概念应用于目的地时也有类似发现，到访澳洲 Witsundays 和 Cairns 目的地的游客在多个 BPS 题目上回答率都很低：Murphy L., Moscardo G., Benckendorff P., Using brand personality to differentiate regional tourism destinations. Journal of Travel Research, 2007, 46（5）: pp. 5—14。

续表

题目编号	题目陈述	题目删除后 Cronbachα
A3	这里让人感觉很舒服，适合居住和生活	0.394
A4	这里社会治安状况良好，让人感到很安全	0.438
A5	这里宽敞、开阔，有一种海阔天空的、自由的感觉	0.426
A6	这里很安静	0.361
A7	这里气候温暖宜人	0.440
A8	这里的名胜古迹和旧式建筑很多，让人怀旧、感慨	0.462
A9	这里名人的轶事和传说很多，很吸引人	0.422
A10	这里自然风景很多，美丽壮观	0.435
A11	这里的民风民俗很有特点，让人很感兴趣	0.458
A12	这里经常举办各种会展和节庆活动，洋溢着喜庆的氛围	0.424
A13	这里有浓郁的文化氛围，能陶冶情操	0.467
A14	这里让人受教育、长知识，精神上受到了启发	0.456
A15	这里的个别事物有点儿异国风情	0.368
A16	这里的娱乐项目有趣新奇，有刺激感	0.416
A17	在这里让我感觉好像被激活和唤醒了一样	0.399
A18	在这里旅行让我感到快乐、开心	0.420
A19	在这里旅行让我感到很兴奋	0.452
A20	这里可看可玩儿的东西太多了，多姿多彩	0.432
A21	这里的服务设施配套合理，总体服务水平高	0.410
A22	这里的服务人员形象好、素质高	0.415
A23	这里的服务热情周全，使人得到了很好的照顾和款待	0.398
A24	这里的道路和交通设施发达，到各处游玩都很便利	0.444
A25	这里的景点布局和旅游线路安排很合理	0.434
A26	这里景区景点的价格比较合理	0.383
A27	这里住宿条件的性价比比较高	0.440
A28	这里饮食条件的性价比比较高	0.486
A29	这里有很多地方的传统和特色美食，很吸引人	0.494
A30	这是一个发达和富裕的地方，居民的生活水平较高	0.407
A31	这里的城市化水平比较高，商业发达	0.421
A32	这是一个时尚现代的地方，能接受很多新的东西	0.432
A33	这里现代化的旅游景点和建设项目很多，未来竞争力很强	0.400
A34	这里干净整洁、空气清新	0.398

续表

题目编号	题目陈述	题目删除后 Cronbachα
A35	这里生态环境保持得很好，没有污染	0.422
A36	这里给人一种纯洁的、自然的感觉	0.414
A37	这是一个同家人和亲友欢聚的好地方	0.407
A38	这里能提供很多社交的机会	0.421
A39	这里的居民热情好客，让人感到很亲切	0.478
A40	当地政府重视旅游业发展，投资很大、规划宏伟	0.395
A41	当地群众的旅游发展意识很强，有感染力	0.436
A42	这里有在别处体验不到的东西，个性特点突出	0.413
A43	在这里的旅游经历让人难忘	0.419
A44	总体上看，这是一个很好的地方	0.406

量表整体 Cronbachα 系数值为：0.432

资料来源：作者整理。

分析结果显示，海滨城市旅游目的地情感形象量表整体的 Cronbachα 系数值为：0.432。吴统雄（1984）建议的可信程度参考范围：Cronbachα ≤ 0.30，不可信；0.30 < Cronbachα ≤ 0.40，勉强可信；0.40 < Cronbachα ≤ 0.50，稍微可信；0.50 < Cronbachα ≤ 0.70，可信；0.70 < Cronbachα ≤ 0.90，很可信；Cronbachα > 0.90，十分可信。[①] 尽管量表信度达到了稍微可信的标准，但总体上还是偏低，因此考虑通过对一些题目的删除来提高量表内部一致性。根据题目删除后 Cronbachα 系数值（见表5—6），将题目 A2、A4、A7、A8、A10、A11、A13、A14、A19、A24、A25、A27、A28、A29、A39、A41（共 16 条）删除都有助于提高量表的整体"信度"（在表中通过方框标示）。作者根据删除题目后 Cronbachα 系数值排序和对题目内容的综合考虑，最终决定删除其中的 11 条题目（A7、A8、A11、A13、A14、A24、A27、A28、A29、A39、A41）。

其余的 5 条题目为：A2（这里有一种浪漫的氛围，是度蜜月的好去处）、A4（这里社会治安状况良好，让人感到很安全）、A10（这里自然风景很多，美丽壮观）、A19（在这里旅行让我感到很兴奋）、A25（这里的景点布局和旅游线路安排很合理）。保留原因为：首先根据信度分析结果，删除这些题目并不能使量表整体 Cronbachα 有显著提升；其次是各题

———————

① 吴统雄：《电话调查：理论与方法》，台北聊经出版社 1984 年版。

目所涵盖的内容信息：A2 强调的浪漫氛围是大连长期以来的旅游宣传主题，具备成为大连区别于其竞争对手的独特情感形象属性的潜质，所以必须保留，考虑通过在正式问卷中修改其表述方式来提高与其他题目之间的一致性；A19 因同 A17 一样都是根据拉赛尔（Russell）等人环境情感质量研究结论的一个重要维度所开发的，故此被保留下来。A4、A10 和 A25，考虑到分别代表了海滨城市旅游目的地情感形象比较重要的属性信息，若删除将有可能影响量表的"内容效度"，也予以保留。

删除 11 条题目后海滨城市旅游目的地情感形象量表的整体 Cronbachα 系数值由 0.432 显著提高到 0.693（见表 5—7），达到了可信的标准。由作者将量表中题目删除情况、删除或保留原因、对个别题目的表述调整情况通过电子邮件汇报给先前两位旅游专家（来自南开大学），获得批准，认为既有效提高了量表的"信度"又未致使有效信息丢失、影响量表的"内容效度"。最终将在正式调查中使用的海滨城市旅游目的地情感形象量表确定为包含 33 条题目，如表 5—8 所示（其中由方框标示的题目代表对其表述进行了调整）。

表 5—7 海滨城市旅游目的地情感形象量表修订后整体信度

量表原始 Cronbachα	包含题目个数	修订后量表 Cronbachα	包含题目个数
0.432	44	0.693	33

资料来源：作者整理。

表 5—8 海滨城市旅游目的地情感形象测量量表（正式调查中使用）

题目编号	题目陈述
A1	这里生活节奏舒缓，是一个休闲放松的好去处
A2	这是一座浪漫的城市
A3	这里让人感觉很舒服，适合居住和生活
A4	这里社会治安状况良好，让人感到很安全
A5	这里宽敞、开阔，有一种海阔天空的、自由的感觉

续表

题目编号	题目陈述
A6	这里很安静
A7	这里名人的轶事和传说很多，很吸引人
A8	这里自然风景很多，美丽壮观
A9	这里经常举办各种会展和节庆活动，洋溢着喜庆的氛围
A10	这里的个别事物有点儿异国风情
A11	这里的娱乐项目有趣新奇，有刺激感
A12	在这里好像被激活和唤醒了一样，让人感到清爽、精神焕发
A13	在这里旅行让我感到快乐、开心
A14	在这里旅行让我感到很兴奋
A15	这里可看可玩儿的东西太多了，多姿多彩
A16	这里的服务设施配套合理，总体服务水平高
A17	这里的服务人员形象好、素质高
A18	这里的服务热情周全，使人得到了很好的照顾和款待
A19	这里的景点布局和旅游线路安排很合理
A20	这里景区景点的价格比较合理
A21	这是一个发达和富裕的地方，居民的生活水平较高
A22	这里的城市化水平比较高，商业发达
A23	这是一个时尚现代的地方，能接受很多新的东西
A24	这里现代化的旅游景点和建设项目很多，未来竞争力很强
A25	这里干净整洁、空气清新

续表

题目编号	题目陈述
A26	这里生态环境保持得很好，没有污染
A27	这里给人一种纯洁的、自然的感觉
A28	这是一个同家人和亲友欢聚的好地方
A29	这里能提供很多社交的机会
A30	当地政府重视旅游业发展，投资很大、规划宏伟
A31	这里有在别处体验不到的东西，个性特点突出
A32	在这里的旅游经历让人难忘
A33	总体上看，这是一个很好的地方

资料来源：作者整理。

（2）海滨城市旅游目的地品牌个性量表的信度分析结果

将未作答人数较多的 9 条题目删除后，对海滨城市旅游目的地品牌个性量表中的剩余 23 条题目做信度分析，结果如表 5—9 所示。

表 5—9   海滨城市旅游目的地品牌个性量表信度分析结果

编号	题目陈述	题目删除后 Cronbachα	编号	题目陈述	题目删除后 Cronbachα
P1	务实的、实事求是的	0.467	P20	领导者、领袖	0.598
P3	真诚的、坦率的	0.513	P22	多才多艺的	0.414
P5	快乐的、开心的	0.547	P23	见过世面、见多识广的	0.459
P6	热诚的	0.460	P24	乐观的、积极向上的	0.428
P7	友好的、热情的	0.474	P25	上等的、上流社会的	0.450
P8	时髦的、追随潮流的	0.464	P27	漂亮的、貌美的	0.433
P11	年轻的	0.493	P28	可爱的、迷人的	0.430
P13	独特的、与众不同的	0.459	P29	温柔的、有女性气质的	0.427
P14	时尚的	0.471	P30	爱好户外活动的	0.432
P16	现代的、当代的	0.459	P31	阳刚的、有男子气概的	0.535
P18	聪明的、有才智的	0.478	P32	西化的	0.471
P19	成功的、有成就的	0.430			

量表整体 Cronbachα 系数值为：0.484

资料来源：作者整理。

量表整体的 Cronbachα 系数值为：0.484。与海滨城市旅游目的地情感形象量表的情形一样，虽然符合吴统雄（1984）稍微可信的"信度"范围标准，但总体上看"信度"偏低，应通过对一些题项的删除来提高量表内部一致性。根据题目删除后 Cronbachα，将 P3、P5、P11、P20、P31 这 5 条题目删除都有助于提高量表整体"信度"。经作者对这 5 条题目内容、被调查者回答情况以及旅游专家的建议进行综合考虑，最终决定将这 5 条题目全部删除。① 对剩余的 18 条"目的地品牌个性"题目连续实施了第二次和第三次信度分析，发现将题目 P18 和 P8 删除亦可在一定程度上提高量表的整体"信度"，故此也将其删除。

这样，共删除 7 条题目后（排除早先根据游客回答率删除的 9 条题目），海滨城市旅游目的地个性量表的整体 Cronbachα 系数值由 0.484 显著提高到 0.712（见表 5—10），量表可信程度由稍微可信提升到很可信。最终将在正式调查中使用的海滨城市旅游目的地品牌个性量表确定为包含 16 条题目，如表 5—11 所示。

表 5—10　　　　海滨城市旅游目的地品牌个性量表修订后整体信度

量表原始 Cronbachα	包含题目个数	修订后量表 Cronbachα	包含题目个数
0.484	23	0.712	16

资料来源：作者整理。

---

① 阿克（Aaker）（1997）品牌个性量表是在西方文化背景下开发出来的，本研究对其补充的 5 条题目也主要是基于对国外目的地形象文献的回顾所提炼的（当前采用"非结构化"测量方法的国内目的地形象研究文献较少）。尽管在该量表开发之初，作者曾邀请美国俄克拉何马州立大学酒店和餐饮管理专业 4 名熟练掌握中、英文的博士生对量表中各题目进行了互译对照（2 名将原始英文题目翻译成中文，再由另外 2 名将翻译后的中文量表重新译回英文），结果基本上满意；通过经验调查法的实施，也没有得到题目表述上的修正建议；但在预测试调查中，根据作者委托的旅行社员工提供的调查实况反馈，游客在对译成中文后若干相似含义个性题目的分辨、理解上仍存在一定困难，说明一般大众与专业人士之间因知识、经验的差异对翻译题目的实际理解和感受是不同的（不同文化背景的影响）。同时也反映出"品牌个性"概念在应用于旅游目的地情境时消费者一方的确出现了一定预期中的感知薄弱问题（与先前研究发现一致）。此外，旅游专家根据作者汇报的预调查实施情况、研究困难和量表信度分析结果，最终建议尽量选取较少、有代表性的"目的地品牌个性"题目来针对国内消遣旅游者开展调查。题目删除获得其同意。

表5—11 海滨城市旅游目的地品牌个性测量量表（正式调查中使用）

题目编号	题目陈述	题目编号	题目陈述
P1	务实的、实事求是的	P9	见过世面的、见多识广的
P2	热诚的	P10	乐观的、积极向上的
P3	友好的、热情的	P11	上等的、上流社会的
P4	独特的、与众不同的	P12	漂亮的、貌美的
P5	时尚的	P13	可爱的、迷人的
P6	现代的、当代的	P14	温柔的、有女性气质的
P7	成功的、有成就的	P15	爱好户外活动的
P8	多才多艺的	P16	西化的

资料来源：作者整理。

第三节　调研实施

一　调研地选择和情况简介

（一）调研地选择

由于"旅游目的地定位"的实质任务不是要识别就目的地自身而言的优势，而是要识别目的地对其竞争对手能够构成显著差异的决定性特色，对竞争目的地的准确判断是实施定位分析的一个必要前提。

作者首先根据常识和旅行社提供的北方海滨旅游线路介绍初步识别出6个与大连市提供相似资源的北方海滨城市目的地的潜在竞争者：青岛、威海、烟台、日照、秦皇岛、天津。经对6个城市的地理区位、气候条件、资源相似程度和客源竞争状况的统计数据详细比较、分析，最终确定青岛、威海、烟台、天津4个城市为大连在北方区域内国内消遣旅游市场上的紧密竞争者（即确定5个调研开展地）。下文将对这5个城市在符合彼此成为主要竞争对手标准方面的信息进行简要介绍。

（二）调研地情况简介

1. 地理区位和气候条件

大连位于辽东半岛南端，西北濒临渤海，东南面向黄海，与山东半岛隔海相对，素有"京津门户"之称；北面背依东北大陆，腹地辽阔，堪称"东北之窗"。大连现辖市内 6 个区和 3 个县级市，土地总面积12573.83 平方公里，总人口近 600 万人。大连位于北半球的暖温带地区，地处东北亚季风区，属具有海洋性特点的暖温带大陆性季风气候，东无严寒、夏无酷暑、四季分明，年平均气温在 10℃ 左右，年降水量 550—950毫米。①

　　4 个竞争目的地（青岛、烟台、威海、天津）与大连共扼渤海湾，同是环渤海经济发展圈中的重要城市，东南面临黄海，外与韩国、日本隔海相望。其中，青岛、威海、烟台同属山东半岛，分别位于其东南部、东部和中部。三市依次接壤，青岛东北与烟台接壤，烟台西与威海接壤。天津处于华北平原东北部，是环渤海湾的中心，北依燕山，距北京仅 120 公里，是拱卫京机的要地和门户、北方重要交通枢纽地之一。② 5 个调研目的地的地理区位可详见图 5—3 中。

　　因地理区位的临近，气候条件上 4 个竞争目的地也与大连十分相似。五者同属北温带大陆性季风气候，四季变化和季风进退都较明显，与同纬度的内陆地区相比，具有雨水较丰富、年温适中、气候温和的特点。

　　2. 旅游资源状况

　　（1）大连市旅游资源简介

　　大连以大海为背景，以绿色为依托，以漂亮的城市环境为品牌，以大型旅游节庆活动为载体，风景秀丽、气候宜人，市区建筑风格各异，街心花园和广场点缀街道，是著名的海滨旅游和避暑胜地，素有"浪漫之都"的美誉。

　　大连现有 8 个国家 4A 级景区（冰峪沟、金石滩旅游度假区、老虎滩公园、圣亚海洋世界、森林动物园、大连现代博物馆、大连世界和平公园、旅顺东鸡冠山景区）、4 个国家级自然保护区（老铁山蛇岛自然保护区、仙人洞自然保护区、成山头海滨地貌自然保护区、辽宁大连斑海豹自

---

　　①　以上内容为作者根据大连旅游政务网（http：//www.dltour.gov.cn）和大连旅游信息网（http：//www.dalian-lvyou.com）相关资料整理而成。后面旅游资源状况介绍也是参考的这两个网站的信息。

　　②　青岛、威海、烟台、天津 4 地信息也分别是作者根据各地官方旅游网站（http：//www.qdta.gov.cn、http：//www.whta.gov.cn、http：//www.ytta.gov.cn、http：//www.tjtour.gov.cn）和旅游信息网（http：//www.qdta.cn、http：//www.whtra.com、http：//www.ytta.cn、http：//www.tjtour.cn）相关内容整理而成。

然保护区)、6个国家森林公园（旅顺口国家森林公园、仙人洞国家森林公园、大连国家森林公园、长山群岛国家森林公园、普兰店国家森林公园、大黑山国家森林公园）。省级风景名胜区、自然保护区和文物保护单位也有多处。

图5—3　大连与其主要北方竞争目的地地理区位图

资料来源：作者整理。

大连近年来举办的诸多会展节庆活动，更增添了其旅游和城市整体吸引力，成为文化交流的重要平台和市场热点。迎春会、赏槐会、国际服装节、国际马拉松比赛、大连国际冬泳节、国际艺术博览会、国际沙雕文化节、旅顺樱花节等令国内外游客应接不暇、流连忘返。其中国际服装节是集经贸、文化、旅游活动为一体、颇具规模的盛大节庆活动，与香港时装节互为姊妹节，已经成为大连最为闪亮的城市名片之一。

（2）竞争目的地旅游资源简介

临近的地理区位、相似的气候条件在一定程度上造就了相似的旅游资源禀赋。青岛、威海、烟台、天津 4 地与大连一样，同是融自然风貌、人文特色、现代气息于一体的北方著名海滨旅游城市。

青岛旅游资源可以概括为秀丽的山海风光、丰富的人文景观、风格迥异的多国建筑和历史悠久的宗教文化。青岛现有 4 个国家 4A 级景区（青岛海滨风景区、崂山风景名胜区、青岛海洋世界、青岛啤酒博物馆），1个国家级自然保护区（墨马山国家级自然保护区），还有灵山湾、珠山等多处国家森林公园和省级风景名胜区、自然保护区及文物保护单位多处。节庆活动也是青岛的拳头产品，青岛国际啤酒节、沙滩文化节、海之情旅游节、樱花会等节庆吸引了众多海内外游人。

威海是著名的海滨花园城市，花满街、树成荫，宁静、整洁的市容环境使这里成为中国最宜居的城市之一。1996 年威海被联合国评为全球改善人居环境 100 个范例城市之一。威海现有 3 个国家 4A 级景区（刘公岛博物馆、乳山银滩、成山头风景区）、4 个国家级 3A 级景区（圣水观、定远舰、槎山、文登青龙山庄度假村）、1 个国家级森林公园（刘公岛森林公园），以及摩天岭等多处生态风景名胜区和以甲午海战纪念馆为代表的历史人文吸引物。威海近年来也通过举办节庆活动造势，主要有威海（文登）国际温泉节、威海国际人居节、荣成国际渔民节、文登昆嵛山樱桃节、乳山母爱文化节等。

烟台依山傍海，集山、城、海、岛、河于一体，辖区内旅游资源十分丰富。909 公里的海岸线上，有十多处金沙细浪般的海水浴场；有人间仙境蓬莱阁、海上仙山——长岛、中国书法瑰宝——文峰山魏碑石刻以及牟氏庄园、秦始皇东巡遗址等众多自然景观和历史文化遗产，此外，还有星罗棋布的温泉和森林公园、3 处高标准的国际高尔夫球场、4 处省级旅游度假区。烟台举办的主要节庆活动有龙口国际徐福文化节、养马岛秦皇文化艺术节、莱阳梨花节、国际葡萄酒节、国际长寿文化节等。

天津是北方最大的沿海开放城市，集山、海、河、湖、历史、民俗资源为一体。天津目前有 2 个国家 5A 级景区（古文化街、盘山）、10 个国家 4A 级景区（黄崖关长城风景游览区、海滨旅游度假区、蓟县独乐寺、热带植物观光园、石家大院等）、25 个国家 3A 级景区（九仙山国家森林公园等），以及工业旅游示范点 16 家，农业旅游示范点 8 家。风格纷呈的小洋楼是对中国近代历史的鲜明写照，天津还是中国近代工业文明的摇篮。天津举办的主要节庆活动有五大道国际风情旅游节、国际马拉松旅游邀请赛、杨柳青民俗文化旅游节等。

3. 客源竞争状况

地理区位和旅游资源情况决定了大连和其他 4 个海滨城市目的地之间在国内消遣旅游客源上存在竞争。

（1）国内游客来源地构成

表 5—12 为根据 2008 年大连旅游统计数据计算出的当年大连国内游客来源地构成信息（其他年份客源构成比例基本一致），仅列示出了排名前 10 位的省份。[1] 从中可以看出，东北三省、北京和山东三个区域排在前 5 位，是大连国内旅游的最大客源市场，合计客源比重占到 75.43%。

表 5—12　　　　　　　　2008 年大连国内旅游者
来源地构成 （排名前十位的省份）

排名	来源地	比重	排名	来源地	比重
1	辽宁	49.3%	6	上海	3.63%
2	黑龙江	8.1%	7	天津	2.21%
3	北京	8.05%	8	河北	1.86%
4	山东	5.35%	9	内蒙古	1.85%
5	吉林	4.63%	10	浙江	1.68%

资料来源：大连旅游政务网（http://www.dltour.gov.cn）。

根据理论判断，在客源构成比例上与大连非常相似的目的地（即来自东北三省、北京和山东三个地区的国内游客在该目的地的国内游客总人数中占有相当比例）就应该是大连的紧密竞争对手。

表 5—13 为大连、青岛、威海、烟台、天津五市国内游客中来自东北三省、北京和山东三个地区游客人数的合计比重。其中，大连、青岛两市依据的是 2008 年旅游统计数据（网上发布）；[2] 威海、烟台因在两市网站上未检索到所需信息，由作者电话咨询两市旅游局，最终获取、依据的是 2009 年统计数据；天津则因统计数据获取途径有限，由作者依据 2008 年

---

① 数据根据大连旅游政务网（http://www.dltour.gov.cn）整理而成。

② 数据根据大连旅游政务网（http://www.dltour.gov.cn）和青岛旅游政务网（http://www.qdta.gov.cn）整理而成。

"十一黄金周"期间到津国内游客来源地构成比估计得出。[①] 从中可以看出，青岛、威海、烟台、天津4市的国内游客中来自东北三省、北京和山东三个地区的客源比重分别为：60.28%、62.7%、57.8%和65%，均达到55%以上，可以认为与大连构成直接的、紧密的竞争关系。而原本也纳入大连潜在竞争者范围内的日照、秦皇岛两市，国内游客中来自这三个地区的客源比重分别为46.1%和33.1%，[②] 不到50%，故将其排除出大连的紧密竞争者之列。

表5—13   大连和主要竞争目的地国内游客中来自东北、
北京和山东市场的合计比重

城市	大连	青岛	威海	烟台	天津
东北、北京和山东市场所占比重	75.43%	60.28%	62.7%	57.8%	65%

资料来源：作者整理。

(2) 国内游客人数总量和增长态势

通过对大连、青岛、威海、烟台和天津五市国内游客人数总量和增长态势的审查，便于进一步了解大连与其他4个海滨城市目的地之间的竞争激烈程度。表5—14为2009年5个城市国内游客人数总量的统计数据。[③]从中可以看出，天津作为四大直辖市之一，幅员辽阔，吸引到的国内游客人数总量最多，为大连同年吸引国内游客人数总量的2.35倍。参考其国内游客中东北、北京和山东3个市场的合计比重（保守估计值65%），可见天津的确在很大程度上分流了有可能到大连访问的国内游客，对其构成显著的竞争威胁。其次为青岛，在国内游客人数总量上也略微超过了大连，结合其相似的客源结构，同样成为大连非常激烈的一个竞争对手。威海和烟台在国内游客人数总量上较大连、天津、青岛三市偏低一些，从这

---

① 数据由作者根据2008年"十一黄金周"期间天津国内旅游的相关报道估计得出（其中来自山东市场的国内游客比重信息缺失，其他两个地区合计比重为62%，保守估计三地区比重为65%）。

② 数据分别由日照市旅游局和秦皇岛市旅游局提供。

③ 数据分别来自大连、青岛、威海、烟台、天津5个城市2009年国民经济和社会发展统计公报。

个角度看目前对大连的竞争威胁还不是十分显著。图 5—4 为 2001 年至 2009 年大连、青岛、威海、烟台、天津五市的国内游客人数总量增长趋势图（其中天津因数据检索途径有限，作者仅查询到 2005 年至 2009 年 5 年的国内游客人数增长率数据）。[①]

表 5—14　　　　2009 年大连和主要竞争目的地国内游客人数总量

城　市	大连	青岛	威海	烟台	天津
国内游客人数总量（万人次）	3412	3903.4	1838.6	2762.73	8018

資料来源：大连、青岛、威海、烟台、天津五市 2009 年国民经济和社会发展统计公报。

在年度平均增长率上（排除 2003 年、2004 年受"非典"影响出现大幅度波动情况），大连、青岛、威海、烟台、天津五市的国内游客人数年度平均增长率分别为：14.24%、14.27%、15.55%、18.89% 和 11.18%。其中，天津的年度平均增长率最低（11.18%），烟台的年度平均增长率最高（18.89%），大连排在倒数第 2 位（14.24%）。可见，大连与其他 4 个海滨城市目的地在对相同客源的竞争上已经略微表现出疲软态势，青岛位于中等水平，烟台和威海的增长势头相对猛进。尽管烟台和威海两市在国内游客人数总量上还未对大连形成显著竞争威胁，但其增长速度较快，随着其发展将日益分食越来越大比例的、有可能达到大连访问的国内游客市场，因此也需引起大连旅游官方的注意和营销对策思考。

在国内游客人数增长率的变化趋势上（排除 2003 年、2004 年两年的异常变化）：

大连由 2001 年的 10.1% 下降到 2002 年的 7.7%，从 2005 年起先由 18.75% 下降到 2006 年的 13.16%，2007 年、2008 年两年保持持续增长到 21%，2009 年又下降到 13.7%，增长率变化的区间较大（7.7%—21%），增长趋势很不稳定。

青岛 2001 年和 2002 年的国内游客人数增长率均为 18.2%，2005 年到 2007 年从 13.5% 持续增长到 16.4%。2008 年突然骤降到 4%，考虑应该是由于青岛 2008 年作为北京奥运会伙伴城市，产生了大型赛事的"挤

---

① 大连、青岛、威海、烟台、天津 5 个城市的年度国内游客人数增长率数据来自各自历年国民经济和社会发展统计公报。

出效应"（屠高平、梁留科、韦东，2006），致使传统市场游客人数增长大幅下降。当年青岛入境游客人数下降 26.4%，[①] 更有效地说明了这一点。2009 年青岛国内游客人数增长率迅速回升到 15.2%。将 2008 年的情况排除在外，青岛国内游客增长率的变化区间比大连小，增长趋势较大连稳定，基本上保持在 15% 左右。

威海国内游客人数增长率由 2001 年的 13.23% 略微降到 2002 年的12.84%，2005 年起到 2007 年从 14.8% 持续增长到 20.2%，之后 2008年、2009 年分别下降为 16.8% 和 15.9%。增长率变化区间同样要比大连的情形小，增长趋势也较大连稳定。

烟台国内游客人数增长率 2001 年最高，为 23.51%，2002 年下降到15.6%，2005 年反升回 22%，之后 4 年一直保持在每年 17.8% 左右比较平稳的增长水平（分别为 2006 年 17.9%、2007 年 18%、2008 年 17.4%、2009 年 17.8%）。其增长趋势为前几年动荡变化较大，近年来达到增长非常平稳的水平。

天津 2005 年时国内游客人数增长率为 12.8%，之后两年连续下降到8.8%，2008 年有较大提升，为 14.8%（考虑是因北京奥运会"挤出效应"受益），2009 年又降落回 10.2% 的水平，总体上看处于增长率不断降低的趋势，但变化幅度不大。

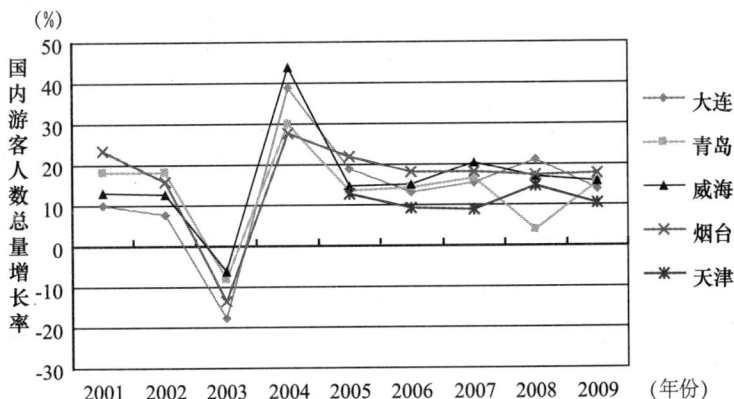

图 5—4 大连和主要竞争目的地国内游客人数增长趋势图

资料来源：作者整理。

---

① 数据来自 2008 年青岛国民经济和社会发展统计公报。

　　综合观之，在国内游客客源构成非常相似的 5 个北方海滨城市目的地之中：天津的国内游客人数总量最大，但是年平均增长率最低，且表现出一定的增长率逐年平稳下降的趋势，说明其旅游市场发展已达到比较成熟、饱和的状态；烟台和威海当前的国内游客人数总量并非很可观，但是其年平均增长率分列在第 1 位、第 2 位，增长率变化的区间也不算太大，因此基本上（尤其是近 5 年内）是以较高的增长率保持着一个比较猛进的增长势头，未来市场增长的发展空间还很大。青岛在国内游客人数总量上处于第 2 位，在年平均增长率上处于中游水平，但是增长率变化情况最为稳定，因此其旅游市场的发展是处于一个保持适当幅度的稳定增长阶段。大连国内游客人数年平均增长率处于倒数第 2 的位置，说明它在 5 个城市中旅游市场发展的成熟、饱和程度仅次于天津，未来市场增长的空间相对较小；同时增长率的变化幅度较大，说明其在保持平稳增长的可控性和可预测性上不如其他 4 个城市，旅游发展受到竞争冲击的几率较高。在其今后国内旅游的发展中，大连不仅要继续受到其传统竞争对手青岛（近年来在城市总体形象、知名度和到访游客量上已大有赶超大连之势）的挑战，从实际分流游客数量和游客人数长期增长态势的角度还要面临天津、烟台和威海三市不同程度的竞争压力。

　　因此，大连需要打破当前的竞争格局、改变其国内游客市场日趋饱和、增长极不稳定的状态，努力从主要竞争对手的身上赢得原属于它们的市场份额。由此也反映出大连在北方区域竞争范围内树立有效、积极的差异化品牌、对自身作为一个海滨城市目的地进行重新定位（尤其是符合变化发展的旅游市场需求方向的"非功用性"定位）的必要性和紧迫性。

二　调研实施相关情况简介

　　本研究的正式调查时间为 2010 年 5 月 28 日至 7 月 5 日，在大连、青岛、威海、烟台和天津 5 个城市分别、同时开展。其中大连因需要发放的问卷数量较多，调研截止日期为 7 月 5 日，在其他 4 个城市调研的实际截止日期均在 6 月中旬左右。调研的"目标总体（target population）"为 5 个城市中在每个城市开展调研的相应时间段内分别到各自城市进行访问，停留在 2 日以上的国内消遣旅游者。本研究设计为在 5 个城市分别开展调研，选取其现实到访的旅游者为样本，而非在 5 个城市的共同主要客源市场上或者仅在大连市一地统一发放问卷。原因为：如第二章文献综述部分提及，实际到访的游客（actual visitors）和潜在游客（potential visitors）对一个目的地所持有的感知被认为是有很大差异的，前者往往更加真实、复杂。因此，全部以实际到访 5 个城市的游客为样本，可便于确保调查数据反映的是各竞争目的地真实的优、劣势情况，而非臆想和猜测出来的，最终识别的大连市"非功用性"定位属性/特质也将是真正恰当、有效的。

调研通过由受雇的当地大学生和旅行社员工向到访每个城市的国内消遣旅游者发放"自填式问卷"来开展。其中，大连、青岛、天津三地为作者聘用的旅游管理专业本科学生（分别来自大连理工大学、青岛大学和南开大学），威海、烟台两地为受雇的旅行社员工。因调研开展期间作者赴美进行交流访问，由作者另外委托 6 名来自 3 所高校的旅游管理博士生或硕士生（每个学校 2 名）对受雇发放问卷的本科生进行调研培训。培训内容涉及本次调研的主要目的、程序、接触和招募被调查者的恰当方式、确保被调查者有效完成问卷的必要解释和帮助，以及受雇学生接受调查实施监控、指导和信息反馈的方式。威海、烟台两地受雇的旅行社员工由作者本人通过网络进行了简要培训。调查在每个城市选择出的一个最为著名、人人到此必游的一个旅游景区开展，具体为大连老虎滩公园、青岛崂山风景区、威海成头山风景区、烟台蓬莱旅游度假区和天津古文化街。受雇大学生和旅行社员工被要求以"便利抽样（convenience sampling）"的方法招募被调查者，对分布在景区各个方位的游客在他们休息或看起来比较休闲、放松的时候走上前邀请参加调研。游客们被首先提问一个"识别性问题（screening question），以确保他们是因商务旅行之外的其他目的到每个城市进行访问，且停留在 2 日以上的国内消遣旅游者。对于符合调研条件的游客，问卷填写说明和受雇大学生/旅行社员工的进一步解释帮助他们决定是否参加调研。其中选择参加调研的游客，花费 10—15 分钟填写问卷，受雇学生/旅行社员工在对问卷进行回收时视问卷填写质量向他们提供一个 2—5 元人民币的象征性报酬。

本次调研总共在 5 个城市发放问卷 885 份，回收问卷 675 份，回收率为 76.2%。其中经筛选排除无效问卷（数据有较多遗漏或选项答案过分集中者），共回收有效问卷 630 份，有效率为 93.3%（详见表 5—15）。其中大连发放问卷 370 份，回收问卷 307 份，有效问卷 286 份，问卷回收率为 82.9%，有效率为 93.2%；青岛发放问卷 130 份，回收问卷 96 份，有效问卷 86 份；问卷回收率为 73.8%，有效率为 89.6%；威海发放问卷 148 份，回收问卷 100 份，有效问卷 94 份，问卷回收率为 67.6%，有效率为 94%；烟台发放问卷 110 份，回收问卷 88 份，有效问卷 80 份，问卷回收率为 80%，有效率为 90.9%；天津发放问卷 127 份，回收问卷 90 份，有效问卷 84 份，问卷回收率为 70.9%，有效率为 93.3%。本研究采用"便利抽样法"，最终研究目标又是以大连作为焦点目的地实施定位分析，因此有必要控制使在大连抽取的样本人数显著多于在其他 4 个城市抽取的样本人数。本次调研大连、青岛、威海、烟台、天津 5 地最终获取的样本比例为（以烟台为单位 1）：3.575∶1.075∶1.175∶1∶1.05。随后，作者对有效问卷进行统一编码，并按照编码将相关数据录入 SPSS，为数据统计分析做准备。

表 5—15　　　　　　　　本研究各城市问卷发放、回收情况

问卷发放地点	发放问卷（份）	回收问卷（份）	回收率	有效问卷（份）	有效率
大连	370	307	82.9%	286	93.2%
青岛	130	96	73.8%	86	89.6%
威海	148	100	67.6%	94	94%
烟台	110	88	80%	80	90.9%
天津	127	90	70.9%	84	93.3%
总计	885	675	76.2%	630	93.3%

资料来源：作者整理。

第六章 实证研究的数据统计
分析和研究发现

在上一章设定研究设计要素和调研实施开展的基础上，本章将对编码录入 SPSS 的数据应用特定的数据统计分析技术来逐一分析、回答指导实证研究部分写作的 4 个具体研究问题。本章内容将分为两节。第一节简要介绍作者应用到的主要数据统计分析技术（探索性因子分析、独立样本 t 检验）的基本思想和数学原理。第二节汇报数据统计分析结果，并对研究发现的实际管理意义做出简要分析、总结，提出对大连作为一个海滨城市目的地面向国内消遣旅游市场的建议性"非功用性"定位战略。

第一节 主要数据统计分析技术简介

一 探索性因子分析技术简介

（一）探索性因子分析的基本思想和数学模型

因子分析（Factor Analysis）最初由美国心理学家查尔斯·斯皮尔曼（Charles Spearman）于 1904 年提出，是多元统计分析技术（Multivariate Statistics）的一个分支，其主要目的是浓缩数据（郭志刚，1999）。基本思想为：通过研究众多变量之间的内部依赖关系，探求观测数据中的基本结构，并用少数几个假象变量来表示基本的数据结构。这些假象变量能够反映原来众多观测变量（observed variables）所代表的主要信息，并解释这些观测变量之间的相互依存关系，被称为基础变量，即"因子（factor）"。"因子分析"就是研究如何以最少的信息丢失把众多观测变量浓缩为少数几个因子，并使因子具有较强的可解释性。

因子分析技术可通过两种途径来实现其研究目的："探索性因子分析（Exploratory Factor Analysis）"和"验证性因子分析（Confirmatory Factor Analysis）"。"探索性因子分析"旨在探索导致观测变量之间相关性的潜在维度（underlying dimensions），从数据的现实结果出发（"take what the data give you"），事先不对所提取的因子/成分及其数目进行限定，常常用于理论构建（theory building）的过程中。"验证性因子分析"基于理论或先前实证的支持对数据结构事先有一定的构想，检验观测变量之间的相关性是否与假设的因子结构（factor structure）相一致，用于处理涉及理论检验（theory testing）的问题（Hairet et al.，2010）。在多数情况下应用"探索性因子分析"技术都比较恰当，因而"因子分析"这一术语在未做特定解释的时候一般都指"探索性因子分析"（Guar & Guar，2009）。

因子分析的数学原理可以由下面的一般模型来表示：设有 k 个观测变量，分别为 X_i，X_1，…，X_k，其中 X_i（i = 1，2，…，k）为具有零均值、单位方差的标准化变量，则有：

$$X_i = a_{i1}f_1 + a_{i2}f_2 + a_{i3}f_3 + \cdots + a_{im}f_m + u_i \quad (i = 1, 2, \cdots, k; \ m < k)$$

在该模型中，（1）f_1，f_2，…，f_m 为公因子（common factors），是各个观测变量所共有的因子，解释了变量之间的相关；（2）u_i 为特殊因子（unique factor），是各个观测变量所特有的因子，表示该变量不能被公因子所解释的部分；（3）a_{ij} 为因子载荷（factor loadings），代表第 i 个观测变量在第 j 个公因子上的载荷（i = 1，2，…，m）。

（二）探索性因子分析技术应用中的几个关键概念

为了更好地理解应用"探索性因子分析"所得出的相关数据结果，这里有必要对该统计分析技术应用中涉及的几个关键概念进行介绍。

1. 因子载荷（factor loading）

"因子载荷"是因子分析模型中最重要的一个统计量，它不仅表示了观测变量是如何由公因子线性表示出的，而且反映了因子和变量之间的相关程度，上面模型中 a_{ij} 的绝对值越大，表示公因子 f_j 与观测变量 X_i 之间的关系越密切。

2. 公因子方差（communality）

"公因子方差"又称共同度，指一个特定观测变量被所有公因子所解释的方差（variance）。当公因子之间彼此正交（orthogonal）时，一个变量的公因子方差在数学上等于它所有因子载荷的平方和，即因子载荷矩阵中行元素的平方和。用 h_i^2 代表变量 X_i 的公因子方差，则有 $h_i^2 = a_{i1}^2 + a_{i2}^2 + \cdots + a_{im}^2$。

3. 公因子贡献（contribution）

"公因子贡献"指一个公因子所解释的数据中的方差总和（sum of variance），是反映一个特定公因子重要性的指标，"公因子贡献"越大，表明该因子越重要。在数学上它等于与一个因子有关的所有因子载荷的平方和，即因子载荷矩阵中列元素的平方和。用 g_j^2 代表因子 f_j 的贡献，则有 $g_j^2 = a_{1j}^2 + a_{2j}^2 + \cdots + a_{mj}^2$。

（三）探索性因子分析技术应用的步骤

对"探索性因子分析技术"的应用总体上说涉及 7 个步骤，其中包括 3 个固定步骤和 4 个需要进行决策的步骤。第 2、4、6 步是固定步骤，而第 1、3、5、7 步是需要研究者从竞争性方法中进行选择决策的步骤。

图 6—1 详细描绘了这 7 个步骤，其中有阴影的框格代表本研究在应用探索性因子分析时所具体采取、选择的步骤/方法。作者在下文汇报统计分析结果时会对本研究在 4 个需要决策步骤上具体使用方法的选择原因作出阐释，这里仅对各个步骤进行总体介绍。

第 1 步，识别分析单位，确定要应用的因子分析类型是 R 类型还是 Q 类型。R 类型是最常见的因子分析类型，应用变量的相关矩阵（correlation matrix）来识别一组被分析变量的潜在维度；Q 类型因子分析则以个体被访者为单位，应用关于其特点的相关矩阵对大量个体进行分组。

第 2 步，对应用因子分析技术的基本假设条件进行检验，包括对样本规模大小、变量分布正态性、线性和变量相关关系等的检验。

第 3 步，选择进行因子分析的方法，是主成分分析法（principal component analysis）还是公因子分析法（common factor analysis）。变量的方差被划分为三部分：公共方差（common variance）、独特方差（specific variance）和误差方差（error variance）。两种分析方法的区别在于：主成分分析法考虑变量的总方差（total variance），相关矩阵的对角线要素值为单位 1，提取的因子中包含小部分的独特方差和误差方差；而公因子分析法只考虑变量的公共方差，相关矩阵的对角线要素值是公因子方差，不考虑变量的独特方差和误差方差。

第 4 步，确定因子矩阵，即确定需要提取的因子个数。通常采用的参考便准有特征值（Eigenvalue）标准、被解释方差比例（percentage of variance）标准和碎石检验（Scree test）标准。

第 5 步，选择因子矩阵旋转方法，是采用正交旋转法（orthogonal rotation）还是斜交旋转法（oblique rotation）。正交旋转法在旋转时因子轴（factor axis）之间保持 90°，而斜交旋转法允许各因子之间保持相关关系。

第 6 步，解释旋转后的因子矩阵。判断因子载荷是否显著，变量的公因子方差是否充分，以及如何对各因子进行命名。

第 7 步，为后续应用因子分析的结果做准备。通常有三种处理途径：选择代表变量（surrogate variable）、计算因子得分（factor scores）和创建加总量表（summated scales）。代表变量一般为特定因子维度中具有最高载荷的变量；而因子得分和加总量表方法都是以少数几个新变量代替原有变量，二者的区别是：因子得分基于在一个因子上所有变量的因子载荷计算得出，而加总量表仅基于其中被选择的变量计算得出。

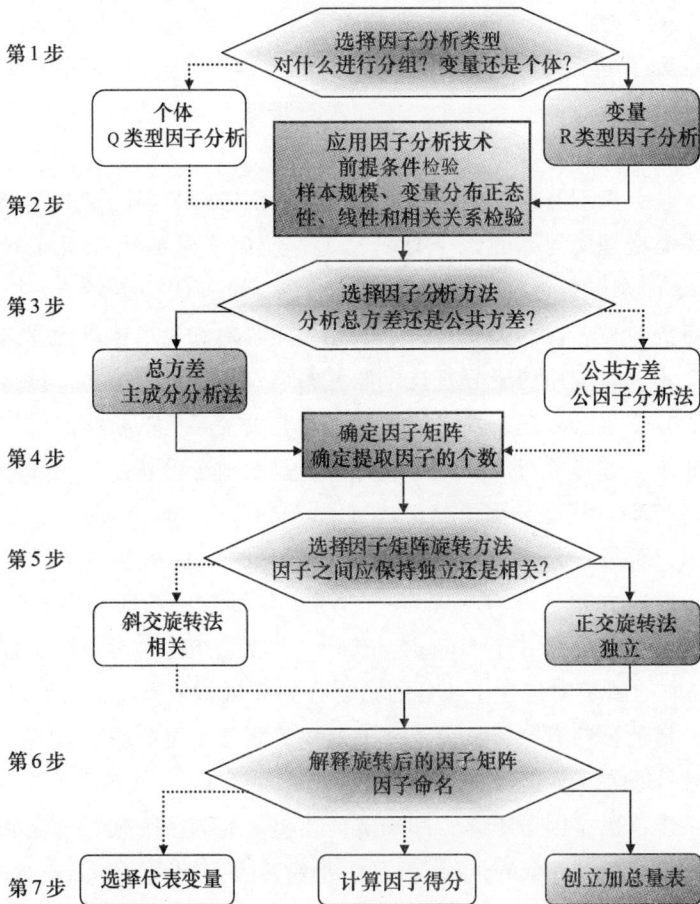

图 6—1   探索性因子分析技术应用的一般步骤

资料来源：作者借鉴 Hair J. F., et al., Multivariate data analysis. Upper Saddle River, NJ: Prentice Hall, the seventh edition, 2010 年整理而成。

二　独立样本 t 检验技术简介

"独立样本 t 检验（Independent t-test）"技术是通过样本数据对它们来自的两个独立总体（Population）的均值是否有显著差异进行推断。应用该检验技术的前提条件为：（1）两个样本是相互独立的；（2）样本来自的两个总体应服从正态分布。其基本实现思路为假设检验（hypothesis-test）的方法：零假设 H_0：两个总体均值之间不存在显著差异；对立假设 H_1：两个总体均值之间存在显著差异。具体通过两个步骤来实现：第一步，利用 F 检验判断两总体的方差（variance）是否相等；第二步，根据前一步的判断结果决定 t 统计量和自由度（degree of freedom）的计算公式，进而对 t 检验的结论做出判断（薛薇，2001）。

在第一步中，判断两总体方差是否相等仍然通过假设检验的方法来实现（H_0：两总体方差无显著差异；H_1：两总体方差有显著差异）。F 统计量的计算方法与单因素方差分析（one-way ANOVA）相一致，是其在控制变量（controlled variable）只有两个水平（level）下的一个特例。计算公式为：

F = 平均组间离差平方和（mean of the between groups sum of squared variability）／平均租内离差平方和（mean of the within groups sum of squared variability）

$$= \frac{MSA}{MSE} = \frac{SSA/(k-1)}{SSE/(n-k)}$$

其中 SSA 和 SSE 分别代表变量总的变差平方和的两个组成部分：组间离差平方和和组内离差平方和。SST = SSA + SSE。SSA 的数学定义为：$SSA = \sum_{i=1}^{k} n_i (\bar{x_i} - \bar{x})^2$；SSE 的数学定义为：$SSE = \sum_{i=1}^{k} \sum_{j=1}^{ni} (x_{ij} - \bar{x_i})^2$；k 为水平数（在独立样本 t 检验情况下为 2），n_i 为第 i 个水平下的样本容量，$n - k = k(n_i - 1)$。如果控制变量的不同水平对观测变量产生了显著影响，则观测变量的总方差中由控制变量影响的比例就较大，F 值就较大；反之则由随机变量影响的比例较大，F 值较小。在实际应用 SPSS 的 Levene F 检验时，软件会自动依据 F 分布表给出其相伴概率值 p，如果 p 小于或等于用户心目中的显著性水平 α，则拒绝关于方差相等的零假设，认为两总体的方差具有显著差异；否则则不能拒绝原假设，认为方差相等。

在第二步中，根据第一步的判断结果决定 t 统计量和自由度的计算公式。（1）在两总体方差相等的情况下，t 统计量的计算公式为：$t = (\bar{x}_1 - \bar{x}_2) / \sqrt{sp^2/n_1 + sp^2/n_2}$，其中 $sp^2 = \dfrac{(n_1 - 1)s_1^2 + (n_2 - 1)s_2^2}{n_1 + n_2 - 1}$，t 统计量服从 $n_1 + n_2 - 2$ 个自由度的 t 分布。（2）在两总体方差不等的情况下，t 统计量的计算公式为：$t = (\bar{x}_1 - \bar{x}_2) / \sqrt{sp^2/n_1 + sp^2/n_2}$，t 统计量服从修正了的自由度的 t 分布。自由度 $f = (s_1^2/n_1 + s_1^2/n_2)^2 / [(s_1^2/n_1)^2 + (s_2^2/n_1)^2/n_2]$。

从两个 t 统计量的计算公式可以看出，如果待检验的两个样本的均值差异较小，则 t 值较小；相反如果待检验的两个样本的均值差异较大，则 t 值较大。在实际应用 SPSS 的"独立样本 t 检验"时，软件会依据 t 分布表给出其相伴概率值 p，如果 p 小于或等于用户心目中的显著性水平 α，则拒绝"独立样本 t 检验"关于两个总体均值之间不存在显著差异的零假设，反之则不能拒绝此零假设。

第二节　数据统计分析结果

一　样本特征的描述性统计分析

如上一章所述，本研究实证阐释部分的正式调查于 2010 年 5 月 28 日至 7 月 5 日在大连、青岛、威海、烟台和天津五个城市分别针对其现实到访游客通过问卷调查法来进行，共回收有效问卷 630 份（其中大连 286 份、青岛 86 份、威海 94 份、烟台 80 份、天津 84 份），有效回收率为 71.2%。表 6—1 中汇总列示了这一总样本在 8 个人口统计和旅游相关变量[①]上的描述性统计分析结果。作者在此是基于总样本而非从五个城市收集到的分样本来分别描述其变量分布情况，是因为经同一母体检验发现五个城市分样本在 7 个人口统计和旅游相关变量的分布上不存在显著差异。从表 6—1 中可以看出：

性别分布情况：男性共 350 人，占总数的 55.6%；女性共 280 人，占 44.4%，男性比例略高于女性。

年龄分布情况：15 岁及以下 7 人，占 1.1%；15—24 岁 81 人，占

---

① 参见附录 C。

12.9%；25—34 岁 173 人，占 27.4%；35—44 岁 170 人，占 27%；45—54 岁 117 人，占 18.6%；55 岁及以上 82 人，占 13%。可见绝大多数被调查者的年龄都在 44 岁以下，占到 68.4%。

受教育程度分布情况：高中及以下 118 人，占 18.8%；专科 165 人，占 26.2%；本科 255 人，占 40.5%；研究生（硕士及以上）88 人，占 14%。可见，本科及以上学历者占大多数（54.5%），这其中硕士及以上学历者占到 25.7%。

职业分布情况：公务员 72 人，占 11.4%；企事业管理者 103 人，占 16.4%；专业技术人员 115 人，占 18.3%；销售人员 71 人，占 11.3%；工人 51 人，占 8.1%；教师 84 人，占 13.3%；学生 87 人，占 13.8%；离退休人员 38 人，占 6%；其他 9 人，占 1.4%。可见，样本中人数最多的两类职业为专业技术人员和企事业管理者，此外学生和教师也都占有大约 13% 的相对较高比例。

平均月收入分布情况：1000 元以下 39 人，占 6.2%；1001—3000 元 281 人，占 44.6%；3001—5000 元 244 人，占 38.7%；5001—10000 元 57 人，占 9.1%；大于 10000 元 8 人，占 1.2%。可见，绝大多数被调查者（83.3%）的平均月收入都落在 1001—5000 元的范围内，这其中有 46.5% 的个体拥有 3000 元以上的平均月收入。

主要旅游目的分布情况：以观光游览为主要旅游目的的 328 人，占 52.1%；以度假休闲为主要旅游目的的 152 人，占 24.1%；以探亲访友为主要旅游目的的 59 人，占 9.4%；以购物为主要旅游目的的 23 人，占 3.7%；以宗教朝拜为主要旅游目的的 4 人，占 0.6%；以参加节事活动或文体、科技交流为主要旅游目的的 55 人，占 8.7%；其他类别 8 人，占 1.2%。可见，样本中绝多大多数旅游者的访问目的都为观光游览和度假休闲。

旅游次数分布情况：首次旅游者 302 人，占 47.9%；第 2 次到相应城市旅游者 212 人，占 33.7%；第 3 次或第 4 次到相应城市旅游者 89 人，占 14.1%；到相应城市旅游 5 次以上者 27 人，占 4.3%。可见五个调研城市的绝大多数国内旅游者对其相应城市的访问次数都小于或等于 3 次（81.6%）。

停留时间分布情况：在相应城市停留 2 日的 247 人，占 39.2%；停留 3 日 148 人，占 23.5%；停留 4 日的 147 人，占 23.4%；停留 5 日或 6 日的 65 人，占 10.3%；停留一周及以上的 23 人，占 3.7%。可见，绝大多数国内旅游者在相应城市的停留时间为小于或等于 4 日（86.1%）。

表6—1　　　　　　　　样本的人口统计和旅游相关变量分布表

变量	国内消遣旅游者人数	国内消遣旅游者比例（％）（N＝630）
性别		
男性	350	55.6
女性	280	44.4
年龄		
15 岁以下	7	1.1
15—24 岁	81	12.9
25—34 岁	173	27.4
35—44 岁	170	27
45—54 岁	117	18.6
55 岁及以上	82	13
受教育程度		
高中及以下	118	18.8
专科	165	26.2
本科	255	40.5
研究生（硕士及以上）	88	14.0
职业		
公务员	72	11.4
企事业管理者	103	16.4
专业技术人员	115	18.3
销售人员	71	11.3
工人	51	8.1
教师	84	13.3
学生	87	13.8
离退休人员	38	6.0
其他	9	1.4
平均月收入（税前）		
1000 元及以下	39	6.2
1001—3000 元	281	44.6
3001—5000 元	244	38.7
5001—10000 元	57	9.1
大于 10000 元	8	1.2
主要旅游目的（多选题）		
观光游览	328	52.1
休闲度假	152	24.1

续表

变量	国内 消遣旅游者人数	国内 消遣旅游者比例（%）（N=630）
探亲访友	59	9.4
购物	23	3.7
宗教朝拜	4	0.6
参加节事活动或文体、科技交流	55	8.7
其他	8	1.2
旅游次数		
1 次	302	47.9
2 次	212	33.7
3 次或 4 次	89	14.1
5 次及以上	27	4.3
停留时间		
2 天	247	39.2
3 天	148	23.5
4 天	147	23.4
5 天或 6 天	65	10.3
一周及以上	23	3.7

资料来源：作者整理。

二　国内消遣旅游者对海滨城市目的地情感形象感知的潜在维度

为了对国内消遣旅游者对五个"海滨城市目的地情感形象"感知的数据进行化简，识别其中的潜在维度，作者对由 33 个题目构成的目的地情感形象量表的答案实施了一系列 R 类型"探索性因子分析"。

（一）应用探索性因子分析技术的前提条件检验

关于应用探索性因子分析技术的样本规模（sample size）要求，不同学者提出过不同的建议标准，如农纳利（Nunnally）（1978）提出变量与观察个体比率应不大于 1∶10；部分学者提出更严格的 1∶20 的标准；Hair 等（2010）建议实际样本规模不小于 100 即可；而康姆里和李（Comrey & Lee）（1992）认为 100 不足，300 较好，1000 最佳。Field（2005）建议至少维持观察个体为变量个数的 10 倍，或实际样本规模大于或等于 300 的一般标准。在本研究中，实际样本规模为 630，"目的地情感形象"的变量与观察个体比率为 1∶19，足够支持稳定的因子分析。作为多元正态性（Multivariate Normality）的一个必要条件，33 个目的地情感形象变量的 Kolmogorov-Svirnov 检验在 0.05 水平上且都不显著，被证实没有严重偏离正态分布。代表样本充分性的 KMO（Kaiser-Meyer-Olkin Measure of Sampling Adequacy）值为 0.964。该指标值的范围为从 0 到 1，越接近 1 被认为越适合做因子分析，通常采用的评价标准为：0.9 以上，非常好；0.8 以上，好；0.7，一般；0.6，差；0.5，很差；0.5 以下，不能接受。[①] 本研究达到了非常好的标准。Bartlett 球体检验的 X^2 统计值为 9677.653，显著性水平为 0.000，说明数据相关矩阵不是单位矩阵；变量之间具有相关性，适合进行因子分析（见表 6—2）。

表 6—2　　旅游目的地情感形象量表的 KMO 和 Bartlett 球体检验结果

Kaiser-Meyer-Olkin Measure of Sampling Adequacy		0.964
Bartletts Test of Sphericity	Approx. Chi-Square	9677.653
	df	528
	Sig	0.000

资料来源：作者整理。

（二）探索性因子分析技术实施过程

本研究应用"主成分分析法（Principal components analysis）"来提取因子，结合特征值（Eigenvalue）和碎石检验（Scree test）准则来确定提取的因子个数，采用正交旋转法（Orthogonal rotation methods）中的方差最大法（Varimax）来对得到的因子载荷矩阵进行旋转，将因子载荷的显著性（Significance of factor loadings）标准设定为 0.4。

Hair 等（2010）指出，如何在主成分分析法和公因子分析法之间进行选择应取决于（1）因子分析的目标；（2）事先对变量方差构成情况的了解。主成分分析法适用于旨在以最小数目的因子解释最大比例的原始变量组所代表的方差，并应事先了解独特方差和误差方差仅占总方差的一个相对较小比例。本研究希望提取的目的地情感形象因子尽可能全面反映原始各变量的信息，且通过量表开发过程和预测试对量表信度和效度形成一定保证，故适用主成分分析法。特征值准则是确定提取因子个数时最常使用的参照标准，即只保留"特征值"大于或等于 1 的初始成分，放弃

---

① Dillion W. R., Goldstein M., Multivariate analysis: methods and applications. New York: Weily, 1984.

"特征值"小于1的成分（郭志刚，1999）。由特征值准则，本研究应对目的地情感形象量表数据提取4个因子（见表6—3）。

　　碎石检验准则是按照因子被提取的顺序画出因子特征值随因子个数变化的散点图，根据图的形状来判断应提取因子个数。该图的形状像一座山峰，从第一个因子开始曲线迅速下降，之后下降变得平缓，最终近似变成一条直线，曲线变平开始的前一个点被认为是可提取的最大因子数。作为常规，根据碎石检验准则可考虑纳入的因子个数比根据特征值准则要至少多1个，有时多2个到3个（Hair等，2010）。由本研究的碎石图（Scree plot），可提取5个至7个因子（见图6—2）。

表6—3　　　　　旅游目的地情感形象量表特征值及方差贡献率

因子 （Factor）	初始特征值 （Initial Eigenvalue）	方差贡献率（%） （% of Variance）	累计方差贡献率 （%）（Cumulative）
1	11.812	39.372	39.372
2	1.931	6.436	45.808
3	1.192	3.974	49.782
4	1.088	3.626	53.408
5	0.969	3.231	56.639
6	0.890	2.967	59.606
7	0.853	2.843	62.449
8	0.796	2.654	65.103
9	0.737	2.458	67.561

资料来源：作者整理。

　　正交旋转法是最通常使用的因子载荷矩阵旋转法，因为斜交旋转法尚未发展成熟，还存在不少争议。本研究同样应用正交旋转法，保持提取因子之间的独立性。因子载荷的显著性标准可通过实际显著性和统计显著性两种方法来设定。实际显著性方法划定的最低水平为±0.3；而根据统计显著性方法，在超过350的实际样本规模中，0.3的水平即可达到80%的统计力（statistical power）水平；最通常采用的标准为0.4（Hair et al.，2010）。本研究根据实际情况也采用0.4的标准。经过几次尝试，通过对累计方差贡献率、理论适当性和旋转后因子可解释性等因素的考虑，最终确定保留一个由 5 个因子构成的方案（a five-factor structure solution）。

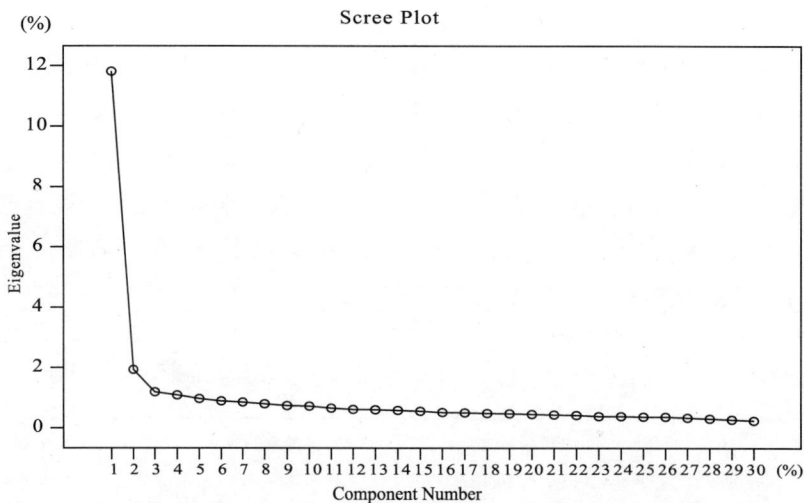

图 6—2　旅游目的地情感形象量表因子分析碎石图

资料来源：作者整理。

（三）探索性因子分析技术实施结果

"探索性因子分析"实施结果共识别 5 个"海滨城市旅游目的地情感形象"的公共因子，累计解释 56.64% 的总方差。表 6—4 列示了旋转后的因子载荷矩阵、每个因子所包含的具体题项（item）、解释的方差和其 Cronbacha 系数值，因子排序按照其特征值大小。为了确保所提取因子的单维性（uni-dimensionality）、同一因子内的题项彼此之间高度相关、一个题项只在一个因子上具有较高载荷，3 条在超过一个因子上具有 $\geqslant 0.4$ 载荷的题目被删除（A15：这里可看可玩的东西太多了，多姿多彩；A31：这里有在别处体验不到的东西，个性特点突出；A32：在这里的旅游经历让人难忘）[1]，没有纳入最终因子结构。第 1 个因子包含 13 条题目，其中因子载荷排在前 5 位的为：A26：这里生态环境保持得很好，没有污染；A25：这里干净整洁、空气清新；A30：当地政府重视旅游业发展，投资很大、规划宏伟；A27：这里给人一种纯洁的、自然的感觉；A33：总体

---

① 参见附录 C。

上看，这是一个很好的地方。因此该因子主要反映了海滨城市目的地整体环境干净、清新、总体感觉良好、旅游业发展成绩突出的特点，被命名为F1（未受污染、洁净和卓越的感觉）。第2个因子包含4条题目，基本上都是围绕反映海滨城市目的地经济发达、繁荣、现代化程度较高的特点，故被命名为F2（发达、繁荣和现代化的感觉）。第3个因子包含5条题目，集中反映了游客对海滨城市目的地景区、景点和接受到的各种旅游服务的感受，故被命名为F3（高质量旅游吸引物和服务的感觉）。第4个因子包含4条题目，从历史传说、名人逸事、节事活动和娱乐项目多方面综合反映了海滨城市目的地因其独特地理位置和社会发展轨迹而形成的特定的社会文化、娱乐氛围，故被命名为F4（异域的、有趣的氛围的感觉）。第5个因子包含4条题目，综合反映了海滨城市目的地因其资源和环境特点给游客带来的生活节奏舒缓、休闲放松、舒适宜居和浪漫、安全等感受，故被命名为F5（休闲、舒适和浪漫的感觉）。

对各个因子通过Cronbacha系数值的方法来检验其构成题目之间的内部一致性信度（internal consistency reliability）。检验结果为：F1：0.902、F2：0.796、F3：0.798、F4：0.820、F：0.782。根据吴统雄（1984）建议的信度参考范围，因5个因子的Cronbacha全部在0.7以上，全部达到很可信的标准，其中F1达到十分可信的标准，显示出了较好的信度分析结果。

表6—4　　旅游目的地情感形象量表探索性因子分析及信度检验结果

因子	Cronbacha	因子载荷	特征值	解释方差贡献率（%）
F1₁未受污染、洁净和卓越的感觉	0.902		4.717	15.72
F1₁这里生态环境保持得很好，没有污染		0.645		
F1₂这里干净整洁、空气清新		0.628		
F1₃当地政府重视旅游业发展，投资很大、规划宏伟		0.617		

续表

因子	Cronbacha	因子载荷	特征值	解释方差贡献率（%）
$F1_4$ 这里给人一种纯洁的、自然的感觉		0.584		
$F1_5$ 总体上看，这是一个很好的地方		0.553		
$F1_6$ 这是一个同家人和亲友欢聚的好地方		0.531		
$F1_7$ 这里很安静		0.517		
$F1_8$ 这里宽敞、开阔，有一种海阔天空的、自由的感觉		0.512		
$F1_9$ 这里自然风景很多，美丽壮观		0.503		
$F1_{10}$ 在这里旅行让我感到快乐、开心		0.457		
$F1_{11}$ 在这里旅行让我感到很兴奋		0.438		
$F1_{12}$ 在这里好像被激活和唤醒了一样，让人感到清爽、精神焕发		0.434		
$F1_{13}$ 这里能提供很多社交的机会		0.421		
F2 发达、繁荣和现代化的感觉	0.796		3.620	12.07
$F2_1$ 这是一个发达和富裕的地方，居民的生活水平较高		0.811		
$F2_2$ 这里的城市化水平比较高，商业发达		0.806		
$F2_3$ 这是一个时尚现代的地方，能接受很多新的东西		0.699		
$F2_4$ 这里现代化的旅游景点和建设项目很多，未来竞争力很强		0.517		
F3 高质量旅游吸引物和服务的感觉	0.798		3.126	10.42
$F3_1$ 这里的景点布局和旅游线路安排很合理		0.758		
$F3_2$ 这里景区景点的价格比较合理		0.680		
$F3_3$ 这里的服务热情周全，使人得到了很好的照顾和款待		0.637		
$F3_4$ 这里的服务人员形象好、素质高		0.554		

续表

因子	Cronbacha	因子载荷	特征值	解释方差贡献率（%）
F3₅ 这里的服务设施配套合理，总体服务水平高		0.492		
F4 异域的、有趣的氛围的感觉	0.820		2.948	9.83
F4₁ 这里的个别事物有点儿异国风情		0.821		
F4₂ 这里名人的轶事和传说很多，很吸引人		0.774		
F4₃ 这里经常举办各种会展和节庆活动，洋溢着喜庆的氛围		0.605		
F4₄ 这里的娱乐项目有趣新奇，有刺激感		0.445		
F5 休闲、舒适和浪漫的感觉	0.782		2.581	8.60
F5₁ 这里生活节奏舒缓，是一个休闲放松的好去处		0.814		
F5₂ 这里让人感觉很舒服，适合居住和生活		0.712		
F5₃ 这是一座浪漫的城市		0.631		
F5₄ 这里社会治安状况良好，让人感到很安全		0.455		
累计方差贡献率	56.64%			

资料来源：作者整理。

三　国内消遣旅游者对海滨城市目的地品牌个性感知的潜在维度

（一）应用探索性因子分析技术的前提条件检验和实施过程

与海滨城市目的地情感形象量表的程序相一致，为了识别国内消遣旅游者对"海滨城市目的地品牌个性"感知的潜在维度，作者对由 16 个题目构成的目的地品牌个性量表的答案实施了一系列 R 类型"探索性因子分析"。

在样本规模上，"目的地品牌个性"的变量与观察个体比率为 1∶39，足够支持稳定的因子分析。16 个目的地品牌个性变量的 Kolmogorov-Svirnov 检验在 0.05 水平上都不显著，故都没有显著偏离正态分布。代表样本充分性的 KMO（Kaiser-Meyer-Olkin Measure of Sampling Adequacy）值为 0.923，达到非常好的标准。[1] Bartlett 球体检验的 X^2 统计值为 3385.219，显著性水平为 0.000，说明适合进行因子分析（见表 6—5）。

表 6—5　　旅游目的地品牌个性量表的 KMO 和 Bartlett 球体检验结果

Kaiser-Meyer-Olkin Measure of Sampling Adequacy.		.923
Bartletts Test of Sphericity	Approx. Chi-Square	3385.219
	df	120
	Sig.	.000

资料来源：作者整理。

　　同样地，为使提取的目的地品牌个性因子尽可能全面反映原始各变量的信息，且量表开发过程和预测试使得量表的信度和效度得到一定保障，"主成分分析法"被用来提取因子。根据特征值准则，本研究应对目的地品牌个性量表数据提取 3 个因子（见表 6—6）；而由碎石检验准则，可提取 4 个至 6 个因子（见图 6—3）。正交旋转法中的方差最大法（Varimax）被应用于对得到的因子载荷进行旋转，因子载荷的显著性标准被设定为 0.4。经过几次尝试，通过对累计方差贡献率、理论适当性和旋转后因子可解释性等因素的考虑，最终确定保留一个由 4 个因子构成的方案。

表 6—6　　　　　旅游目的地品牌个性量表特征值及方差贡献率

因子 （Factor）	初始特征值 （Initial Eigenvalue）	方差贡献率（%） （% of Variance）	累计方差贡献率（%） （Cumulative）
1	5.798	38.652	38.652
2	1.355	9.036	47.688

　　① Dillion W. R., Goldstein M., Multivariate analysis：Methods and applications. New York：Weily, 1984.

续表

因子 （factor）	初始特征值 （Initial Eigenvalue）	方差贡献率（%） （% of variance）	累计方差贡献率（%） （Cumulative）
3	1.044	6.961	54.649
4	0.851	5.676	60.325
5	0.782	5.211	65.536
6	0.721	4.806	70.342
7	0.656	4.371	74.713
8	0.585	3.897	78.610
9	0.565	3.765	82.375

资料来源：作者整理。

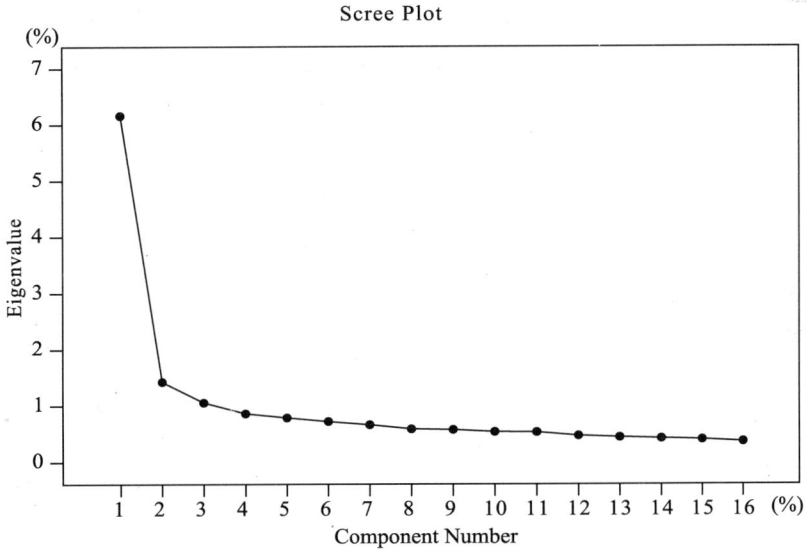

图6—3　旅游目的地品牌个性量表因子分析碎石图

资料来源：作者整理。

（二）探索性因子分析技术实施结果

"探索性因子分析"实施结果共识别4个"海滨城市旅游目的地品牌个性"的公共因子，累计解释60.33%的总方差。表6—7列示了旋转后的因子载荷矩阵、每个因子所包含的具体题项（Item）、解释的方差和其Cronbacha系数值，因子排序按照其特征值大小。为了确保所提取因子的单维性（uni-dimensionality）、同一因子内的题项彼此之间高度相关、一个题项只在一个因子上具有较高载荷，1 条在超过一个因子上具有≥0.4 载荷的题目被删除（P15：爱好户外活动的），没有纳入最终因子结构。

仔细考察一下所得到的因子结构，可以发现它与 Aaker（1997）经典品牌个性量表（BPS-Brand Personality Scale）① 的因子结构发生了较大变化。除了原 BPS 的经验、世故（sophistication）因子中的 3 个题目仍然落在一个同因子上之外，大多数题目的因子载荷模式都发生了变化。原 BPS 兴奋（excitement）因子中的 2 个题目（时尚的；现代的、当代的）、经验、世故（sophistication）因子中的 1 个题目（上层的、上流社会的）和新开发出来的 2 个题目合并成了一个新的因子。类似地，其他两个提取的因子也都是由分布在原 BPS 不同维度上的题目和新开发的题目构成。致使本研究结果在因子载荷模式上与 BPS 形成较大区别的原因大概有两个：（1）本研究使用的目的地品牌个性量表实际上是由一个缩减版本的 BPS 和一部分新开发出来的题目组成；（2）本研究中对游客的目的地品牌个性感知的测量和因子分析是在一个亚洲文化背景下来进行的。

与大多数现有目的地品牌个性研究文献做法相一致［如金吉（Ekinci）和霍桑妮（Hosany）（2006）、霍桑妮、金吉（Hosany，Ekinci）和于戈尔（Uysal）（2006）、李（Li）（2009）］，本研究在 Aaker（1997）BPS 各因子名称的基础上结合实际统计结果对提取的 4 个目的地品牌个性因子进行命名。第 1 个因子包含 6 个题目，因子载荷排在前 4 位的为：P6：现代的、当代的（contemporary）、P5：时尚的（up to date）、P9：见过世面的、见多识广的（cosmopolitan）、P7：成功的、有成就的（successful），故考虑将其命名为 F1：现代 + 能力（Contemporary + Competence）。第 2 个因子包含 3 个题目，由 P1：务实的、实事求是的（down-to-earth）、P3：友好的、热情的（friendly）和一个新开发的题目 P2：热诚的（cordial）组成，故被命名为 F2：真诚 + 友好（Sincerity + Friendliness）。第 3 个因子包括 3 个题目，如前所述，全部属于原 BPS 的经验、世故（sophistication）因子，故该因子仍被命名为 F3：经验、世故（sophistication）。第 4 个因子也包括 3 个题目：P4：独特的、与众不同的（unique）、P16：西化

① Aaker J. L. , Dimensions of brand personality. Journal of Marketing Research, 1997, 34（3）: pp. 347—356.

的（western）和一个新开发的题目 P8：多才多艺的（Accomplished）。虽然其中 2 个来自原 BPS 的兴奋（Excitement）和粗野、坚毅（Ruggedness）因子，但是根据受雇大学生/旅行社员工对调查情况的信息反馈，国内游客对这 3 个题目的理解和评分主要是和他们对海滨城市因其独特地理位置和发展历程而形成的包纳、展示多国文化和艺术风格的印象联系在一起的，故结合其实际含义和最高因子载荷题项（P16：西化的），将其命名为 F4：西化（Westernization）。

对各个因子通过 Cronbacha 系数值的方法来检验其构成题目之间的内部一致性信度（internal consistency reliability）。检验结果为：F1：0.821、F2：0.768、F3：0.671、F4：0.606。根据吴统雄（1984）建议的信度参考范围，因 4 个因子的 Cronbacha 全部在 0.6 以上，全部达到可信的标准，其中 F1 和 F2 达到很可信的标准，显示出了较好的信度分析结果。

表 6—7　　旅游目的地情感形象量表探索性因子分析及信度检验结果

因子	Cronbacha	因子载荷	特征值	解释方差贡献率（%）
F1 现代 + 能力（Contemporary + Competence）	0.821		3.322	22.21%
F1₁ 现代的、当代的		0.790		
F1₂ 时尚的		0.690		
F1₃ 见过世面的、见多识广的		0.609		
F1₄ 成功的		0.606		
F1₅ 上等的、上流社会的		0.582		
F1₆ 乐观的、积极向上的		0.564		
F2 真诚 + 友好（Sincerity + Friendliness）	0.768		2.217	14.78%
F2₁ 务实的、实事求是的		0.780		
F2₂ 热诚的		0.775		

续表

因子	Cronbacha	因子载荷	特征值	解释方差贡献率（%）
F2$_3$ 友好的		0.749		
F3 经验、世故（Sophistication）	0.671		1.780	11.86%
F3$_1$ 温柔的、有女性气质的		0.811		
F3$_2$ 可爱的、迷人的		0.626		
F3$_3$ 漂亮的、貌美的		0.528		
F4 西化（Westernization）	0.606		1.721	11.47%
F4$_1$ 西化的		0.814		
F4$_2$ 多才多艺的		0.668		
F4$_3$ 独特的		0.607		
累计方差贡献率	60.33%			

资料来源：作者整理。

四　适用于大连"非功用性"定位的目的地情感形象属性

（一）适用于大连"非功用性"定位的目的地情感形象维度

在识别适用于大连"非功用性"定位的目的地情感形象属性之前，需要首先根据前一步"探索性因子分析"的结果识别适用于大连"非功用性"定位的目的地情感形象维度/因子，即了解大连在哪一大的情感形象维度上具有与其紧密竞争对手形成积极差异化的潜力、确定关键定位情感形象属性的维度来源。

如前文介绍，作者通过将"独立样本 t 检验技术"应用于 5 个海滨城市目的地的情感形象数据来实现这一目标［以目的地为分组变量（grouping variable）］。进行均值比较（means compare）的变量为根据探索性因子分析结果所创建的 5 个 "加总量表（summated scales）"①：5 个所提取的目的地情感形象因子的大均值得分（grand mean scores），通过对每个因子内所包含的各题目的均值计算简单平均数得出。表 6—8 中列示了对 5 个目的地两两之间（共 10 对）在 5 个目的地情感形象因子上应用 "独立样本 t 检验" 技术的统计分析结果，其中大均值得分后标有不同的上标字母（a，b，c，d）代表两个目的地之间在 0.05 的水平上具有显著性差异。作者在这一步展示了 5 个目的地两两之间比较的结果而非仅是大连与其他 4 个竞争目的地相比较的结果是为了首先从整体上比较全面地展示关于各个目的地之间相对竞争位置的信息，下文在具体属性上进行比较时则省去与其他 4 个目的地之间的比较环节。

表 6—8　　　五个目的地之间在提取的目的地情感形象因子上的差异

因子	目的地				
	大连 （n = 286）	青岛 （n = 86）	威海 （n = 94）	烟台 （n = 80）	天津 （n = 84）
F1　未受污染、洁净和卓越的感觉	5.94ᵃ	5.85ᵃ	5.37ᵇ	4.67ᶜ	4.92ᵈ
F2　发达、繁荣和现代化的感觉	5.92ᵃ	5.79ᵃ	5.35ᵇ	4.95ᶜ	4.95ᶜ
F3　高质量旅游吸引物和服务的感觉	5.65ᵃ	5.80ᵃ	4.92ᵇ	4.55ᶜ	5.12ᵇ
F4　异域的、有趣的氛围的感觉	5.82ᵃ	5.77ᵃ	4.28ᵇ	3.60ᶜ	5.11ᵈ
F5　休闲、舒适和浪漫的感觉	5.99ᵃ	5.86ᵃ	5.56ᵇ	4.94ᶜ	5.17ᵈ

注：大均值得分后标有不同的上标字母 a，b，c，d 代表两个目的地之间在 0.05 的水平上具有显著性差异。

资料来源：作者整理。

从表 6—8 中可以看出，大连在全部 5 个目的地情感形象因子上的平均得分都超过了 5.6（7 分李克特类型量表），说明国内消遣旅游者对大连作为一个海滨城市总体上持有一个非常积极的情感形象感知。大连在每

① Hair J. F. et al. , Multivariate data analysis. Upper Saddle River, NJ: Prentice Hall, the seventh edition, 2010.

个目的地情感形象因子上的评分都在 0.05 的水平上显著高于除青岛以外的其他 3 个竞争目的地。青岛与大连有着极其相似的评分模式，其全部维度的平均得分都在 5.7 以上，也都在 0.05 的水平上显著高于大连的其他 3 个竞争目的地。由此可知，大连和青岛的目的地情感形象感知要明显优于其他几个目的地，而青岛作为大连的传统竞争对手，的确是大连最激烈的竞争者，对大连形成最严峻的竞争威胁。大连在 4 个因子上的得分都只比青岛显示出微弱优势，而且青岛（5.80）在 F3（高质量旅游吸引物和服务的感觉）这一因子上的得分要略高于大连（5.65），说明青岛在提供综合、完善、赢得高满意度的旅游吸引物和服务方面已比大连更具有竞争优势，尽管这一得分差异并不显著。对于其他 3 个目的地，从总体上看，烟台在各个维度上的得分都显著低于其他目的地，处于竞争劣势地位；而威海和天津两个目的地，威海在 F1（未受污染、洁净和卓越的感觉）、F2（发达、繁荣和现代化的感觉）和 F5（休闲、舒适和浪漫的感觉）3 个因子上的得分显著高于天津，但天津在 F3（高质量旅游吸引物和服务的感觉）和 F4（异域的、有趣的氛围的感觉）的得分上高于威海，其中在 F4上这一差异显著，所以可谓各具优势。综合观之，（如第五章所述）虽然威海和烟台近几年来在国内游客量上保持着比较强劲、平稳的增长势头，正在日益分流着大连的客源，但大连和青岛作为知名旅游品牌在形象吸引力和美誉度方面仍然处于领先地位，其他 3 个城市与其相比尚有一定差距。然而，另一方面，为大连做"定位"的目标即是要在自身市场饱和度较高而竞争对手市场不断扩充的情形下重新审视、选取合理的定位元素来尽可能维持和扩大这一领先差距，故而"定位"的意义仍是必要和明显的。

　　大连最高的大均值得分（5.99）出现在 F5（休闲、舒适和浪漫的感觉）上，说明在国内消遣旅游者眼中休闲、浪漫的环境氛围是大连的一个绝对优势。然而，这一因子同样也代表了大连 4 个主紧密竞争对手的主要资产，因为其中 3 个目的地（青岛、威海、天津）的最高大均值得分同样出现在这一因子上，而另一个目的地烟台在这一因子上的评分也排在其所有因子得分中的第二位。第二章中曾重点阐述过，"目的地定位"的关注点是要找寻能够在竞争目的地之间形成积极差异化的"决定性属性（discriminating attributes）"而非作为目的地自身绝对优势的"显著性属性（salient attributes）"（Crompton, Fakeye & Lue, 1992）。因此，F5 不应该作为对"定位"大连有帮助的情感形象属性的来源维度。

尽管在"目的地情感形象"构念上，大连并没有被发现具有一个压倒性的优势因子（overwhelming advantageous factor）使其与所有竞争对手之间形成积极的、显著的差异化，F2（发达、繁荣和现代化的感觉）可以被看作一个重要的定位焦点属性来源维度。原因是：（1）大连在这一因子的得分（5.92）上使其与 3 个竞争目的地（烟台、威海、天津）之间形成了积极的、显著的差异化；（2）这一因子也是大连与另一个竞争目的地青岛之间最大的正向差异化得分项（青岛得分为 5.79，t 检验结果非常接近于一个在 0.05 水平上的显著性 −0.59）。

（二）适用于大连"非功用性"定位的具体目的地情感形象属性

在识别 F2（发达、繁荣和现代化的感觉）为适用于大连"非功用性"定位的目的地情感形象维度之后，继而对这一因子下的具体题目在大连与其 4 个竞争目的地之间实施一系列"独立样本 t 检验"，以识别其中的关键定位焦点属性。进行均值比较的变量为目的地在这一因子下 4 个题目上的平均得分（means）。表 6—9 中列示了每个目的地在 4 个题目上的平均得分和"独立样本 t 检验"结果，其中平均得分后标有上标字母 a 代表大连在该题项上与对应竞争目的地具有显著性差异。

表 6—9　　　　大连和其 4 个竞争对手在目的地情感形象因子 F2
中各题目上的得分差异

F2：发达、繁荣和现代化的感觉	目的地				
	大连 （n = 286）	青岛 （n = 86）	威海 （n = 94）	烟台 （n = 80）	天津 （n = 84）
F2₁ 这是一个发达和富裕的地方，居民的生活水平较高	5.75	5.78	5.31[a]	4.75[a]	4.57[a]
F2₂ 这里的城市化水平比较高，商业发达	6.00	5.87	5.28[a]	4.93[a]	4.86[a]

F2：发达、繁荣和现代化的感觉	目的地				
	大连 （n = 286）	青岛 （n = 86）	威海 （n = 94）	烟台 （n = 80）	天津 （n = 84）
F2₃这是一个时尚现代的地方，能接受很多新的东西	5.98	5.67[a]	5.20[a]	4.78[a]	5.02[a]
F2₄这里现代化的旅游景点和建设项目很多，未来竞争力很强	5.97	5.84	5.61[a]	5.35[a]	5.30[a]

注：题目平均得分后标有上标字母 a 代表大连在该题项上与对应竞争目的地在 0.05 水平上具有显著性差异。

资料来源：作者整理。

从表6—9 中可以看出，除了 F2₁（这是一个发达和富裕的地方，居民的生活水平较高）之外，大连在其他 3 个题目上的得分都要高于其他目的地；而在 F2₁上，青岛（5.78）要比大连（5.75）显示出略微的竞争优势。大连的最高平均得分项为 F2₂（这里的城市化水平比较高，商业发达）（6.00），该项得分也使大连与其 3 个竞争目的地（威海、烟台、天津）之间在 0.05 水平上实现了积极的、显著的差异化。因此，这一题项可以被看作是大连的一个有用的定位点。另外，大连在 F2₃（这是一个时尚现代的地方，能接受很多新的东西）这一题目上的得分（5.98）使其与全部 4 个竞争对手在 0.05 水平上实现了积极的、显著的差异化。这说明大连在作为一个时尚、潮流的现代都市方面给其国内游客留下了比任何竞争目的地都深刻的印象，因此该题目可以成为塑造游客对大连形成特有偏好的决定性情感形象属性，换言之即是定位焦点属性的恰当备选项。

五 适用于大连"非功用性"定位的目的地品牌个性特质

（一）适用于大连"非功用性"定位的目的地品牌个性维度

与识别适用于大连"非功用性"定位的目的地情感形象属性所采取的程序相一致，作为确定适用于大连"非功用性"定位的目的地品牌个性特质的基础前提，我们需首先识别这些"定位"品牌个性特质的来源维度。类似地，"独立样本 t 技术"被应用于 5 个海滨城市目的地的品牌个性数据来实现这一目标［以目的地为分组变量（grouping variable）］。

进行均值比较（means compare）的变量为根据探索性因子分析结果所创建的 5 个"加总量表（summated scales）"：5 个所提取的目的地品牌个性因子的大均值得分（grand mean scores），通过对每个因子内所包含的各题目的均值计算简单平均数得出。表 6—10 中列示了对 5 个目的地两两之间（共 10 对）在 5 个目的地品牌个性因子上应用"独立样本 t 检验"技术的统计分析结果，其中大均值得分后标有不同的上标字母（a，b，c，d）代表两个目的地之间在 0.05 的水平上具有显著性差异。如前文设计相一致，作者在这一步展示了 5 个目的地两两之间比较的结果而非仅是大连与 4 个竞争目的地相比较的结果。

从表 6—10 中可以看到，甚至比目的地情感形象因子的情况更佳，大连在所有 4 个目的地品牌个性维度上的得分都要高于其任何一个竞争对手，在其中的两个维度 F1（现代 + 能力）和 F4（西化）上这些差异在 0.05 水平上全部显著。从得分情况上看，与目的地情感形象数据相一致，青岛仍然显示为大连 4 个竞争目的地中与其竞争最为激烈、紧密的一个：它在全部维度上的得分也都高于其他 3 个大连的竞争目的地（威海、烟台、天津），在其中的两个维度 F1（现代 + 能力）和 F3（经验、世故）上这些差异在 0.05 水平上全部显著；而且青岛在两个维度 F2（真诚 + 友好）和 F3（经验、世故）上的得分基本上与大连持平。烟台也仍然显示为所有目的地中总体上各维度得分相对较低者，处于竞争劣势的地位，但其在一个维度 F3（经验、世故）上与天津并无显著差异。威海和天津依然处于中游水平，总体上天津得分情况较高一些，在 3 个维度上的得分都高于威海，但只在其中的一个维度 F4（西化）上这一差异在 0.05 水平上显著；而威海则在一个维度 F3（经验、世故）上的得分要在 0.05 水平上显著高于天津。综合观之，由目的地品牌个性因子大均值得分比较所显示的 5 个竞争目的地的相对市场位置与通过目的地情感形象因子所发现结果基本一致。只是其中青岛的得分情况较目的地情感形象因子略差一些，没有像情感形象因子结果一样表现出与大连势均力敌的态势，而是在 F1（现代 + 能力）和 F4（西化）两个维度上得分都显著低于大连；在 F2（真诚 + 友好）和 F4（西化）两个维度上与天津并没有形成显著的正向差异化；对应的天津的相对竞争位置要略微提升一些，因为其在一些因子（F2、F4）的比较上与大连、青岛并没有表现出较大差距。

表6—10　　五个目的地之间在提取的目的地品牌个性因子上的差异

因子	目的地				
	大连 （n=286）	青岛 （n=86）	威海 （n=94）	烟台 （n=80）	天津 （n=84）
F1 现代+能力（Con-temporary + Compe-tence）	5.84[a]	5.68[b]	5.12[c]	4.43[d]	5.18[c]
F2 真诚+友好（Sin-cerity + Friendliness）	5.67[a]	5.60[a]	5.27[b]	4.72[c]	5.38[a,b]
F3 经验、世故（So-phistication）	5.79[a]	5.63[a]	5.36[b]	4.76[c]	4.89[c]
F4 西化（Westerniza-tion）	5.28[a]	4.95[b]	3.50[c]	3.69[c]	4.94[b]

注：大均值得分后标有不同的上标字母 a，b，c，d 代表两个目的地之间在 0.05 的水平上具有显著性差异。

资料来源：作者整理。

　　大连大均值得分最高的目的地品牌个性因子为 F1（现代+能力）（5.84），该因子同样也是前文提及的使大连与其所有竞争对手在 0.05 水平上形成积极的、显著的差异化的两个因子之一。顺理成章地，该因子成为对选取大连定位焦点品牌个性特质最有用的来源维度。此外，因子 F4（西化）同样被考虑为一个可对大连进行"定位"的重要优势来源，因为大连在该因子上的得分也使其与所有竞争对手在 0.05 水平上形成了积极的、显著的差异化。

　　（二）适用于大连"非功用性"定位的具体目的地品牌个性特质

　　与识别用作关键定位焦点的情感形象属性程序相一致，作者继而将"独立样本 t 检验"技术应用于前一步确定的两个差异化目的地品牌个性因子（F1 和 F4）中的各条题目，以识别适用于大连"非功用性"定位的具体目的地品牌个性特质。进行均值比较的变量为目的地在这两个因子下各个题目上的平均得分（means）。表6—11 和表6—12 分别列示了目的地在两个因子 F1 和 F4 中各条题目上的平均得分和在大连与其 4 个竞争目的地之间进行"独立样本 t 检验"的结果，其中平均得分后标有上标字母 a 代表大连在该题项上与对应竞争目的地具有显著性差异。

表 6—11　　　　　　　　大连和其 4 个竞争对手在目的地品牌个性
因子 F1 中各题目上的得分差异

F1：现代 + 能力 （Contemporary + Competence）	目的地				
	大连 （n = 286）	青岛 （n = 86）	威海 （n = 94）	烟台 （n = 80）	天津 （n = 84）
$F1_1$　现代的、当代的	5.85	5.60^a	5.14^a	4.55^a	5.33^a
$F1_2$　时尚的	5.81	5.69	5.22^a	4.33^a	5.15^a
$F1_3$　见过世面的、见多识广的	5.82	5.73	5.17^a	4.43^a	5.27^a
$F1_4$　成功的	5.94	5.60^a	5.23^a	4.66^a	4.96^a
$F1_5$　上等的、上流社会的	5.79	5.62	4.77^a	4.03^a	4.86^a
$F1_6$　乐观的、积极向上的	5.81	5.71	5.16^a	4.58^a	5.46^a

注：题目平均得分后标有上标字母 a 代表大连在该题项上与对应竞争目的地在 0.05 水平上具有显著性差异。

资料来源：作者整理。

从表 6—11 中可以看出，大连在目的地品牌个性因子 F1（现代 + 能力）所有题目上的平均得分都要比其任何一个竞争对手高。其中，大连平均得分最高和第二高的两个题项分别为 $F1_1$（现代的、当代的）和 $F1_4$（成功的），得分分别为 5.85 和 5.94。这两个题项同时也是使大连与其所有竞争目的地在 0.05 水平上形成积极的、显著的差异化得分项，因为在该因子的其他题项上大连的平均得分都只显著高于青岛以外的其他 3 个竞争目的地。因此，这两个题目成为因子 F1 中可用于"定位"大连的关键品牌个性特质。

表6—12　　　　大连和其4个竞争对手在目的地品牌个性因子F4
中各题目上的得分差异

F4：西化 （Westernization）	目的地				
	大连 （n=286）	青岛 （n=86）	威海 （n=94）	烟台 （n=80）	天津 （n=84）
$F4_1$ 西化的	4.26	3.27^a	2.04^a	2.61^a	4.33
$F4_2$ 多才多艺的	5.79	5.77	4.20^a	4.14^a	5.30^a
$F4_3$ 独特的	5.79	5.83	4.24^a	4.33^a	5.13^a

注：题目平均得分后标有上标字母 a 代表大连在该题项上与对应竞争目的地在 0.05 水平上具有显著性差异。

资料来源：作者整理。

从表6—12 中可以看出，对于目的地品牌个性因子 F4（西化），大连只在其中 1 个题目上的得分高于其所有竞争目的地：$F4_2$（多才多艺的）。该题项同时也是大连在因子 F4 中的最高平均得分项（5.79），它使大连与 3 个竞争目的地（威海、烟台、天津）之间在 0.05 水平上实现了积极的、显著的差异化，但与青岛之间的差异则并不显著。尽管大连在题目 $F4_3$（独特的）上也获得了与 $F4_2$ 同样的 5.79 的平均得分，但它低于青岛在该题项上的得分 5.83，说明国内游客对大连作为一个具有独特风格和魅力城市的感知不如青岛强烈，因而这点不是大连的竞争优势所在。而在另一个题项 $F4_1$（西化的）上，大连的平均得分（4.26）则略低于天津（4.33）。这一统计结果并不令人感到惊奇，天津因其特殊的社会历史发展背景赋有大批自 19 世纪起遗留下来的、可反映多国艺术风格的历史街区和建筑群，其长久以来的营销宣传也注意强调这一资源优势（如举办"五大道国际风情旅游节"等知名节事活动），因此很可能被感知具有更浓厚的西化色彩。虽然在这一因子内，大连并没有一个突出的方面可使其与全部竞争目的地之间形成积极的、显著的差异化，但鉴于 F4 整个维度在将大连与竞争对手区分上的重要性，可将其平均得分最高题项 $F4_2$（多才多艺的）也考虑作为大连开发"非功用性"定位战略的焦点品牌个性特质之一。

六 大连作为一个海滨城市目的地的"非功用性"定位战略建议

（一）数据统计分析结果小结

本章的写作目的为通过数理统计分析技术的实施来逐一分析、回答本研究实证阐释部分的四个具体研究问题，以最终得出对大连有实际管理意义的"非功用性"定位战略建议。通过应用一系列"探索性因子分析"，作者识别了国内消遣旅游者对海滨城市目的地情感形象感知的五个潜在维度/因子，分别为：F1（未受污染、洁净和卓越的感觉）、F2（发达、繁荣和现代化的感觉）、F3（高质量旅游吸引物和服务的感觉）、F4（异域的、有趣的氛围的感觉）和 F5（休闲、舒适和浪漫的感觉）；而国内消遣旅游者对海滨城市目的地品牌个性感知的 4 个潜在维度/因子也被识别为：F1（现代＋能力）、F2（真诚＋友好）、F3（经验、世故）和 F4（西化）。

对目的地情感形象因子和目的地品牌个性因子的大得分均值应用一系列"独立样本 t 检验"所得出的 5 个竞争目的地之间的相对市场位置基本一致。大连和青岛是在两个构念上感知都最佳的目的地，其他 3 个目的地总体上与二者相比具有一定差距。青岛表现出对大连最为直接、紧密的竞争威胁，尤其是在目的地情感形象因子上，青岛的表现非常出色，大连得分仅比青岛具有微弱优势，而青岛在 F3（高质量旅游吸引物和服务的感觉）上的得分甚至超过了大连。但在目的地品牌个性因子上，青岛的表现略为逊色，与大连之间表现出一定差距。同时天津的相对市场位置较其在情感形象因子上有所提升，且在 F2（真诚＋友好）维度上的得分与大连相仿。

实证研究最终识别的对开发大连"非功用性"定位战略最有用的目的地情感形象属性为来自其因子 F2（发达、繁荣和现代化的感觉）中的两条题目：（1）这里的城市化水平很高、商业发达；（2）这是一个时尚现代的地方，能接受很多新的东西。类似地，对确定大连非功用性定位最恰当的目的地品牌个性特质被识别为分别来自其因子 F1（现代＋能力）中的 2 条题目和因子 F4（西化）中的 1 条题目：（1）现代的、当代的；

（2）成功的；（3）多才多艺的。

（二）大连的目的地"非功用性"定位战略开发建议

如第二章中所述，国内外目的地定位研究呈现出一个显著不同之处：国外目的地定位研究的核心关注点为"目的地定位战略开发"这一基础工作环节，重视详尽、科学的定位调研和分析过程，一般对目的地定位战略开发和其后续定位工作环节分别展开深入研究；而国内目的地定位研究尚未形成比较统一、一致的研究范式，很大程度上是在定性推导基础上归纳出定位战略建议，与后续定位工作环节（尤其是目的地定位主题口号）的研究相统一、融合。本研究借鉴了国外目的地定位研究领域的先进调研和分析范式，因此仿效其大多数文献的做法，在下面提出大连非功用性定位战略建议时也将主要旨在围绕识别的关键定位点阐明此定位战略的思想要旨，即提出一种概念上的思想建议。另一方面，与国内该领域的研究传统相衔接，也是为了推进本研究的工作成果，使其更鲜明地与大连现有定位形成对比，作者也尝试将建议的大连非功用性定位战略归纳、总结为一句定位主题口号。

在概念性定位战略建议方面，作者在第四章进行理论构建时曾整合分析了帕克（Park）等（1986）非功用性消费需求分类法、普伦蒂斯（Prentice）（2006）拓展的 USPs 维度及两个定位指标构念之间的关系，并做出如下总结：目的地具有差异化优势的"情感形象属性"和"品牌个性特质"可以分别作为其独特体验性卖点（UESPs）和独特象征性卖点（USSPs）在营销沟通中加以宣传，用以实现对旅游者"体验性需求"和"象征性需求"的满足。因而，根据研究发现，大连作为一个海滨城市目的地面向其国内消遣旅游市场进行营销宣传的独特体验性卖点（UESPs）就应围绕大连给国内游客带来的现代化、城市化、商业化和时尚、开放的感觉［来自"目的地情感形象"的两条定位焦点题目：（1）这里的城市化水平很高、商业发达；（2）这是一个时尚现代的地方，能接受很多新的东西］来进行设计；而对应的独特象征性卖点（USSPs）也应围绕对现代的、当代的、成功的、多才多艺的这 3 条来自"目的地品牌个性"的定位焦点题目进行设计。综合来看，以"目的地情感形象"和"目的地品牌个性"为定位指标的大连目的地非功用性定位战略在思想要旨上应注重突出：大连作为一个年轻现代都市的成功发展，其高度发达的城市化水平、繁荣的商业贸易、广泛吸取、接纳的各种新鲜和时尚元素以及其多元社会进步。

在更具操作化的定位主题口号方面，与提出的概念性定位战略相适应，作者建议可将"成功、现代、时尚之都"作为大连以一个海滨城市目的地在其国内消遣旅游市场上开展整合营销传播的定位主题口号。

（三）大连的目的地"非功用性"定位战略开发建议简评

作为一个将旅游业视为支柱产业的城市，① 大连历来非常重视其目的地营销的研究、投资和实施，是国内率先尝试提出、真正贯彻实施非功用性定位主题并取得成效的少数目的地之一。自 1999 年起，大连就围绕其拟定的风景美丽、环境良好、充满浪漫氛围的海滨城市这一定位核心思想着手将自身打造成有特色、高品位、国际化、高收益的中国最佳旅游城市、东北亚区域旅游中心城市和闻名世界的东方浪漫之都。② 其"浪漫之都"的定位主题口号被大连在面向国际和国内旅游市场的各种营销渠道、媒介上进行了大力宣传和强化，还特别开发、培育了六大浪漫系列旅游产品。③ 大连的品牌化活动连贯、顺畅、全面、持久，"浪漫之都"的声名已叫响海内外。

这一强调浪漫氛围的品牌主题使大连在其国际旅游市场上获得了巨大成功，该"定位"推出以后连续 3 年内（1999—2002）大连的海外游客总量和旅游外汇收入年平均增长率都达到了近 30%。④ 但是，这一"定位"在大连国内旅游市场上的收效却并不是十分明显。从 1999 年推出"浪漫之都"主题定位起，除了开发过一些针对具体产品和应时性节事活动的宣传口号（如 2008 年比赛到北京、观光到大连）之外，大连面向其国内旅游市场宣传的"浪漫之都"这一定位基调保持稳定不变。如第五章中的介绍，大连 2001—2009 年的国内旅游发展数据显示：它在日益竞争激烈的国内旅游市场环境中略微显示出饱和和疲软的态势，九年来的国内游客总量年平均增长率排在 5 个竞争目的地中的倒数第二位，增长趋势的波动性也相对较大。大连国内旅游的这一竞争发展趋势，启示我们思考

① 宋晓秋：《大连旅游是如何异军突起的？——"大连旅游现象"透视》，（2003 – 09 – 05）［2010 – 11 – 21］http：//www. qingdaonews. com/content/2003 – 09/05/content_ 1970597. Html。

② 闫平：《大连成功注册"浪漫之都"城市旅游品牌》，（2006 – 08 – 10）［2010 – 11 – 23］http：//www. 17u. net/news/newsinfo_ 23615. Html。

③ 浪漫的广场、绿地、喷泉；浪漫的建筑——奏响城市凝固的音乐；浪漫的大海；浪漫的金石滩、旅顺；浪漫的大型旅游节庆活动；浪漫的市民。

④ 1999—2001 年大连市国民经济和社会发展统计公报。

是否应该针对大连的国内旅游市场设计不同于其国际旅游市场的定位主题？或者在经历了 10 年较长时间的市场供、需环境变化之后，大连作为一个海滨城市目的地在其国内旅游市场上所占据的位置是否已经发生了变化？

　　大连"浪漫之都"的当前定位主题口号与本研究中识别的"目的地情感形象"构念因子 F5（休闲、舒适和浪漫的感觉）的思想内涵相一致。然而，根据本研究统计分析结果，尽管该因子所强调的方面仍然是大连的强势资产，它同样也表现为 4 个竞争目的地的核心优势，因此无法在大连和竞争目的地之间建立积极差异化，也就不适合被用作大连的定位焦点。通过对竞争目的地在"目的地品牌个性"构念上比较所识别的各目的地相对位置及大连恰当定位点与通过"目的地情感形象"构念识别结果基本一致，进一步反映了大连在其国内旅游市场上当前定位主题可能存在的不适当性。大连近年来国内旅游增长的放缓很可能在一定程度上归结于其仍然在宣传和强化的一个已经不再适合的定位主题。因此，本研究根据实际调研分析结果为大连建议的"非功用性定位战略"（大连作为一个海滨城市目的地面向国内消遣旅游市场的非功用性定位思想建议及其操作性定位主题口号）对大连旅游官方和营销机构将具有重要的管理启发意义。这些成果可启示大连重新审视、监测其国内旅游发展状态和当前目的地定位主题的有效性，在发现相应问题时对其定位战略和营销方向做出一些必要的调整，以便实现未来更为成功的发展。

第七章　研究结论与探讨

作为本研究的结论部分，本章的主要任务在于总结理论探讨和实证阐释部分的基本研究结论，在此基础上探讨本研究尚存的研究局限以及后续研究方向建议等内容。

第一节　研究结论

审视当前旅游市场和营销环境变化的新趋势，了解、总结国内外旅游目的地定位现有研究文献的进展和不足，本研究将"目的地定位"这一研究比较有限、尚待深入探索，使理论研究密切结合实践发展需要的领域作为自身选题确立的来源领域。在此基础上，作者对以下三方面支撑研究开展的基本问题进行了深入研究：（1）基本概念界定和研究范畴、范式明确问题；（2）研究核心理论构建问题；（3）研究理论构建的有效性和可操作性检验问题。主要取得的研究结论如下：

一　关于旅游目的地定位概念的内涵范畴

鉴于营销研究和特定的旅游目的地营销研究领域对"定位"概念界定松散、模糊而导致的研究分化、复杂的特性，作者从拉夫劳克经典定义界定基础和视角的实质出发，对战略营销意义上定位概念的内涵范畴进行了分解和剖析。基于这一认识，作者明确提出完整的"目的地定位"内涵范畴共包括开发目的地定位战略、物化展示目的地定位战略、向目标市场沟通目的地定位战略、落实目的地定位战略所做承诺和监测目的地定位战略实施有效性五个定位工作环节。这些环节各司其职，密切关联、环环相扣地为建立和维持旅游者心目中的一个独特地位服务。定位战略开发是其中最为基础和关键的航标性工作环节，指导和管控所有其他环节工作的开展，是"定位"对营销工作突出重要性的实指所在。据此，本研究将重点针对性研究范畴设定为目的地定位战略开发环节的意义得以确立。

二　关于旅游目的地定位的关键操作原则

依靠"定位理论"的产生前提和基本思想主张，作者将国外目的地定位研究领域相对国内发展较成熟、被广泛接受的研究范式提炼、归纳为"目的地定位"的两条关键操作原则，为后续研究开展的内在逻辑树立了清晰的范式。（1）从目标市场旅游者的心灵出发。强调"定位"的起点应是识别目标市场旅游者心目中对目的地现有位置的感知。（2）基于差异化的"决定性"品质。作者详细阐释了三类目的地品质的含义和相互关系，明确标示目的地定位战略设计的基础应该是具备使其与竞争对手之间实现积极差异化能力的"决定性品质"。

三　关于旅游目的地定位和形象、品牌化之间的关系

以广泛的文献积累为基础，作者对目的地"定位"、"形象"和"品牌化"这三个经常并提的概念进行了辨析和关系厘清："目的地形象"是一个从需求角度界定的概念，代表市场上旅游者对目的地的实际感知，是目的地"定位"和"品牌化"借以影响旅游者至关重要的一个直接手段。

"目的地定位"和"目的地品牌化"都是一种可囊括、整合一系列连续营销活动在内的战略营销过程，二者具有相似的内涵范畴，包括五个彼此对应的工作环节，目的地定位战略开发和目的地品牌本体开发分别是其中具有基础和导向地位的关键环节。但是，二者因理论根基的不同表现出不同的工作倾向点和导向视角："目的地定位"将重心放在定位战略开发环节，而"目的地品牌化"尤为强调物化展示品牌本体环节的卓越表现；核心定位理念主要遵循外部市场导向，而品牌本体具有很明显的内部焦点。从发展趋势来看，目的地定位战略开发工作日益被内化为目的地品牌本体开发工作框架下的一部分。

目的地"定位"和"品牌化"虽然都以积极形象打造为重要组成部分，但又都以其深远内涵而超越这一工作范畴。"目的地定位"要求纳入在多个目的地之间进行感知比较的竞争参考框架，且可采用"形象"以外的其他定位分析指标。"目的地品牌化"在传统形象打造工作前通过设计"品牌本体"投射了希望在市场上塑造的目的地感知情形，为形象管

理提供了坚固的基点，且其战略目标是与消费者构筑远远超出形象内涵的价值和关系网络。

四　关于支撑旅游目的地"非功用性"定位的消费者决策基础

本研究理论构建的出发点为反映、迎合由"非功用性消费需求"驱动的决策制定机制。为此，作者回溯、探索了营销研究传统上分析"非功用性消费需求"的两大研究脉络——基于"体验性视角"和"价值表征性视角"的研究脉络，提炼、剖析了由其各自显著研究分支（"享乐性消费"和"自我概念"研究分支）的思想要旨发展的两类消费决策机制/模式，为以目的地非功用性定位塑造旅游者行为营销思路的合理性寻找到了直接理论支擎。识别的两类非功用性决策机制/模式为："以情感为基础的决策模式（affectively-based decision making）"和"自我一致决策机制（self-congruity decision mechanism）"。"以情感为基础的决策模式"强调"情感"在消费决策制定中发挥的基础和首要作用，将消费任务界定为寻求享乐反应。其典型范式如米塔尔（Mittal）（1998）提出的"情感选择模式（ACM，Affective Choice Mode）"、施瓦兹的（Schwarz）和克罗尔（Clore）（1983，1988）开发的"我的感觉如何？"启示（HDIF"How do I feel about it?"Heuristic）。"自我一致决策机制"以"自我概念（self-concept）"为核心构念，阐释因消费者品牌/产品感知与其"自我概念"之间的匹配而引发的品牌/产品购买决策，将消费任务视作寻求对自我一致类型动机（自我一致、自尊、社会一致、社会认可）的满足。

五　关于旅游目的地"非功用性"定位的分析指标

遵循借鉴的国外先进研究范式，定位指标是定位开展前必须确定的关键内容。作者详尽汇总、评析了旅游目的地决策制定研究借鉴"非功用性消费需求"两大研究脉络显著研究分支所取得的新理论进展，挖掘其中驱动消费者选择行为的核心要素，进而从广泛的目的地营销研究文献中取材，探寻具有密切关联性、能够用以有效表征这些核心要素的重要旅游者感知"构念"。两个具有如上潜力的"构念"被识别出来作为目的地非功用性定位的分析指标："目的地情感形象"和"目的地品牌个性"。

"目的地情感形象"的概念界定和学术理解与典型"以情感为基础的决策模式"中行为核心驱动要素直接吻合，故而可将其作为在旅游目的地情境下应用"以情感为基础的决策模式"对这些行为驱动要素的一种有效操作化。"目的地自我一致决策机制"中的核心和要点就是一个自我概念—目的地品牌个性相一致效应,因此"目的地品牌个性"可用于表征、阐释这一机制的核心构念。大量实证研究都证实了"目的地情感形象"以及"目的地品牌个性"通过"自我一致决策机制"对旅游者目的地选择行为产生的积极影响,进一步强化了二者作为目的地"非功用性"定位指标的合理性。

六　关于旅游目的地"非功用性"定位概念性指导模型的构成

经探寻消费者行为理论基础、提炼定位指标和综合考虑定位过程、营销沟通内容等要素,作者构建了一个将通过非功用性定位驱动旅游者目的地选择行为整体营销思路反映在内的目的地非功用性定位概念性指导模型。该模型遵循从基础驱动需求、消费决策机制、定位比较分析、营销沟通,到最终产生预期消费者行为结果的逻辑链条,故而将本研究重点涉及、探讨的一系列理论内容都囊括其中:非功用性消费需求(内涵、分类)、针对"非功用性消费需求"开展研究的两大研究脉络及其显著分支所强调的"以情感为基础的决策模式"和"自我一致决策机制"、"目的地情感形象"和"目的地品牌个性"这两个关键定位指标、科学恰当的目的地定位调研开展方式,以及普伦蒂斯(Prentice)(2006)对"USPs"概念拓展所得的"UESPs"和"USSPs"维度。需求类型和消费决策机制是基础,根据定位指标所做比较分析是过程,营销沟通中的"UESPs"、"USSPs"和终端消费者行为是结果。该模型通过自始至终对非功用性元素的考虑以更切合现实营销环境和站在更高立意点上解决目的地定位问题而区别于当前目的地定位研究所暗含的概念性指导模型。

七　关于适用于海滨城市旅游目的地情境的两个定位指标构念的测量量表

由于国内外关于"海滨城市旅游目的地情感形象"和"海滨城市旅游目的地品牌个性"构念的研究非常有限,作者以"探索性研究设计"综合使用文献回顾法和经验调查法自行开发其测量量表。从研究对象性质和研究实际需要出发,作者在"目的地情感形象"测量题目的开发和表述上采用能够反映海滨城市目的地特定情境、特定属性给旅游者带来感觉和情感体验的描述句；在"目的地品牌个性"量表的设计上以 Aaker（1997）"经典品牌个性量表"为蓝本，采纳先前学者意见亦从广泛的目的地形象研究文献中取材。

分别包含41条题目和15条题目的最终版本的"海滨城市目的地情感形象"和"海滨城市目的地品牌个性"量表通过以下一系列步骤得以确定：（1）对在目的地情感形象、目的地品牌个性、海滨城市目的地发展等相关文献回顾基础上开发出的分别包含65个和56个题目的两个量表初始题目库；（2）对在过去1年内到访过海滨城市目的地的20名先前旅游者滚雪球样本的调查；（3）对由8名旅游营销专家和业界代表组成的专家小组开展"深入访谈"；（4）以2010年4月10日至18日到访大连的50名国内消遣旅游者的便利样本进行预测试，检测量表各题目作答情况和量表信度；（5）对在5个城市正式调查获取的两个量表数据分别实施"探索性因子分析"，核查两个"构念"各识别因子的单维性和其题目显著因子载荷的分布模式。

八　关于实证阐释旅游目的地"非功用性"定位概念性指导模型的统计分析结果

以大连作为一个海滨城市目的地与其4个北方紧密竞争对手之间的定位分析为例，针对由构建的目的地非功用性定位概念指导模型内在运作机制出发指导其实证阐释开展的4个"研究问题"，作者将"探索性因子分析"和"独立样本 t 检验"技术应用于对样本数据的统计处理。依据"探索性因子分析"结果，国内消遣旅游者对"海滨城市目的地情感形象"感知的五个潜在维度/因子被识别为：F1（未受污染、洁净和卓越的感觉）、F2（发达、繁荣和现代化的感觉）、F3（高质量旅游吸引物和服务的感觉）、F4（异域的、有趣的氛围的感觉）和F5（休闲、舒适和浪漫的感觉）；类似地，一项四个因子的分析结构也被发掘于国内消遣旅游者对"海滨城市目的地品牌个性"的感知数据：F1（现代＋能力）、F2（真诚＋友好）、F3（经验、世故）和F4（西化）。

对两个构念因子大均值得分实施"独立样本 t 检验"的结果识别了"目的地情感形象"的1个因子和"目的地品牌个性"的2个因子分别为大连可与所有竞争对手实现积极差异化的定位焦点来源因子：F2（发达、繁荣和现代化的感觉——情感形象）、F1（现代＋能力——品牌个性）、

F4（西化——品牌个性）。继而实施于这3个因子内具体题目的"独立样本 t 检验"分析最终确定了来自"目的地情感形象"和"目的地品牌个性"两个构念对大连非功用性定位最关键、最具差异化能力的焦点题目：情感形象——（1）这里的城市化水平很高、商业发达；（2）这是一个时尚现代的地方，能接受很多新的东西（情感形象）；品牌个性——（1）现代的、当代的；（2）成功的；（3）多才多艺的。

九　关于大连作为一个海滨城市旅游目的地"非功用性"定位战略的建议

基于构建的目的地非功用性定位概念性指导模型中总结的两个定位指标构念、Park 等（1986）的非功用性消费需求分类法及普伦蒂斯（Prentice）（2006）拓展的"UESPs"、"USSPs"维度之间的内在联系，作者阐明了数据统计分析结果对大连的定位和营销启示。大连作为一个海滨城市目的地面向国内消遣旅游市场进行营销宣传的独特体验性卖点（UESPs）应围绕其给国内游客带来的现代化、城市化、商业化和时尚、开放的感觉来设计；而对应的独特象征性卖点（USSPs）也应围绕现代的、成功的、多才多艺的这些关键品牌个性特质的内涵来予以确定。总体上，大连的非功用性定位战略应注重突出以下思想要旨：大连作为一个年轻现代都市的成功发展，其高度发达的城市化水平、繁荣的商业贸易、广泛吸取、接纳的各种新鲜和时尚元素以及其多元社会进步。相应地，"成功、现代、时尚之都"也被建议作为该定位思想要旨的操作性主题口号。

第二节　研究局限

由于本研究焦点问题——目的地非功用性定位和所涉及具体"构念"的现有研究积累都非常有限，作者需要在概念明晰、理论构建和实证测量多方面进行较大程度上首创性的研究尝试。因此，碍于一次个体研究所能涵盖和解决问题范畴的局限性，以及个人资源、能力的有限，本研究不可避免地还存在一些无法尽善尽美的局限之处，表现如下：

一　实证研究中所使用样本的性质

本研究与使用样本相关的局限性有以下几点：首先，本研究在实证调查的抽样过程中采用的是非概率抽样法（non-probability sampling）中的便利抽样法（convenience sampling），因此无法了解样本分布差异在目标总体分布的抽样误差（sampling error）的大小。其次，调查实施的时间集中在 2010 年 5 月至 7 月这夏季的 3 个月内，因此样本不具备全年代表性（yearly-representativeness），可能无法有效反映在一年中其他时间、其他季节访问 5 个调研地的游客的态度。这两点都可能会使统计发现产生偏差（bias），影响其结论的可推广性（generalizability）。

　　然而，鉴于实证阐释的主要关注点是检验提出的目的地非功用性定位概念性指导模型的有效性和可操作性，而非任何具体统计发现，因此以上问题并不会对研究目标的实现和整体研究质量产生较大影响。就现有样本来看，比较充分地完成了其预期使命。

二　海滨城市目的地情感形象和海滨城市目的地品牌个性量表的效度

　　尽管作者对"海滨城市目的地情感形象"和"海滨城市目的地品牌个性"量表的开发充分考虑了两个"构念"现有研究的匮乏，通过广泛文献回顾、经验群体调查和预测试一系列途径尽可能保障了这一程序的质量，但对两个量表"效度"的分析还有待更加全面、详尽。本研究主要咨询经验群体意见从保障"内容效度（content validity）"的角度实现了对量表"效度"的分析，没有引入更为复杂和详尽的效度分析指标①来进行检测，如"构念效度（construct validity）"["聚合效度（convergent validity）"、"区分效度（discriminate validity）"]、"较标效度（criterion validity）"和"预测效度（predicative validity）"。

　　但是，本研究存在两方面的实际原因使得忽略对这些更为复杂效度指标的考虑可以接受。第一，本研究涉及"构念"的研究积累太薄弱，目前几乎没有十分贴切、适用的成熟量表可直接借鉴，因而使得任何关于其效度的验证性分析或因果研究设计的实施有较大难度。第二，本研究的主要研究目的是构建和检验目的地非功用性定位概念性指导模型，而不是开发关于两个"构念"的测量量表。为两个"构念"开发可信、有效量表涉及一个复杂的系统性过程，其本身足以作为一个专门的主题来进行深入

---

　　① 详见 Churchill G. A., A paradigm for developing better measures of marketing constructs. Journal of Marketing Research, 1979, 16（1）: pp. 538—562。

研究。作为一项探索性较强的研究，与大多数此类研究一样，本研究当前的研究范畴和目标决定了它难以覆盖和整合对以上诸多复杂效度指标的分析。

三 实证研究开展所基于的特定旅游目的地情境

出于对匹配性较强、各城市旅游业发展数据易获取性等因素的考虑，作者选取了以大连为代表的 5 个北方海滨城市目的地来开展实证研究。相应地，在"目的地情感形象"和"目的地品牌个性"这两个定位指标构念的量表开发及对统计分析结果的汇报上都是围绕海滨城市旅游目的地这一特定情境来进行的。因此，本研究理论验证工作最终只是在海滨城市目的地情境下阐释了核心理论模型的有效性和可操作性，表现出了一定的情境局限性。

四 建议大连"非功用性"定位战略的实际应用性

与任何其他非官方启动的个人学术研究相同，本研究最终为大连作为一个海滨城市目的地所提出的非功用性定位战略和其他相关营销管理建议都只是阐释性的（illustrative）而非确定性的（definitive）。[①] 在当前"目的地品牌化"的营销背景下，目的地定位战略的最终确定需以最大化提升目的地整体竞争力为基准综合考虑旅游官方、各旅游行业利益相关者和社区居民等多方意见。作者的结论和建议也许会对大连旅游官方形成启发进而被采纳，但就本研究而言这些还仅是作者个人观点。

第三节　后续研究建议

旅游目的地非功用性定位是一个符合旅游市场需求发展趋势、与国际旅游研究前沿接轨的非常有潜力、值得展开丰富、深入探讨的研究领域。本研究所做工作还相对粗浅和有限。因此，基于本研究表现出的不足，从完善和进一步拓展本研究成果的角度，作者提出以下几点关于后续研究方向的思考建议。

[①] Botha C., Crompton J. L., Kim S. S., Developing a revised competitive position for Sun/Lost city, South Africa. Journal of Travel Research, 1999, 37: p. 342.

一　完善对大连提出的"非功用性"定位战略建议，提高其实际应用性

这需要涉及两方面的工作。第一，在从学术研究成果推向实际应用之前，从更为审慎的角度，最好能通过更大规模、更具代表性的随机样本（random sample）来对本研究的统计发现进行重复研究确认，使得这一大连非功用性定位战略建议具有更坚实的市场调研基础。第二，欲使本研究结论能够对大连目的地营销管理产生更大的实际影响和价值，需将定位调研置于一个更为宽广、现实的管理决策背景之下，进一步与大连旅游官方、企业管理者等广泛的旅游利益相关者沟通、协作，了解大连"目的地品牌化"决策框架、权力关系、合作机制等深层次信息，以对研究建议做出一定的适应性修正、调整。

二　深化对海滨城市目的地情感形象和海滨城市目的地品牌个性的测量量表开发

本研究通过广泛文献回顾、经验调查和实际检测所最终获得的"海滨城市目的地情感形象"和"海滨城市目的地品牌个性"量表为这两个"构念"的量表开发工作提供了丰富的有价值信息，奠定了切实的基础。但是，本研究在这方面所做工作还主要是探索性的，今后可考虑通过以下两种途径来继续推进和深化这一工作：第一，在后续相关研究中应用本研究产生的量表结果，通过更多的经验群体、多次研究和多个样本的反复检测进一步增添、删减题项，不断精炼、确定对两个"构念"最为恰当的测量指标体系。第二，基于本研究工作，可在针对两个"构念"专门开展的详尽量表开发研究或包含此二"构念"的后续其他相关研究中遵循更为完整、严格的量表开发程序，引入验证性分析和因果研究设计通过"结构方程建模（Structural equation modeling）"保障更为复杂的信度分析、检验量表结构稳定性等。

三　在更多旅游目的地情境下应用和检验本研究提出的核心理论模型

本研究在海滨城市旅游目的地情境下验证了提出的目的地非功用性定位概念性指导模型的有效性。但是，本研究在构建这一理论模型时并不是特定针对海滨城市目的地情境的，而只是一般性地描述了"非功用性消费需求"对旅游者目的地选择行为的影响驱动机制。因此，未来研究应尝试在其他类别的旅游目的地情境下应用和检测这一理论模型，以进一步明确其有效性和适用性。在这方面，对在不同目的地情境下影响（促进和减弱）该理论模型成立性的各种调节变量（moderating variables）（目的地环境因素、旅游者需求因素）的识别；以及对在目的地情境下该理论模型与传统研究中功用性消费需求驱动机制之间存在关系的考察都是非常有潜力的深入探索方向。

四　引入其他旅游目的地"非功用性"定位指标

本研究挖掘、提炼了两个可作为旅游目的地非功用性定位指标的核心构念："目的地情感形象"和"目的地品牌个性"。旅游研究中历来都缺乏对"非功用性消费需求"的关注，总体上看，这两个"构念"均属其中研究有所涉及、相对容易被识别和建立联系的类型。如第二章所示，目的地定位研究体系显示出的一个发展趋势为：联合使用多个定位指标来尽可能全面展示旅游者对一组目的地之间的相对感知定位。因此，未来研究应尝试探寻、引入其他恰当的、可作为非功用性定位指标的目的地感知构念，以进一步丰富、拓展本研究提出的目的地非功用性定位框架所囊括要素。

首先，从旅游学研究体系自身来看，随着近年来需求形势的新变化和研究热点的转移，"地点依恋（place attachment）"和"目的地情感体验（destination emotional experience）"是两个刚得到研究与旅游者"非功用性消费需求"联系紧密的重要构念。少许国内外学者已针对此二"构念"专门开发了测量量表，因此未来研究可考虑尝试将二者应用为目的地"非功用性"定位的指标。其次，除了相关目的地营销文献之外，学者们还可尝试从消费者行为学、环境心理学、社会学等其他研究领域予以广泛借鉴、取材来提炼恰当的非功用性定位分析指标，再将其应用于旅游目的地情境，这将需要做出较大首创性的研究尝试。

参考文献

一 中文类

（一）主要著述

[1] 郭志刚 主编：《社会统计分析方法——SPSS 软件应用》，中国人民大学出版社 1999 年版，第 87 页。

[2] 何修猛：《现代广告学》，复旦大学出版社 2007 年版，第 86 页。

[3] 李蕾蕾：《旅游地形象策划：理论与实务》，广东旅游出版社 1999 年版，第 9—177 页。

[4] 李天元：《旅游学概论》，南开大学出版社 2001 年版。

[5] 卢宏泰：《定位论——广义成功之道》，中国财政经济出版社 2002 年版。

[6] 卢纹岱：《SS for Windows 统计分析（第 2 版）》，电子工业出版社 2003 年版。

[7] 王晨光：《游目的地营销》，经济科学出版社 2001 年版。

[8] 魏小安：《旅游目的地发展实证研究》，中国旅游出版社 2002 年版。

[9] 吴必虎：《区域旅游规划原理》，中国旅游出版社 2001 年版。

[10] 吴明隆：《SPSS 统计应用实务》，科学出版社 2003 年版。

[11] 吴统雄：《电话调查：理论与方法》，聊经出版社 1984 年版。

[12] 薛薇 编著：《统计分析与 SPSS 的应用》，中国人民大学出版社 2001 年版，第 117 页。

[13] 张宇丹、单晓红：《营销传播：策略与经营》，云南大学出版社

2006 年版，第 148—149 页。

（二）期刊论文

[1] 柏玲 等：《五大连池旅游品牌定位及其强化》，《农业科技与信息（现代园林）》2008 年第 2 期。

[2] 陈传康、王新军：《神仙世界与泰山文化旅游城的形象策划（CI）》，《旅游学刊》1996 年第 1 期。

[3] 程胜龙、王乃昂、周武生：《基于文化挖掘的城市旅游形象的定位——以兰州市为例》，《干旱区研究》2007 年第 3 期。

[4] 董鸿安：《宁波城市旅游形象的定位与塑造》，《宁波经济（财经视点）》2002 年第 12 期。

[5] 董雪旺、张序强、李华：《二龙山风景区旅游地形象定位分析》，《哈尔滨师范大学自然科学学报》2001 年第 5 期。

[6] 傅云新：《试论旅游地品牌定位与定位强化》，《商业时代》2005 年第 27 期。

[7] 高静、章勇刚：《基于目标市场的旅游目的地定位模式研究》，《旅游论坛》2009 年第 3 期。

[8] 高静：《品牌化：目的地应对未来旅游市场竞争的关键之举》，《旅游学刊》2008 年第 5 期。

[9] 高静婷、李国印：《中国旅游城市化研究综述》，《经济研究导刊》2011 年第 7 期。

[10] 谷明：《大连城市旅游形象定位及整体策划》，《旅游学刊》2000 年第 5 期。

[11] 顾韬、李胜利：《城市旅游形象定位与推广策略研究——以陕西省延安市为例》，《西北师范大学学报》2007 年第 4 期。

[12] 郭英之：《旅游感知形象研究综述》，《经济地理》2003 年第 2 期。

[13] 胡渝苹：《对旅游地形象定位之比附定位的反思——以重庆合川涞滩古镇为例》，《重庆文理学院学报》2006 年第 5 期。

[14] 黄晓弘、付丽宁：《惠州城市旅游形象定位的思考》，《惠州学院学报》2008 年第 4 期。

［15］黄芸玛、张现、罗正霞：《基于 TDIS 框架的旅游地形象策划探讨》，《安徽农业科学》2009 年第 5 期。

［16］焦彦、齐善鸿、王鉴忠：《城市旅游定位的战略方法——以天津城市旅游为例》，《旅游学刊》2009 年第 4 期。

［17］金琳：《定位的理论框架及与传统营销理论的比较分析》，《江苏商论》2009 年第 8 期。

［18］金颖若：《更新定位，一种新的旅游形象定位方法——以贵州为例》，《北京第二外国语学院学报》2002 年第 4 期。

［19］金周益：《旅游地形象定位和形象传播的探讨》，《科技资讯》2000 年第 6 期。

［20］李长秋：《旅游地形象的定位更新》，《北方交通大学学报（社会科学版）》2003 年第 2 期。

［21］李家龙、李家齐：《面对 21 世纪，营销观念的思考与整合》，《特区经济》2005 年第 2 期。

［22］李蕾蕾：《旅游地形象的传播策略初探》，《深圳大学学报（人文社会科学版）》1999 年第 4 期。

［23］李蕾蕾：《旅游目的地形象的空间认知过程与规律》，《地理科学》2000 年第 6 期。

［24］李蕾蕾：《旅游目的地形象口号的公众征集：误区与思考》，《桂林旅游高等专科学校学报》2003 年第 4 期。

［25］李蕾蕾：《人—人感知系统：旅游地形象设计新领域》，《人文地理》1999 年第 4 期。

［26］李南鸿、俞钰凡：《买方市场条件下如何利用情感需求提高顾客转移的心理成本》，《商场现代化》2005 年第 10 期。

［27］李天元、曲颖：《旅游目的地定位主题口号设计若干基本问题的探讨——基于品牌要素视角的分析》，《人文地理》2010 年第 3 期。

［28］李天元：《旅游目的地定位研究中的几个理论问题》，《旅游科学》2007 年第 4 期。

［29］李相臣：《浅析 USP 理论的功能意义和发展》，《中小企业管理与经济》2008 年第 25 期。

［30］李宗诚：《定位理论在城市形象宣传策划中的运用》，《苏州大学学报（哲学社会科学版）》2009 年第 3 期。

［31］刘德谦：《成都旅游的发展定位与形象定位》，《中共成都市委党校学报》2004 年第 1 期。

［32］刘建才、肖玉军：《论娄底市旅游品牌的定位》，《时代经贸》2008 年第 1 期。

［33］刘民英：《黄山旅游目的地形象定位分析》，《黄山学院学报》2006 年第 2 期。

［34］刘庆：《旅游目的地形象定位探索与实践》，《广西教育学院学报》2009 年第 3 期。

［35］刘晓辉：《贵州旅游定位初探》，《贵州师范大学学报（社会科学版）》2002 年第 3 期。

［36］刘雄、沈穷竹：《螺髻山旅游地形象定位及开发策略研究》，《林业调查规划》2009 年第 5 期。

［37］卢政营：《品牌的整合和定位》，《上海综合经济》2004 年第 6 期。

［38］马晓龙：《西安城市旅游形象再定位研究》，《干旱区资源与环境》2006 年第 1 期。

［39］梅琳：《服务于旅游地形象定位的徽州古村落景观特色研究》，《经济与科技》2007 年第 7 期。

［40］孟铁鑫：《绍兴旅游目的地形象定位研究》，《华东经济管理》2006 年第 3 期。

［41］苗学玲：《"旅游地形象策划"的十年：中国期刊全文数据库 1994—2003 年旅游地形象研究述评》，《旅游科学》2005 年第 4 期。

［42］彭聪：《武汉市城市旅游形象定位分析》，《时代经贸》2007 年第 5 期。

［43］邱红彬：《关于品牌定位几个理论问题的探讨》，《北京工商大学学报（社会科学版）》2002 年第 4 期。

［44］邵秀军：《关于旅游目的地形象定位问题的研究》，《丹东师专学报》2003 年第 3 期。

［45］司马方、仇向洋：《定位理论比较分析》，《现代管理科学》2004 年第 8 期。

［46］宋欢、喻学才：《浅议城市旅游形象定位》，《东南大学学报（哲学社会科学版）》2006 年第 12 期。

［47］唐娟：《关于旅游目的地定位的若干思考》，《桂林旅游高等专科学校学报》2007 年第 3 期。

［48］唐礼智：《泉州市旅游形象定位与设计研究》，《北京第二外国语学院学报》2001 年第 5 期。

［49］唐礼智：《泉州市旅游形象定位与设计研究》，《现代城市研究》2002 年第 4 期。

［50］屠高平、梁留科、韦东：《奥运会对北京旅游的排挤效应及河南旅游的机遇与对策》，《旅游科学》2006 年第 1 期。

［51］王国新、齐亚萍：《旅游地形象定位与营销》，《商业经济与管理》2002 年第 11 期。

［52］王金玉：《试论旅游目的地的定位》，《辽宁经济职业技术学院学报》2004 年第 3 期。

［53］王允：《浅析定位理论的缘起及其贡献》，《东南传播》2008 年第 4 期。

［54］韦瑾：《关于旅游地形象重新定位和形象传播的探讨——以桂林为例》，《西南民族大学学报（人文社科版）》2004 年第 1 期。

［55］卫海英、张英：《浅论无形资产与品牌资产的区别》，《江苏商论》2004 年第 10 期。

［56］吴必虎、宋治清：《一种区域旅游形象分析的技术程序》，《经济地理》2001 年第 4 期。

［57］肖怡：《定位营销：市场攻心之战——〈市场定位策略〉评析》，《企业研究》1995 年第 5 期。

［58］星景花：《旅游目的地品牌定位初探》，《消费导刊》2007 年第 12 期。

［59］熊金银：《西昌市城市旅游形象定位研究》，《甘肃科技纵横》2007 年第 5 期。

［60］徐君亮：《广州城市旅游形象定位和建设研究》，《热带地理》2000 年第 1 期。

［61］徐君亮：《广州在沿海开放城市的旅游形象定位研究》，《海岸工程》1999 年第 2 期。

［62］杨洪：《昭山旅游定位与开发研究》，《湘潭师范学院学报（自然科学版）》2002 年第 4 期。

［63］杨卫东：《重庆旅游地形象定位》，《经济师》2004 年第 10 期。

［64］杨振之、陈谨：《"形象遮蔽"与"形象叠加"的理论与实证研究》，《旅游学刊》2003 年第 3 期。

［65］银元、李晓琴：《基于城市文脉现实载体的城市旅游形象定位——以成都为例》，《现代城市研究》2009 年第 12 期。

［66］余卫潮、林峰：《定位理论与传统营销理论之比较》，《市场周刊》2010 年第 5 期。

［67］余足云：《旅游口号语言应用分析》，《湖州职业技术学院学报》2006 年第 3 期。

［68］袁亚忠、唐慧：《论长株潭一体化中的湘潭城市旅游形象定位》，《科技与管理》2007 年第 4 期。

［69］张广宇、简王华：《旅游地形象定位的理论与方法浅析》，《市场论坛》2009 年第 4 期。

［70］张金山：《浅析资源型城市旅游形象定位及营销策略——以焦作为例》，《北京第二外国语学院学报》2007 年第 9 期。

［71］张立建、甘巧林：《旅游形象定位词面面观及错误根源剖析》，《旅游学刊》2006 年第 6 期。

［72］张晓霞：《威海市旅游形象定位研究》，《经济师》2006 年第 1 期。

［73］赵大友：《基于心理定位理论的三峡旅游定位策略研究》，《三峡大学学报》2008 年第 5 期。

［74］赵煌庚：《论城市旅游形象定位条件及模式选择》，《云梦学刊》2004 年第 1 期。

［75］赵伟兵：《城市旅游形象定位的理论与实践研究》，《广西大学学报》2001 年第 12 期。

［76］赵伟兵：《论城市旅游形象定位》，《桂海论丛》2003 年第 3 期。

［77］周辉、李莉：《论旅游目的地品牌形象定位》，《东南传播》2008 年第 7 期。

（三）学位论文

［1］高静：《旅游目的地整合营销传播：模式构建与沟通效果评价研

究》，博士学位论文，南开大学，2008 年。

　　［2］胡抚生：《旅游目的地形象对游客推荐意愿、支付意愿的影响研究》，博士学位论文，浙江大学，2009 年。

　　［3］卢玉平：《风景名胜区规划的旅游定位演化及其动因研究》，硕士学位论文，厦门大学，2008 年。

　　［4］王晞：《旅游目的地形象的提升研究》，博士学位论文，华东师范大学，2006 年。

　　［5］王忠福：《旅游目的地居民旅游感知影响因素研究》，博士学位论文，大连理工大学，2009 年。

　　［6］卫军英：《整合营销传播观念及其理论构架》，博士学位论文，浙江大学，2005 年 12 月。

　　［7］尤海涛：《新疆喀纳斯国家级自然保护区生态旅游定位与运作的矛盾研究》，硕士学位论文，新疆师范大学，2006 年。

　　［8］臧德霞：《旅游目的地竞争力评价指标体系：基于国内市场的研究》，博士学位论文，南开大学，2008 年。

（四）电子文献

　　［1］宋晓秋：《大连旅游是如何异军突起的？——"大连旅游现象"透视》，（2003 – 09 – 05）［2010 – 11 – 21］http：//www. qingdaonews. com/content/2003 – 09/05/content_ 1970597. Html。

　　［2］闫平：《大连成功注册"浪漫之都"城市旅游品牌》，（2006 – 08 – 10）［2010 – 11 – 23］http：//www. 17u. net/news/newsinfo _ 23615. Html。

二　英文类

（一）主要著述及译注

　　［1］［美］B. 约瑟夫·派恩、詹姆斯·H. 吉尔摩：《体验经济》，夏业良等译，机械工业出版社 2002 年版。

　　［2］梅奥·贾维斯：《旅游心理学（南开大学旅游学系译）》，南开大学出版社 1987 年版。

　　［3］Stanley C. Plog：《旅游市场营销实论（李天元、李曼译）》，南开

大学出版社 2007 年版。

［4］德威利斯：《量表编制：理论与应用（魏勇刚、龙长权译）》，重庆大学出版社 2004 年版。

［5］菲利普·科特勒：《营销管理（梅汝和、梅清豪、周安柱译）》，中国人民大学出版社 2001 年版。

［6］维克多·密德尔敦：《旅游营销学（向萍译）》，中国旅游出版社 2001 年版。

［7］Aaker D. A., Managing brand equity. New York：Free Press，1991.

［8］Alderson W., Marketing behavior and executive action. Homewood，IL：Irwin，1957.

［9］Anderson J., The architecture of cognition. Cambridge MA：Harvard University Press，1983.

［10］Churchill G. A., Iacobucci D., Marketing research：Methodological foundations. Mason：South-Western，Thomson Learning，eighth edition，2002. pp. 90—92.

［11］Comrey A. L, Lee H. B., A first course in factor analysis. Erlbaum，Hillsdale，NJ，the second edition，1992.

［12］Dillion W. R., Goldstein M., Multivariate analysis：methods and applications. New York：Weily，1984.

［13］Field A., Discovering statistics using SPSS for Windows. Sage publications：London，2000.

［14］Frijda N. H., The emotions. Cambridge：Cambridge University Press，1986.

［15］Gartner W. J., Tourism development：Principles，process and policies. New York：Van Nostrand Reinhold，1996.

［16］Hair J. F., Black W. C., Babin B. J., Anderson R. E., Multivariate data analysis. Upper Saddle River，NJ：Prentice Hall，the seventh edition，2010.

［17］Howard J. A., Marketing management analysis and planning. New York：McGraw-Hill：1963.

［18］Huizinga J., Homo L., A study of the play element in culture. New York: Harper & Row, 1970.

[19] Keller K. L., Strategic brand management: Building, measuring, and managing brand equity. New Jersey: Prentice Hall, 1998.

[20] Kotler P., Armstrong G., Principles of marketing. Upper Saddle River NJ: Prentice-Hall, 1999.

[21] Lovelock C., Service marketing. Englewood Cliffs, NJ: Prentice-Hall, 1991, p. 110.

[22] Nunnally J. C., Psychometric theory . New York: McGraw-Hill, the second edition, 1978.

[23] Pike S., Destination marketing organizations. Elsevier Ltd, 2004, 12.

[24] Porter M. E., Competitive strategy. New York: Free Press, 1980.

[25] Reeves R., Reality in advertising. New York: Knopf, 1961.

[26] Relph E., Place and placelessness. London: Pion, 1976.

[27] Ries A., Trout J., Positioning: the battle for your mind. New York: McGraw Hill, 1981.

[28] Rosenberg M., Conceiving the self. New York: Basic books, Inc., 1979.

[29] Trout J., Rivkin S., The new positioning. New York: McGraw Hill, 1986.

[30] Trout J., RiesA., Positioning: The battle for your mind. New York: McGraw Hill, 1981: p. 193.

(二) 期刊论文

[1] Aaker J. L., Dimensions of brand personality. Journal of Marketing Research, 1997, 34 (3): pp. 347—356.

[2] Aaker J. L., The malleable self: The role of self-expression in persuasion. Journal of Marketing Research, 1999, 36: pp. 45—57.

[3] Ahmed Z. U., The influence of the components of a states tourist image on product positioning strategy. Tourism Management, 1991, 12 (4): pp. 331—340.

[4] Andsager J. L., Drzewiecka J. A., Desirability of differences in des-

tinations. Annals of Tourism Research, 2002, 29: pp. 401—421.

[5] Baloglu S., Brinberg D., Affective images of tourism destinations. Journal of Travel Research, 1997, 35 (4): pp. 11—15.

[6] Baloglu S., Mangaloglu M., Tourism destination images of Turkey, Egypt, Greece, and Italy as perceived by US-based tour operators and travel agents. Tourism Management, 2001, 22 (1): pp. 1—9.

[7] Baloglu S., McCleary K. W., A model of destination image formation. Annals of Tourism Research, 1999, 26 (4): pp. 868—897.

[8] Baloglu S., A path analytic model of visiting intention involving information sources, Socio-psychological motivations, and destination image. Journal of Travel & Tourism Marketing, 1999, 8 (3): pp. 81—90.

[9] Bansal H., Eiselt H. A., Exploratory research of tourist motivations and planning. Tourism Management, 2004, 25: pp. 387—396.

[10] Bayton J. A., Motivation, cognition, learning-basic factors in consumer behavior. Journal of Marketing, 1958, 22 (1): pp. 282—289.

[11] Becker H. S., Arts and crafts. American Journal of Sociology, 1978, 84 (3): pp. 862—889.

[12] Beerli A., Martin J. D., Factors influencing destination image. Annals of Tourism Research, 2004, 31: pp. 657—681.

[13] Beerli A., Meneses G. D., Gil S. M., Self-congruity and destination choice. Annals of Tourism Research, 2007, 34 (3): pp. 571—587.

[14] Berthon P., Hulbert J. M., Pitt L. F., Brand management prognostications. Slogan Management Review, 1999, 40 (2): pp. 53—65.

[15] Bigne E. J., Andreu L., Emotions in segmentation: An empirical study. Annals of Tourism Research, 2004, 31 (3): pp. 682—696.

[16] Blain C., Levy S. E., Ritchie R. B., Destination branding: insights and practices from destination management organizations. Journal of Travel Research, 2005, 43 (4): pp. 328—338.

[17] Boksberger P., Dolnicar S., Laesser C., Randle M., Self-congruity theory: to what extent does it hold in tourism? Journal of Travel Research, 2010, (6): pp. 1—11.

[18] Botha C., Crompton J. L., Kim S. S., Developing a revised com-

petitive position for Sun/Lost city, South Africa. Journal of Travel Research, 1999, 37 (4): pp. 341—352.

[19] Bowers K. S. , Do the Stanford scales tap the "classic suggestion effect"? International Journal of Clinical and Experimental Hypnosis, 1981, 29: pp. 42—53.

[20] Cai L. P. , Cooperative branding for rural destinations. Annals of Tourism Research, 2002, 29 (3): pp. 720—742.

[21] Calantone R. J. , et al. , Multiple multinational tourism positioning using correspondence analysis. Journal of Travel Research, 1989, 28 (2): pp. 25—32.

[22] Chen J. S. , Uysal M. , Marketing Positioning Analysis a hybrid approach. Annals of Tourism Research, 2002, 29 (4): pp. 987—1003.

[23] Chon K. S. , Self-image/destination image congruity. Annals of Tourism Research, 1992, 19 (2): pp. 360—363.

[24] Churchill, G. A. , A paradigm for developing better measures of marketing constructs. Journal of Marketing Research, 1979, 16 (2): pp. 351—352.

[25] Clarke J. , Tourism brands: an exploratory study of the brand box model. Journal of Vacation Marketing, 2000, 6 (4): pp. 329—345.

[26] Crask M. R. , Henry A. L. , A positioning-based decision model for selecting advertising messages. Journal of Advertising Research, 1990, 30 (4): pp. 32—38.

[27] Crockett S. , Wood L. , Branding Western Australia: a totally integrated approach to destination branding. Journal of Vacation Marketing, 1999, 5 (3): pp. 276—289.

[28] Crompton J. L. , Fakeye P. C. & Lue C-C. , Positioning: The example of the Lower Rio Grande Valley in the winter long stay destination market. Journal of Travel Research, 1992, 31 (fall): pp. 20—26.

[29] Crompton J. L. , An assessment of the image of Mexico as a vacation destination and influence of geographical location upon that image. Journal of Travel Research, 1979, 17 (4): pp. 18—23.

[30] Curtis J. , Branding a state: The evolution of brand Oregon. Journal

of Vacation Marketing, 2001, 7: pp. 75—81.

[31] Day J., Skidmore S., Koller T., Image selection in destination positioning: A new approach. Journal of Vacation Marketing, 2002, 8 (2): pp. 177—186.

[32] Daye M., Challenges and prospects of differentiating destination brands: the case of the Dutch Caribbean islands. Journal of Travel and Tourism Marketing, 2010, 27: pp. 1—13.

[33] Dobni D., Zinkhan G., In search of brand image: A foundation analysis. Advances in Consumer Research, 1990, 17, pp. 110—119.

[34] Dolnicar S., Grabler K., Applying City Perception Analysis (CPA) for destination positioning decisions. Journal of Travel & Tourism Marketing, 2004, 16 (2/3): pp. 99—112.

[35] Echtner C. M., Ritchie B., The measurement of destination image: an empirical assessment. Journal of Travel Research, 1993, 31, pp. 3—13.

[36] Echtner C. M., J. R., Brent Ritchie. The meaning and measurement of destination image. The Journal of Tourism Studies, 2003, 14 (1): pp. 37—48.

[37] Ekinci Y., Hosany S., Destination personality: an application of brand personality to tourism destinations. Journal of Travel Research, 2006, 45 (4): pp. 126—139.

[38] Ekinci Y., Riley M., An investigation of self-concept: actual and ideal self-congruence compared in the context of service evaluation. Journal of Retailing and Consumer Services, 2003, 10 (4): pp. 201—214.

[39] Ekinci Y., From Destination image to destination branding: An e-merging area of research. E-review of Tourism Research, 2003, 1 (2): pp. 1—4.

[40] Fakeye P. C., Crompton J. L., Image differences between prospective, first-time, and repeat visitors to the Lower Rio Grande Valley. Journal of Travel Research, 1991, 30 (2): pp. 10—16.

[41] Faullant R., Matzler K., Fuller J., A positioning map of skiing areas using customer satisfaction scores. Journal of Hospitality Marketing & Man-

agement, 2008, 16 (3): pp. 230—245.

[42] Fishbein M. , An investigation of the relationship between beliefs a-bout an object and the attitude toward that object. Human Relations, 1963, (16): pp. 233—240.

[43] Fournier S. , Consumers and their brands: Developing relationship theory in consumer research. Journal of Consumer Research, 1998, 24: pp. 243—273.

[44] Fridgen J. D. , Use of cognitive maps to determine perceived tourism region. Leisure Science, 1987, 9: pp. 101—117.

[45] Gallarza M. G. , Saura I. G. , Garcia H. C. , Destination image to-wards a conceptual framework. Annals of Tourism Research, 2002, 29 (1): pp. 56—78.

[46] Gardner B. , Levy S. J. , The product and the brand. Harvard Busi-ness Review, 1955, 33 (3/4): pp. 33—39.

[47] Gardner M. P. , Mood states and consumer behavior: a critical re-view. Journal of Consumer Research, 1985, (12): pp. 281—300.

[48] Gartner W. C. , Tourism image: Attribute measurement of state tourism products using multidimensional scaling techniques. Journal of Travel Research, 1989, 28 (4): pp. 16—20.

[49] Gartner W. , Image formation process. Journal of Travel and Tourism Marketing, 1993, 2 (2/3): pp. 191—215.

[50] Gnoth G. , Branding tourism destinations. Annals of Tourism Re-search, 1998, 25 (3): pp. 758—760.

[51] Go F. M. , Govers R. , The Asian perspective: Which international conference destinations in Asia are the most competitive? Journal of Convention & Exhibition Management, 1999, 1 (4): pp. 37—50.

[52] Goodrich J. N. , A new approach to image analysis through multidi-mensional scaling. Journal of Travel Research, 1978, 16 (3): pp. 3—7.

[53] Goodrich J. N. , Differences in perceived similarity of tourism re-gions: A spatial analysis. Journal of Travel Research, 1977, 16 (1): pp. 10—13.

[54] Goossens C. , Tourist information and pleasure motivation. Annals of

Tourism Research, 2000, 27 (3): pp. 301—321.

[55] Haahti A. J. , Finlands competitive position as a destination. Annals of Tourism Research, 1986, 13 (1): pp. 11—35.

[56] Henderson J. C. , Selling places: the new Asia-Singapore brand. Journal of Tourism Studies, 2000, 11 (1): pp. 36—44.

[57] Hilgard E. R. , Impulsive versus realistic thinking: an examination of the distinction between primary and secondary processes in thinking. Psychological Bulletin, 1962, 59 (6): pp. 477—488.

[58] Hirschman E. C. , Holbrook M. B. , Hedonic consumption: emerging concepts, methods and propositions. The Journal of Marketing, 1982, 46 (3): pp. 92—101.

[59] Holbrook M. B. , Hirschman E. C. , The experiential aspects of consumption: consumer fantasies, feelings and fun. The Journal of Consumer Research, 1982, 9 (2): pp. 132—140.

[60] Hong J. W. , Zinkhan G. M. , Self-concept and advertising effectiveness: the influence of congruence, conspicuousness and response mode. Psychology and Marketing, 1995, 12: pp. 53—77.

[61] Hong S. et al. , The roles of categorization, affective image and constraints on destination choice: an application of the NMNL model. Tourism Management, 2006, 27 (5): pp. 750—761.

[62] Hosany S. , Ekinci Y. , Uysal M. , Destination image and destination personality: An application of branding theories to tourism places. Journal of Business Research, 2006, 59: pp. 638—642.

[63] Hsu C. H. C. , Wolfe K. , Kang S. K. , Image assessment for a destination with limited comparative advantages. Tourism Management, 2004, 25: pp. 121—126.

[64] Hu Y. , Ritichie B. , Measuring destination attractiveness: a contextual approach. Journal of Travel Research, 1993, 32 (2): pp. 25—34.

[65] Hung K. , Petrick J. F. , The role of self and functional congruity in cruising intentions. Journal of Travel Research, 2010, (1): pp. 1—13.

[66] Hyde K. F. , Lawson R. , The nature of independent travel. Journal of Travel Research, 2003, 42: pp. 13—23.

［67］Ibrahim E. E. , Gill J. , A positioning strategy for a tourist destination, based on analysis of customers perceptions and satisfactions. Marketing Intelligence & Planning, 2005, 23 (2): pp. 172—188.

［68］Javalgi R. G. , Thomas E. G. , Rao S. R. , US pleasure travelers perceptions of selected European destinations. European Journal of Marketing, 1992, 26 (7): pp. 45—64.

［69］Jenkins O. H. , Understanding and measuring tourist destination image. International Journal of Tourism Research, 1999, 1 (1): pp. 1—15.

［70］Jeong et al. , Horse racing image: re-examination of relations between image and intention to visit. Journal of Quality Assurance in Hospitality & Tourism, 2009, 10: pp. 194—217.

［71］Johar J. S. , Sirgy M. J. , Using segment congruence analysis to determine actionability of travel/tourism segments. Journal of Travel & Tourism Marketing, 1995, 4 (3): pp. 1—18.

［72］Johar J. S. , Sirgy M. J. , Value expressive versus utilitarian appeals: when and why to use which appeal. Journal of Advertising, 1991, 20 (3): pp. 23—34.

［73］Kang M. H. , Suh S. J. , Jo D. , The competitiveness of international meeting destinations in Asia: Meeting planners versus buying centers perceptions. Journal of Convention & Event Tourism, 2005, 7 (2): pp. 57—85.

［74］Kaplanidou K. , Affective event and destination image: their influence on Olympic travelers behavioral intentions. Event Management, 2007, 10: pp. 159—173.

［75］Kasim A. , Dzakiria H. , Luring the tourists: A positioning exercise. Asia Pacific Journal of Tourism Research, 2001, 6 (2): pp. 40—52.

［76］Kassarjian H. H. , Personality and consumer behavior: A review. Journal of Marketing Research, 1971, 8 (4): pp. 409—418.

［77］Kastenholz E. , Assessment and role of destination- self-congruity. Annals of Tourism Research, 2004, 31 (3): pp. 719—723.

［78］Katz D. , The functional approach to the study of attitudes. The Public Opinion Quality, 1960, 24 (2): pp. 163—204.

［79］Kavaratzis M. , From city marketing to city branding: Towards a theoretical framework for developing city brands. Place Branding, 2004, 1 (1): pp. 58—73.

[80] Keller K. L. , Conceptualizing, measuring and managing customer-based brand equity. Journal of Marketing, 1993, 57: pp. 1—22.

[81] Kim S. S. , Agrusa J. , The positioning of oversea honeymoon destinations. Annals of Tourism Research, 2005, 32 (4): pp. 887—904.

[82] Kim S. S. , Chun H. J. , Petrick J. , Positioning analysis of overseas golf tour destinations by Korean golf tourists. Tourism Management, 2006, 26 (6): pp. 905—917.

[83] Kim S. S. , Guo Y. Z. , Agrusa J. , Preference and positioning analyses of overseas destinations by mainland Chinese outbound pleasure tourists. Journal of Travel Research, 2005, 44 (2): pp. 212—220.

[84] Kim S. S. , Sun H. L. , Ap J. , Is there competition in the exhibition market in Asia? Analysis of the positioning of major Asia exhibition host cities. Asia Pacific Journal of Tourism Research, 2008, 13 (3): pp. 205—227.

[85] Kim S. , Yoon Y. , The hierarchical effects of affective and cognitive components on tourism destination image. Journal of Travel & Tourism Marketing, 2003, 14 (2): pp. 1—22.

[86] King L. , Destination marketing organizations—connecting the experience rather than promoting the place. Journal of Vacation Marketing, 2002, 8 (2): pp. 105—108.

[87] Kolter P. , Barich H. , A framework for marketing image management. Slogan Management Review, 1991, 32 (4): pp. 94—104.

[88] Kressmann et al. Direct and indirect effects of self-image congruence on brand loyalty. Journal of Business Research, 2006, 59: pp. 955—964.

[89] Lancy D. F. , Play in species adaptation. Annual Review of Anthropology, 1980, (9): pp. 471—495.

[90] Lee D. H. , Symbolic interactionism: some implications for consumer self-concept and product symbolism research. Advances in Consumer Research, 1990, 17: pp. 386—393.

[91] Levy S. J. , Symbols for sale. Harvard Business Review, 1959, 37 (7/8): pp. 117—124.

[92] Lin C. H. et al. , Examining the role of cognitive and affective image in predicting choice across natural, developed, and theme-park destinations. Journal of Travel Research, 2007, 46: pp. 183—194.

[93] Lin C. T. , Huang Y. L. , Mining tourist imagery to construct destination image position model. Expert Systems with Applications, 2009, 36 (2): pp. 2513—2524.

[94] Litvin S. W. , Goh H. K. , Self-image congruity: a valid tourism theory? Tourism Management, 2002, 23: pp. 81—83.

[95] Liu Z. P. , Siguaw J. A. , Enz C. A. , Using tourist travel habits and preferences to assess strategic destination positioning: The case of Costa Rica. Cornell Hospitality Restaurant and Administrative Quarterly, 2008, 49 (3): pp. 258—281.

[96] MacKay K. , McVetty D. , Images of first-time visitors to Queen Charlotte Islands and Gwaii Haanas national park reserve. Journal of Park and Recreation Administration, 2002, 20 (2): pp. 11—30.

[97] MacInnis D. J. , Jaworski B. J. , Information processing from advertisements: toward an integrative framework. The Journal of Marketing, 1989, 53 (4): pp. 1—23.

[98] Malhotra N. K. , Self concept and product choice: An integrated framework. Journal of Economic Psychology, 1988, 9 (1): pp. 1—28.

[99] Malhotra N. , A scale to measure self-concepts, person concepts, and product concepts. Journal of Marketing Research, 1981, 18 (4): pp. 456—464.

[100] Marcus H. , Nirius P. , Possible selves. American Psychologist, 1986, (41): pp. 954—969.

[101] McGuire W. J. , Some internal psychological factors influencing consumer choice. Journal of Consumer Research, 1976, 2 (3): pp. 302—319.

[102] Milman A. , Pizam A. , The role of awareness and familiarity with a destination: the central Florida case. Journal of Travel Research, 1998, 33 (3): pp. 21—27.

[103] Mittal B. , The role of affective choice mode in the consumer pur-

chase of expressive products. Journal of Economic Psychology, 1988, （9）: pp. 499—524.

［104］Morgan N. , Pritchard A. , Piggott R. New Zealand, 100% pure. The creation of a powerful niche destination brand. Journal of Brand Management, 2002, 9 (4/5): pp. 335—354.

［105］Murphy L. E. , Moscardo G. , Benckendorff P. , Using brand personality to differentiate regional tourism destinations. Journal of Travel Research, 2007, 46 (5): pp. 5—14.

［106］Murphy L. , Benckendorff P. , Moscardo G. , Linking travel motivation, tourist self-image and destination brand personality. Journal of Travel & Tourism Marketing, 2007, 22 (2): pp. 45—59.

［107］Murphy P. , Pritchard M. P. , Smith B. , The destination product and its impact on traveler perceptions. Tourism Management, 2000, 21, pp. 43—52.

［108］Mykletun R. J. , Crotts J. C. , Mykletun A. , Positioning an island destination in the peripheral area of the Baltics: a flexible approach to market segmentation. Tourism Management, 2001, 22 (5): pp. 493—500.

［109］Nickerson N. P. , Moisey R. N. , Branding a state from features to positioning: Making it simple? Journal of Vacation Marketing, 1999, 5 (3): pp. 217—226.

［110］Oppermann M. , Convention cities—Images and changing fortunes. The Journal of Tourism Studies, 1996, 7 (1): pp. 10—19.

［111］Orth U. R. , Tureckova J. , Positioning the destination product Southern Moravia. Journal of Vacation Marketing, 2001, 8 (3): pp. 247—262.

［112］Park C. W. , Jaworski P. J. , MacInnis D. J. , Strategic brand concept-image management. Journal of Marketing, 1986, 50 (10): pp. 135—145.

［113］Park C. , Young S. M. , Consumer response to television commercials: the impact of involvement and background music on brand attitude formation. Journal of Marketing Research, 23 (2): pp. 11—24.

［114］Park S. Y. , Petrick J. F. , Destinations perspectives of branding. Annals of Tourism Research, 2006, 33 (1): pp. 262—265.

[115] Petrick J. P. , First timers and repeaters perceived value. Journal of Travel Research, 2004, 43: pp. 29—38.

[116] Pham M. T. , Representativeness, relevance, and the use of feelings in decision making. Journal of Consumer Research, 1998, 25 (9): pp. 144—158.

[117] Pike S. , Tourism destination branding complexity. Journal of Product & Brand Management, 2005, 14 (4): p. 259.

[118] Pike S. , Ryan C. , Destination positioning analysis through a comparison of cognitive, affective and conative perceptions. Journal of Travel Research, 2004, 42 (4): pp. 333—342.

[119] Pike S. , Destination brand positioning slogans—towards the development of a set of accountability criteria. Acta Turistica, 2004, 16 (2): pp. 102—124.

[120] Pike S. , Destination brand positions of a competitive set of near-home destinations. Tourism Management, 2009, 30 (6): pp. 857—866.

[121] Pike S. , Destination decision sets: A longitudinal comparison of stated preferences with actual behavior. Journal of Vacation Marketing, 2006, 12 (4): pp. 319—328.

[122] Pike S. , Destination image analysis—a review of 142 papers from 1973 to 2000. Tourism Management, 2002, 23 (5): pp. 541—549.

[123] Plog S. C. , Why destination areas rise and fall in popularity: An update of a Cornell Quarterly classic. Cornell Hospitality Restaurant and Administrative Quarterly, 2001, 42 (3): pp. 13—24.

[124] Prayag G. , Positioning the city product as an international tourist destination: Evidence from South Africa. Tourism, 2007, 55 (2): pp. 139—155.

[125] Prentice R. C. , Andersen V. A. , Evoking Ireland: modelling tourist propensity. Annals of Tourism Research, 2000, 27: pp. 490—516.

[126] Prentice R. C. , Evocation and experiential seduction: updating choice-sets modelling. Tourism Management, 2006, 27: pp. 1153—1170.

[127] Qu H. L. , Kim L. H. , Im H. H. , A model of destination bran-

ding: Integrating the concepts of the branding and destination image. Tourism Management, 2011 (in print) .

[128] Qu H. L. , Li. L. , Chu G. K. T. , The comparative analysis of Hong Kong as an international conference destination in Southeast Asia. Tourism Management, 2000, 21 (6): pp. 643—648.

[129] Reynolds W. H. , The role of the consumer in image building. California Management Review, 1965 (spring): p. 69.

[130] Rose I. , Self-concept and brand preference. Journal of Business of the University of Chicago, 1971, 44: pp. 38—50.

[131] Rothschild M. L. , Perspectives on involvement: current problems and future directions. Advances in Consumer Research, 1984, (11): pp. 216—217.

[132] Royo-Vela M. , Rural-cultural excursion conceptualization: A local tourism marketing management model based on tourist destination image measurement. Tourism Management, 2009, 30 (3): pp. 419—428.

[133] Russell J. A. , Pratt G. , A description of the affective quality attributed to environments. Journal of Personality and Social Psychology, 1980, 38 (2): pp. 311—322.

[134] Schwarz N. , Clore G. L. , Mood, misattribution, and judgments of Well-Being: informative and directive functions of affective states. Journal of Personality and Social Psychology, 1983, 45 (9): pp. 513—523.

[135] Sepulveda dos Antos M. Museums and memory. Journal of Cultural Research, 2003, 7: pp. 27—46.

[136] Siguaw J. A. , Mattila A. , Austin J. R. , The brand personality scale: An application for restaurants. Cornell Hotel and Restaurant Administration Quarterly, 1999, 40 (3): pp. 48—55.

[137] Sirakaya E. , Woodside A. G. , Building and testing theories of decision making by travelers. Tourism Management, 2005, 26 (3): pp. 815—832.

[138] Sirgy M. J. et al. , Self-congruity versus functional congruity: predictors of consumer behavior. Journal of the Academy of Marketing Science, 1991, 19: pp. 363—375.

[139] Sirgy M. J. , Self-concept in consumer behavior: a critical re-

view. Journal of Consumer Research, 1982, (9): pp. 287—300.

[140] Sirgy M. J. , Self-Cybernetics: Toward an integrated model of self-concept processes. Systems Research, 1990, 7 (1): pp. 19—32.

[141] Sönmez S. , Sirakaya E. , A distorted destination image? The case of Turkey. Journal of Travel Research, 2002, 41: pp. 185—196.

[142] Stephenkova M. , Morrison A. M. , Russias destination image among American pleasure travelers: revisiting Echtner and Ritchie. Tourism Management, 2008, 29 (3): pp. 548—560.

[143] Supphellen M. , Nygaardsvik I. , Testing country brand slogans: conceptual development and empirical illustration of a simple normative model. Journal of Brand Management, 2002, 9 (4): pp. 385—395.

[144] Swann W. B. , Seroussi S. , Giesler B. , Why people self-verify. Journal of Personality and Social Psychology, 1992, 62 (3): pp. 392—401.

[145] Swee-Hoon A. , Ai-Ching L. E. , The influence of metaphors and product type on brand personality perceptions and attitudes. Journal of Advertising, 2006, 35 (2): pp. 39—53.

[146] Tapachai N. , Waryszak R. , An examination of the role of beneficial image in tourist destination selection. Journal of Travel Research, 2000, 39: pp. 37—44.

[147] Tasci A. , Kozak M. , Destination brands vs. destination images: do we know what we mean? Journal of Vacation Marketing, 2006, 12 (4): pp. 299—317.

[148] Taylor J. P. , Authenticity and sincerity in tourism. Annals of Tourism Research, 2001, 28: pp. 7—26.

[149] Usakli A. , Baloglu S. , Brand personality of tourist destinations: An application of self-congruity theory. Tourism Management, 2011 (in print).

[150] White C. J. , Destination image: To see or not to see? International Journal of Contemporary Hospitality Management, 2004, 16 (5): pp. 309—314.

[151] Wind Y. , Going to the market: new twists for some old

tricks. The Wharton Magazine, 1980, 4 (3).

[152] Woodside A. G., Positioning a province using travel research. Journal of Travel Research, 1982, 20 (3): pp. 2—6.

[153] Wright P., Consumer choice strategies: Simplifying Vs Optimizing. Journal of Marketing Research, 1975, (12): pp. 60—67.

[154] Yuksel A., Akgul O., Postcards as affective image makers: An idle agent in destination marketing. Tourism Management, 2007, 28 (3): pp. 714—725.

[155] Yuksel F., Bilim Y., Interaction between visual appeals, holiday motivations, destination personality and self-image. Journal of Travel & Tourism Research, 2009, (fall): pp. 74—103.

[156] Zajonc R. B., Markus H., Affective and cognitive factors in preferences. Journal of Consumer Research, 1982, (9): pp. 123—131.

[157] Zajonc R. B., Feeling and thinking: Preferences need no inferences. American Psychologist, 1980, (35): pp. 151—175.

[158] Zinkhan G. D., Haytko D., Ward A., Self-concept theory. Journal of Marketing Communication, 1996, 2 (1): pp. 1—19.

(三) 学位论文、论文集和会议论文

[1] Batra R., Lehmann D. R., Singh D., The brand personality component of brand goodwill: some antecedents and consequences. in: Aaker D. A., Biel A., eds., Brand equity and advertising. Lawrence Erlbaum Associates, Hillsdale, NJ, 1993: pp. 83—96.

[2] Gilbert D. C., Consumer behavior in tourism. in: Cooper C. P., eds. Progress in tourism, recreation and hospitality management. Lymington, Hants, UK: Belhaven Press, 1991: pp. 78—105.

[3] Gilmore F., Branding for Success. in: Morgan N., Pritchard A., Pride R., eds. Destination branding: Creating the unique destination proposition. Oxford: Butterworth Heinemann, 2002: pp. 57—65.

[4] Goh H. K., Litvin S. W., Destination preference and self-congruity. Paper presented in the Travel and Tourism Research Association Annual Conference, San Fernando Valley, CA, June 11—14. pp. 197—203.

[5] Goodall B. , How tourists choose their holidays: An analytical framework. in: Goodall B. , Ashworth G. , eds. Marketing in the Tourism Industry: The promotion of destination regions. London: Routledge, 1990: pp. 1—17.

[6] Guthrie S. E. , Anthropomorphism: A definition and a theory. in: Mitchell R. W. , Thompson N. S. , Miles H. L. , eds. Anthropomorphism, anecdotes and animals. Albany: State University of New York Press, 1997: pp. 50—58.

[7] Hsu C. , Cai L. P. , Brand knowledge, trust and loyalty—a conceptual model of destination branding. International CHRIE Conference-Refereed Track, 2009.

[8] Kim S. Y. , What I say about myself vs. what others say about me: destination brand personality of South Korea: [Unpublished thesis] . USA: Purdue University, 2009.

[9] Li X. P. , An examination of effects of self-concept, destination personality and SC-DP congruence on tourist behavior: [Unpublished dissertation] . USA: Virginia Polytechnic institute and state university, 2009.

[10] Mannell R. C. , Social psychological techniques and strategies for studying leisure experiences. in: Iso-Ahola S E, eds. Social psychological perspectives on leisure and recreation. Springfield: Charles C. , Thomas, 1980: p. 9.

[11] Schwarz N. , Clore G. L. , How do I feel about it? The informative function of affective states. in: Fiedler K. , Joseph F. , eds. Affect, cognition and social behavior. Toronto: Hogrefe, 1988: pp. 44—62.

学术索引

专业词汇

附录 A
海滨城市旅游目的地情感形象量表
开发过程中对先前旅游者实施经验
调查法所使用问卷

尊敬的女士/先生：

您好！

这份问卷是学生博士论文调查工作的一个初步调查部分，目的是了解与海滨城市旅游目的地相关的情感形象属性，为后面正式预调查和主要调查工作中将使用问卷的设计提供启发和参考。

调查对象为在过去 1 年内曾以个人或参加团队旅游的形式到访过海滨城市旅游目的地进行旅游的现实游客。

海滨城市旅游目的地是指地理位置上与海濒临，以海洋旅游资源和城市观光资源为主要吸引物，集观光、休闲、度假等多种旅游功能为一体的城市旅游目的地。这类目的地通常经济比较发达、气候宜人、环境优美、基础设施和旅游设施完善，国内比较著名的海滨城市旅游目的地如大连、青岛、厦门、珠海等。

第一部分：海滨城市旅游目的地情感形象测量题目相关性

填写说明："旅游目的地情感形象"是一个学术名词。它的含义是指游客对一个旅游目的地的环境的质量所作的评价，也有学者将其解释为一个旅游目的地给人们所带来的感觉。比如，当您到不同的城市进行旅游时，您可能会产生以下一些不同的感觉：

有的地方很安静、舒适，让人感觉就像一个给心灵休息放松的港湾；

有的地方气候温暖宜人；

有的地方自然风景非常美丽、壮观；

有的地方历史古迹很多，能激发人们感慨、思索、怀古；

有的地方的娱乐项目新奇有趣，很有刺激感；

有的地方能让人忘记烦恼、心情愉快；

有的地方的服务项目齐全、质量高，让人觉得受到了很好的照顾；

　　以下 65 条题目是学生在广泛文献回顾基础上针对海滨城市旅游目的地情境所开发出来的，准备用来测量游客的"目的地情感形象"感知。请根据您的旅游经验对每一条题目陈述的相关性进行评价，在其中您认为其陈述与一个海滨城市目的地情境下情感形象不相关的题目前画钩。

—— 这里生活节奏舒缓，是一个休闲放松的好去处。

—— 这里有一种浪漫的氛围，是度蜜月的好去处。

—— 这里让人感觉很舒服，适合居住和生活。

—— 这里社会治安状况良好，让人感到很安全。

—— 这里宽敞、开阔，有一种海阔天空的、自由的感觉。

—— 这是一个宽广的、不拥挤的地方。

—— 这个地方使我感觉无忧。

—— 这个地方有一种安静、宁静的氛围。

—— 这里的娱乐项目有趣新奇，令人感到刺激。

—— 在这里旅行是一次真正的冒险体验。

—— 这里给我一种好像被激活和唤醒了的感觉。

—— 这个地方使我感到清爽、精神焕发。

—— 这个地方使我感到快乐、欢喜。

——在这里的旅游经历让我感到兴奋。

—— 这里可看可玩儿的东西太多了，多姿多彩。

——这里名人的轶事和传说很多，引人入胜。

——这是一个文化气息浓郁的地方。

—— 这是一个有精神和科学价值的地方，能使我感受到个人知识的增长。

——这个地方拥有丰富的旧式建筑和历史遗产，激发我怀旧、忆古的思绪。

—— 这个地方使我感受到一些永恒的东西，不随时间的推移而变换。

—— 这个地方有一种浓厚的古典和传统氛围。

——这个地方有一种积极的氛围。

—— 这是一个有活力的地方。

—— 这个地方有一种开放的氛围。

—— 这个地方给我一种热烈的感觉。

—— 这是一个让我惊奇的地方。

—— 这个地方使我感受到力量。

—— 这是一个令人振奋的地方。

—— 这是一个令人感到震撼的地方。

—— 这个地方给人一种充满希望的感觉。

—— 这里自然风景很多。

—— 这里的气候宜人。

—— 这是一个迷人的地方。

—— 这是一个彩色、明艳的地方。

—— 这个地方有一种庄严的氛围。

—— 这个地方使我感受到雄伟壮丽。

—— 这个地方有一种神秘的氛围。

—— 这里的服务设施配套合理，服务水平高。

—— 这里的服务人员形象好、素质高。

—— 这里的服务热情周全，使人感觉受到了很好的照顾和接待。

—— 当地的饮食、风俗及生活方式与我家乡非常相似。

—— 这里的景点布局和旅游线路安排很合理。

—— 当地的道路和交通设施发达，可进入性强。

—— 这里景区景点的价格比较合理。

—— 这是一个适合旅游者游览、受旅游者欢迎的地方。

—— 当地居民友善、好客。

—— 去这个地方比较近。

—— 这是一个发达和富裕的地方，居民的生活水平较高。

—— 这里的城市化水平比较高。

—— 这是一个时尚现代的地方，能接受很多新的东西。

—— 这是一个商业化程度较高的地方。

—— 这是一个发达、繁忙的地方。

—— 这里现代化的旅游景点和建设项目很多，未来竞争力很强。

—— 这里干净整洁、空气清新。

—— 这里生态环境保持得很好，没有污染。

—— 这里给人一种纯洁的、自然的感觉。

—— 这个地方能提供很多社会交往的机会。

—— 这是一个同家人和亲友欢聚的好地方。

—— 这里有在别处体验不到的东西，个性特点突出。

—— 这是一个著名的，声誉很高的地方。

—— 这是一个卓越的、突出的地方。

—— 这个地方提供真实的、原真的体验。

—— 这个地方能够提供令人出乎意料的体验。

—— 在这里的旅游经历让人难忘。

—— 总体上看，这是一个很好的地方。

第二部分：其他海滨城市旅游目的地情感形象测量题目提取

除了以上这些描述语句之外，根据您的旅行经验和对海滨城市旅游目的地的了解，您还能想到哪些语句来描述一个海滨城市旅游目的地的氛围和给您带来的感觉？请写在下面空白处。

附录 B
海滨城市旅游目的地品牌个性量表
开发过程中对先前旅游者实施经验
调查法所使用问卷

尊敬的女士/先生:

　　您好!

　　这份问卷是学生博士论文调查工作的一个初步调查部分,目的是了解与海滨城市旅游目的地相关的品牌个性特质,为后面正式预调查和主要调查工作中将使用问卷的设计提供启发和参考。

　　调查对象为在过去1年内曾以个人或参加团队旅游的形式到访过海滨城市旅游目的地进行旅游的现实游客。

　　海滨城市旅游目的地是指地理位置上与海濒临,以海洋旅游资源和城市观光资源为主要吸引物,集观光、休闲、度假等多种旅游功能为一体的城市旅游目的地。这类目的地通常经济比较发达、气候宜人、环境优美、基础设施和旅游设施完善,国内比较著名的海滨城市旅游目的地如大连、青岛、厦门、珠海等。

第一部分:海滨城市旅游目的地品牌个性测量题目相关性

填写说明:"旅游目的地品牌个性"是一个学术名词。它的含义是指当把一个旅游目的地想象成一个人的时候,它能被感知到的一些与人相关的个性特点。比如,我们通常会觉得:

杭州是温柔多情的;苏州是美丽灵巧的;

西安是沧桑的、豪迈的;南京是稳重的、博爱的;

深圳是年轻的、积极活跃的、锐意进取的;

北京是大气的、上流社会的、见多识广的,

以下56条题目是学生在广泛文献回顾基础上针对海滨城市旅游目的地情境所开发出来的,准备用来测量游客的"目的地品牌个性"感知。请根据您的旅游经验对每一条题目陈述的相关性进行评价,在其中您认为其陈述与一个海滨城市目的地情境下品牌个性不相关的题目前画钩。

—— 务实的、实事求是的

—— 小地方的、土里土气的

—— 真诚的、坦率的

—— 健全的、健康的

—— 快乐的、开心的

—— 友好的

—— 时髦的、追随潮流的

—— 精力充沛的

—— 年轻的

—— 独特的、与众不同的

—— 独立的、有主见的

—— 可靠的、可信赖的

—— 稳当的、稳重的

—— 有专业技能的

—— 成功的、有成就的

—— 自信的

—— 富有魅力的

—— 可爱的、迷人的

—— 圆滑的、八面玲珑的

—— 阳刚的、有男子气概的

—— 坚强的、坚毅的

—— 朴素的、简朴的

—— 见过市面的、见多识广的

—— 谨慎的

—— 有特权的

—— 慷慨的、大方的

—— 多才多艺的

—— 外向的

—— 以家庭为中心的、注重家庭观念的

—— 诚实的、正直的

—— 真实的、真切的

—— 有首创性的、有独到见解的

—— 情绪化的、敏感的

—— 勇敢的、无畏的

—— 兴奋的、激动的

—— 孤傲的、冷漠的

—— 想象力丰富的

—— 时尚的

—— 现代的、当代的

—— 努力工作的、不辞劳苦的

—— 聪明的、有才智的

—— 团结的、有集体观念的

—— 领导者、领袖

—— 上流社会的、上层的

—— 漂亮的、貌美的

—— 阴柔的、具有女性气质的

—— 爱好户外活动的

—— 西化的

—— 健壮的、粗犷的

—— 矜持的、含蓄的

—— 热诚的

—— 乐观的、积极向上的

—— 低调的

—— 随和的

—— 活跃的

—— 刚愎自用的

第二部分：其他海滨城市旅游目的地品牌个性测量题目提取

除了以上这些人类个性特质之外，根据您的旅行经验和对海滨城市旅游目的地的了解，您还能想到哪些可以与一个海滨城市旅游目的地联系在一起的人类个性特质？请写在下面空白处。

附录 C
海滨城市旅游目的地非功用性定位调查问卷

第一部分：问卷填写说明

尊敬的女士/先生：

您好！这是一份学术性调查问卷，目的是调查国内消遣旅游者对大连和其他 4 个北方竞争海滨城市旅游目的地（青岛、烟台、威海、天津）的"目的地情感形象"和"目的地品牌个性"感知。因为共涉及 5 个旅游目的地，学生将在五个城市分别向游客发放包含相同问题的问卷进行调研。

调查结果将用于对大连市作为一个海滨城市旅游目的地面向其国内消遣旅游市场的非功用性定位研究，对大连市的定位战略开发、营销宣传、旅游产品开发和服务质量提升将具有重要的启发和指导意义。对其他 4 个竞争目的地在以上几个方面也将同样能提供重要的参考信息和营销启示。

因您旅游的城市是 ×× ，请根据您此次在 ×× 旅行的体会对问卷中的问题进行回答。问卷答案并无"对"与"错"之分，以反映您的真实感受为目的。本问卷采用不记名方式，您所填写的内容资料仅供学术研究之用，绝不做商业或其他用途，请放心填写。最后，对于您的热心协助和支持表示最诚挚的感谢！

第二部分：旅游目的地情感形象

填写说明："旅游目的地情感形象"，是指一个旅游目的地给旅游者所带来的感觉，比如您去桂林旅游，感觉"这里自然风景很多，美丽壮观"等。下面表格中的一列陈述用来测量您对 ××× 作为一个海滨城市旅游目的地的情感形象。请根据您认为每条陈述与 ×× 相符的程度，在对应的代表数字上画圈。其中："1"＝一点也不符合，"2"＝不符合，"3"＝有点不符合，"4"＝一般，"5"＝有点符合，"6"＝符合，　"7"＝非常符合。

旅游目的地情感形象陈述	符合水平 低 ➡ 中等 ➡ 高						
（1）这里生活节奏舒缓，是一个休闲放松的好去处。	1	2	3	4	5	6	7
（2）这是一座浪漫的城市。	1	2	3	4	5	6	7
（3）这里让人感觉很舒服，适合居住和生活。	1	2	3	4	5	6	7
（4）这里社会治安状况良好，让人感到很安全。	1	2	3	4	5	6	7
（5）这里宽敞、开阔，有一种海阔天空的、自由的感觉。	1	2	3	4	5	6	7
（6）这里很安静。	1	2	3	4	5	6	7
（7）这里名人的轶事和传说很多，很吸引人。	1	2	3	4	5	6	7
（8）这里自然风景很多，美丽壮观。	1	2	3	4	5	6	7
（9）这里经常举办各种会展和节庆活动，洋溢着喜庆的氛围。	1	2	3	4	5	6	7
（10）这里的个别事物有点儿异国风情。	1	2	3	4	5	6	7
（11）这里的娱乐项目有趣新奇，有刺激感。	1	2	3	4	5	6	7
（12）在这里好像被激活和唤醒了一样，让人觉得清爽、精神焕发。	1	2	3	4	5	6	7
（13）在这里旅行让我感到快乐、开心。	1	2	3	4	5	6	7
（14）在这里的旅游经历让我感到兴奋。	1	2	3	4	5	6	7
（15）这里可看可玩儿的东西太多了，多姿多彩。	1	2	3	4	5	6	7

续表

旅游目的地情感形象陈述	符合水平						
	低 ➝ 中等 ➝ 高						
（16）这里的服务设施配套合理，总体服务水平高。	1	2	3	4	5	6	7
（17）这里的服务人员形象好、素质高。	1	2	3	4	5	6	7
（18）这里的服务热情周全，使人得到了很好的照顾和款待。	1	2	3	4	5	6	7
（19）这里的景点布局和旅游线路安排很合理。	1	2	3	4	5	6	7
（20）这里景区景点的价格比较合理。	1	2	3	4	5	6	7
（21）这是一个发达和富裕的地方，居民的生活水平较高。	1	2	3	4	5	6	7
（22）这里的城市化水平比较高，商业发达。	1	2	3	4	5	6	7
（23）这是一个时尚现代的地方，能接受很多新的东西。	1	2	3	4	5	6	7
（24）这里现代化的旅游景点和建设项目很多，未来竞争力很强。	1	2	3	4	5	6	7
（25）这里干净整洁、空气清新。	1	2	3	4	5	6	7
（26）这里生态环境保持得很好，没有污染。	1	2	3	4	5	6	7
（27）这里给人一种纯洁的、自然的感觉。	1	2	3	4	5	6	7
（28）这是一个同家人和亲友欢聚的好地方。	1	2	3	4	5	6	7
（29）这里能提供很多社交的机会。	1	2	3	4	5	6	7
（30）当地政府重视旅游业发展，投资很大、规划宏伟。	1	2	3	4	5	6	7
（31）这里有在别处体验不到的东西，个性特点突出。	1	2	3	4	5	6	7
（32）在这里的旅游经历让人难忘。	1	2	3	4	5	6	7
（33）总体上看，这是一个很好的地方。	1	2	3	4	5	6	7

第三部分：旅游目的地品牌个性

填写说明："旅游目的地个性"，是指把一个旅游目的地想象成一个人，感知到它的个性特点。如我们感知到"杭州是温柔多情的；西安是沧桑的、豪迈的；北京是大气的、上流社会的、见多识广的……"下面表格中的一列词汇用来测量您对大连作为一个海滨城市旅游目的地的感知个性。请根据您认为每个个性与 ×× 相联系的程度，在对应的代表数字上画圈。其中：

"1" = 完全不相联系，"2" = 不相联系，"3" = 有点不相联系，

"4" = 一般，"5" = 有点相联系，"6" = 相联系，"7" = 完全相联系

旅游目的地情感形象陈述	符合水平						
	低 ➡		中等 ➡			高	
（1）务实的、实事求是的	1	2	3	4	5	6	7
（2）热诚的	1	2	3	4	5	6	7
（3）友好的、热情的	1	2	3	4	5	6	7
（4）独特的、与众不同的	1	2	3	4	5	6	7
（5）时尚的	1	2	3	4	5	6	7
（6）现代的、当代的	1	2	3	4	5	6	7
（7）成功的、有成就的	1	2	3	4	5	6	7
（8）多才多艺的	1	2	3	4	5	6	7
（9）见过世面的、见多识广的	1	2	3	4	5	6	7
（10）乐观的、积极向上的	1	2	3	4	5	6	7
（11）上等的、上流社会的	1	2	3	4	5	6	7

续表

旅游目的地情感形象陈述	符合水平						
	低 ➡ 中等 ➡ 高						
(12) 漂亮的、貌美的	1	2	3	4	5	6	7
(13) 可爱的、迷人的	1	2	3	4	5	6	7
(14) 温柔的、有女性气质的	1	2	3	4	5	6	7
(15) 爱好户外活动的	1	2	3	4	5	6	7
(16) 西化的	1	2	3	4	5	6	7

第四部分：个人基本信息

请在下面每一道题中选择（或填写）与您个人情况相符的答案。

1. 您的性别：

    （1）男   （2）女

2. 您的年龄：

    （1）15 岁以下   （2）15—24 岁   （3）25—34 岁

    （4）35—44 岁   （5）45—54 岁   （6）55 岁及以上

3. 您的受教育程度：

    （1）高中及一下   （2）专科   （3）大学本科

    （4）研究生（硕士及以上）

4. 您的职业：

    （1）公务员   （2）企事业管理人员   （3）专业技术人员

    （4）销售人员   （5）工人   （6）离退休人员

    （7）教师   （8）学生   （9）其他：_____

5. 您的平均月收入：

    （1）1000 元以下   （2）1001—3000 元   （3）3001—5000 元

    （4）5001—10000 元   （5）大于 10000 元

6. 包括此次旅游在内您到××旅游的次数总共为：

    （1）1 次   （2）2 次   （3）3 次或 4 次   （4）5 次及以上

7. 您此次来××旅游的具体目的是：（可多选）

    （1）观光游览（2）度假休闲（3）探亲访友（4）购物

    （5）宗教朝拜（6）参加节事活动或文体、科技交流

    （7）其他：＿＿＿＿＿

8. 您此次在××旅游的停留天数为：

    （1）2 天　　（2）3 天　　（3）4 天　　（4）5 天或 6 天　　（5）一周及以上以上

9. 您来自哪个省？＿＿＿＿＿

再次对您的参与表示衷心的感谢！　^_^

后　记

　　这是我在博士毕业论文的基础上加以修改完善的第一部专著。在其出版之际，心中充满了许多感慨：曾经有过的孜孜不倦，是为圆自己的"梦"在支撑着我；曾经感悟的种种"困惑"，是一步一个脚印的艰难跋涉；曾经难耐的反反复复，是一次又一次战胜自我的真实体验。这就是我完成这部论文所经历的心理磨炼过程，她是我用几年的心血浇灌出的一朵"小花"，尽管并不十分完美，甚至还可能有瑕疵，但我已是极尽努力，个人还是比较满意的。它是我现阶段学术水平的一个集中体现，是我学生时代终结的一个句号。凝结的不仅是我个人的汗水，还包含着那些教导、关心、支持过我的师长和朋友的辛勤付出。

　　首先要感谢我的导师李天元教授。从硕士到博士，他既是我学业上的导师，又是一个和蔼可亲的长者，处处充满了长辈对晚辈的关爱。当我的学习或生活中遇到挫折、困难时，他总能晓之以理、耐心开导，让我坚定信心、坚定希望，继续奋发向上。在当今博士生日益把导师称作"老板"的社会环境下，包括我在内的他的所有博士生、硕士没有一个人这样称呼他和理解同他之间的关系，因为他从不给我们增加额外负担，总是给我们营造一个最为自由、宽松的环境氛围，让我们能够自由发挥、培养学术兴趣。他知识渊博，治学严谨，每次在给我们的课堂答疑和论文指导过程中都能以寥寥数语便抓住问题要害，起到高屋建瓴、纲举目张、画龙点睛的作用，使我们有茅塞顿开之感。李老师在旅游学术界享有极高的声誉，堪称"泰斗级"的大师，但他一向平易近人，谦逊和蔼，在与比其资历浅的同行工作者或学生的交流中总是让大家觉得如沐春风，淋漓尽致地彰显了南开学者的风范。在他身上，我学到了可以享用一生的知识、技能和科研精神。

　　二要感谢论文指导小组的成员老师徐虹、王健、姚延波和黄晶。他们在我的论文开题和写作过程中提出了许多至关重要的点评和意见，帮助我提高了论文的写作质量，使我的论文内容因此变得更加丰满和有深度。同时也要一并感谢所有曾教授过我知识的南开大学旅游学系的老师（从本科、硕士到博士），让我在此深深地向你们鞠上一躬，道一声：老师辛苦了！我会永远铭记是你们多年来的"传道、授业、解惑"使我逐步增加了对旅游管理专业的学习兴趣，逐步奠定了进一步深造的知识积累，才能于今天交上一份圆满的博士毕业答卷！

三要感谢我在美联合培养一年期间的美方导师 Hailin Qu 教授，感谢他及时帮我办理邀请函和美方高校相关手续，使我在读博期间获得了一年宝贵的赴美留学经历；感谢他在我留美期间帮助我选择适合的旁听课程，并推荐、联系他教授的相关课程，使我深刻感受到了美国研究生教育的氛围；感谢他为我提供的便利的学术资源获取途径和各种相关学术交流机会的信息。所有这些都对我英语技能的较大提高、了解所研究领域先进研究方法、开拓学术视野、拓展职业交往范围和更好地完成博士论文产生了莫大的帮助。此外，特别令我感动的是：在美一年中每逢中国节日，他及其夫人都会把所有的中国学生和访问学者都邀请到家中一起庆祝，其乐融融，极大地缓解了我们的思乡之苦。

四要感谢我读博期间的同学和室友。感谢王素洁学姐、李玮娜学姐、何建英师兄和天津旅游局信息处主任李曦，作为同门，我们在共同的学习、探讨中启发了彼此的思路，促进了彼此的进步；感谢我的室友胡海清，我们互相关心、互相鼓励，帮助彼此解决遇到的难题，共勉之情难以忘怀；也同时感谢我在美国期间幸而遇之并对我有过帮助的 Aijing Liu，Gloria Liu，Michelle Huang，Emily Ma，Wendy Hua 等中国留学生。

五要感谢南开大学。南开的胸怀是博大的，它容纳了我九年的学业，一路走来带给我的都是坦途和幸运：保硕、保博和公派联合培养。南开大学给我提供了太多的机会，才使得我能取得今天的成绩，博士毕业就站在一个比较高的平台之上，这将是我用一生来铭记和思索如何感恩、报答的！我将时刻准备着听从母校的召唤，希望在将来能够有机会贡献自己的绵薄之力来尽拳拳感恩之意！

六要感谢我的父母。在精神上，他们是我上进的激励者；在经济上，他们是我坚强的后盾；使我在任何时候都能坚持学习、快乐无忧。对于我在美期间在国内做调研的诸多不便，他们在我的调研联系和开展方面给予了极大的协助，才使得我能够顺利、快速地完成博士毕业论文。

最后感谢东南大学"985"出版基金对本书出版的资助。感谢中国社会科学出版社冯斌主任为本书的出版所付出的辛勤劳动！

曲　颖

2013 年 1 月